"十二五"职业教育国家规划教材
经全国职业教育教材审定委员会审定

旅游市场营销

（第五版）

新世纪高职高专教材编审委员会 组编
主 编 郑凤萍 吕汝健
副主编 魏 军 赵 宁
李欣妍 梁 千

大连理工大学出版社

图书在版编目(CIP)数据

旅游市场营销 / 郑凤萍，吕汝健主编. -- 5版. --
大连 ：大连理工大学出版社，2021.10(2024.6重印)
新世纪高职高专旅游管理专业系列规划教材
ISBN 978-7-5685-3315-7

Ⅰ.①旅… Ⅱ.①郑… ②吕… Ⅲ.①旅游市场—市场营销学—高等职业教育—教材 Ⅳ.①F590.82

中国版本图书馆CIP数据核字(2021)第224507号

大连理工大学出版社出版

地址:大连市软件园路80号 邮政编码:116023
发行:0411-84708842 邮购:0411-84708943 传真:0411-84701466
E-mail:dutp@dutp.cn URL:https://www.dutp.cn
北京虎彩文化传播有限公司印刷 大连理工大学出版社发行

幅面尺寸:185mm×260mm 印张:16.75 字数:384千字
2006年1月第1版 2021年10月第5版
2024年6月第3次印刷

责任编辑:程砚芳 责任校对:刘俊如
封面设计:对岸书影

ISBN 978-7-5685-3315-7 定 价:55.00元

前　言

《旅游市场营销》(第五版)是新世纪高职高专教材编审委员会组编的旅游管理专业系列规划教材之一，本教材第四版是“十二五”职业教育国家规划教材。

我国旅游业经历了多年的快速发展，目前正逐渐由量的扩张向质的提升方向发展，旅游产业经济面临着转型和结构升级。在知识和网络时代，一方面，旅游企业的营销渠道与方式在迅速拓展，手段也在不断创新；另一方面，旅游消费者日益成熟和理性，旅游企业面对的市场营销环境更加复杂，企业间的市场竞争日趋激烈，旅游新业态的不断成长对旅游营销管理应用型人才能力结构也提出新的需求。相应地，高等职业教育旅游人才的培养目标也必须从培养“应用型人才”向培养“创新型人才”转型，“旅游市场营销”课程设计也从专注于旅游企业营销岗位对接的专业能力培养，向着眼于旅游企业科学发展，兼顾职业知识、职业能力和职业道德，突出解决问题和革新、创新能力的培养。

《旅游市场营销》自出版以来，受到全国各地使用单位的好评。此次针对中国旅游产业发展趋势与旅游企业对营销人才需求的变化，特组织黑龙江、浙江、安徽、河北等旅游业发达省份区的高校教师和旅游企业营销专家对本教材进行第四次修订。

修订后的教材具有以下特点：

1. 教材更新了内容和结构，每个项目中增加了思政进课堂、微课，教学效果检测等环节，使教材内容更加丰富，结构更加完整，并运用现代信息技术创新教材的呈现形式。

2. 按“原理先行、实务跟进、案例同步、实训到位”的原则，对“工作过程导向课程”和“学科导向课程”加以合理扬弃，使教材中的专业知识、职业认知与职业岗位标准、职业能力有机结合。

3. 在编写过程中与旅游企业共同调研，完成了现代旅游营销工作岗位典型任务的梳理，筛选的内容实用合理，操作功能特色明显，融入网络营销等新型营销知识与技术，针对性更强，应用性更好。

4. 教材以学生为主体，鼓励学生参与项目教学全过程，通过案例教学培养学生的创新能力。旅游企业在激烈的市场竞争中，只有不断创新，适应各种新环境，才有可能生存与发展。本教材通过对典型案例的反复研究和分析，培养学生举一反三的能力，从而提高学生的认知能力和创新能力。

本教材由黑龙江旅游职业技术学院郑凤萍、浙江旅游职业学院吕汝健担任主编，芜湖职业技术学院魏军、石家庄职业技术学院赵宁、黑龙江旅游职业技术学院李欣妍、石家庄职业技术学院梁千担任副主编。具体编写分工如下：项目二、四、六由郑凤萍负责编写，项目一、五、八由魏军负责编写，项目九由李欣妍负责编写，项目七、十二由赵宁负责编写，项目三、十、十一由梁千负责编写。

本教材可作为高职高专院校旅游管理类专业及相关专业通用教材，也可供企业在职人员培训使用。

在编写本教材的过程中，编者参考、引用和改编了国内外出版物中的相关资料以及网络资源，在此表示深深的谢意！相关著作权人看到本教材后，请与出版社联系，出版社将按照相关法律的规定支付稿酬。

虽经各位编者精心撰写，反复修改，但由于水平有限，时间仓促，不足之处在所难免，敬请广大师生在使用过程中提出宝贵意见，以便再次修订时完善。

编　者

2021 年 10 月

所有意见和建议请发往：dutpgz@163.com

欢迎访问职教数字化服务平台：https://www.dutp.cn/sve/

联系电话：0411-84706672

目录

第一部分　旅游市场营销基础与方法篇

第二部分　旅游行业实用营销篇

第一部分

旅游市场营销基础与方法篇

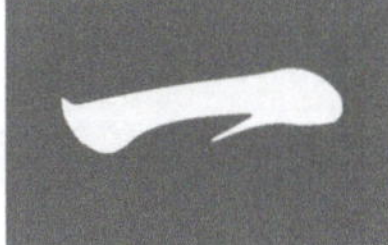

项目一 认识旅游市场营销

【学习方向标】

亲爱的同学们，欢迎进入奇妙的旅游市场营销王国。在这一项目里，我们从认识旅游市场开始，进而感性地了解旅游市场营销，然后顺着旅游市场营销理念的发展脉络，一起讨论“旅游市场营销是什么”和“旅游市场营销做什么”等问题，由此把握旅游市场营销的实质和营销管理的主要任务与目标。

【学习目标】

★ 知识目标

1. 掌握旅游市场及旅游市场营销的含义；
2. 把握旅游市场营销观念的演变趋势；
3. 了解旅游市场营销管理的基本内容。

★ 技能目标

1. 会分析旅游客源地市场的基本规模与构成；
2. 能把握旅游企业的营销理念与行为；
3. 可研判旅游企业营销管理的过程阶段。

★ 素质目标

1. 培养学生树立营销观念和社会责任意识；
2. 培育学生的职业道德、工匠精神和创新能力。

拓展阅读 坚守诚信就是最好的"营销"

山东嘉华文化国际旅行社有限公司(简称嘉华旅游)创于1997年,旗下拥有山东嘉华文化国际旅行社、山东新闻旅行社、山东环球假日旅行社等20余家分(子)公司,在山东省内设有近300家门店,业务范围涉及出境旅游、国内旅游、会议会展、文化交流及考察等多领域。公司现有正式职工近千人,年接待国内外游客100多万人次,营业收入达10亿元,连续九年荣获"全国十强旅行社""全国最具影响力旅行社""全国青年文明号"等荣誉称号,是山东省内网络最全、级别最高、规模最大、功能最全的大型旅游集团之一。

嘉华旅游始终坚守"进取+厚道"的核心价值观,秉承"真心交友、诚信经营、率直做人、用心做事"的经营理念,将"做中国最负责任的旅游企业"作为愿景。该公司总经理曾说:嘉华旅游的成功离不开"诚信"二字,不同于其他企业,我们的诚信不只要说出来,更要做出来。我们不仅在线路设计、安排服务等业务流程方面要诚信;在面对低价竞争的时候保持产品质量和价格也要诚信;在做强做大以后,更要维持住诚信。例如,采购成本的原因,同样一条旅游线路价格可能有低有高,这确实影响了一部分顾客的选择,但是无论如何,嘉华旅游不会因为这种市场因素而降价,这看似是在损失价格优势,但我们没有丢掉诚信。我们更多的还是从顾客角度出发,提供多种选择,如标准团、品质团、豪华团、至尊团来满足不同顾客的需求。此外,我们拒绝零负团费,因为我们拒绝忽悠顾客,为了小小的利益而损失我们的信誉,这笔账可不划算。

对于旅游企业来说,诚信是生存发展的生命线,只有做到诚信经营,让顾客放心,才能在竞争中赢得市场,才能发展壮大。不守诚信,或许可赢一时之利,但一定会失长久之利。

资料来源:嘉华旅游网站.

思考

1. 为什么坚守诚信是最好的营销?
2. 请同学们查找一些关于旅游企业诚信经营的案例。

任务1 认识旅游市场营销的概念

任务提出及实施

1. 理解旅游市场和旅游市场营销的含义,知道旅游市场有哪些构成要素;
2. 调查当地旅游企业做过什么旅游营销活动,吸引了哪些游客到本地旅游。

请同学们在教师的讲解和引导下,学习应用知识储备,查阅相关资料,分组讨论完成上述任务。

任务关键词

旅游市场;旅游市场营销

案例导入　重庆洪崖洞——国内首个抖音网红景区

2018年五一假期全国旅游热点排行榜，重庆洪崖洞景区高居榜首，大小道路被游客围得水泄不通，而这背后的推手却是几条看起来不起眼的抖音短视频。

重庆洪崖洞景区由重庆小天鹅集团修建，他们以渝中区苍白路悬崖下的山洞为依托，修建起了一栋高达11层、商业面积5万多平方米的传统文化建筑群，现已成为重庆旅游的一个符号象征。

早在多年前就有网友发现，这个高楼与宫崎骏电影《千与千寻》中汤婆婆的洗浴中心特别像，无论是从建筑颜色还是建筑风格来说几乎如出一辙，不少人以为这就是电影的取景场地。从此之后，在各旅游网站陆续出现了多篇有关重庆洪崖洞的游记和旅行攻略，例如《洪崖洞最佳拍摄角度》《千与千寻中的世界出现在了重庆洪崖洞》等都有数以万计的阅读量。但这么多年来，在其他媒体资讯以及社交媒体上重庆洪崖洞总体表现平平。直到2018年3月底，抖音用户@冰××为洪崖洞作了一首原创歌曲，并且在洪崖洞楼下拍摄了洪崖洞建筑群的短视频，尽管视频的点赞量只有几千，但这首原创歌曲却获得了大量网友的认可。几天后，抖音用户@石××、@辉××借用了这首原创歌曲发布了自己的短视频，背景是夜里在嘉陵江大桥上拍摄的洪崖洞建筑群美景，该短视频一经发布便立刻获得了大量的点赞和转发。不久，在他们的影响下，抖音平台上掀起了一波又一波的模仿热潮，数以千计的洪崖洞短视频大量涌现，这些短视频有着同样的背景音乐，拍摄地点和主题也高度相似。经过不断的裂变和再传播，洪崖洞主题短视频呈几何级大量涌现，据不完全统计，洪崖洞主题短视频共引发百万级别的转发和数亿次的曝光。自此，重庆洪崖洞彻底火遍全中国，成为旅游者和旅游行业热议的话题，这也促使洪崖洞成为当年五一假期仅次于北京故宫的第二大旅游景点，吸引了无数游客前来观光游览。

资料来源：新浪财经网.

案例分析

1. 为什么小小的抖音短视频能给洪崖洞景区带来这么大的影响？
2. 什么样的人群会观看或愿意到洪崖洞景区游览观光？

应用知识储备

一、市场和旅游市场

1. 市场

传统意义上，“市场”是指买家、卖家交换商品或服务的场所，是一种空间概念。而在市场营销学中，“市场”是指一种商品或服务的现实需求者和潜在需求者的总和。著名营

销学家菲利普·科特勒指出:“市场是指某种货物或服务的所有现实购买者和潜在购买者。”由此看来,商品或服务的需求方,即买方构成了市场。

2. 旅游市场

同样地,旅游市场是指一定时期内某一地区存在的对某旅游产品有现实需求与潜在需求的购买者之和。现实的需求者是指对旅游产品既有支付能力又有购买兴趣的人。由此可见,旅游市场就是指旅游需求市场或客源市场。

客源地的旅游市场规模,首先取决于该地“有闲暇时间”的人口的数量,“有闲暇时间”的人口越多,旅游市场的潜力就越大;其次取决于该地“有可自由支配收入”人口的数量,即具有旅游购买能力(支付能力)的人口的规模,没有足够的购买能力,旅游产品的交易便无法实现;再次取决于该地有旅游欲望的人口的数量。

小案例

武当山风景区客源市场分析

武当山风景区位于湖北省西北部的十堰市境内,是我国著名的道教圣地、国家级重点风景名胜区和世界文化遗产。

1. 境内客源市场。武当山风景区客源以周边区域市场为主,游客大部分来自襄阳、十堰、郑州、西安等邻近城市,湖北、河南、陕西三个省的游客占游客总数的八成以上,是武当山风景区的一级客源市场,也是核心市场。二级客源市场是以北京为核心,还包括广东、深圳珠三角地区和上海、浙江、江苏长三角地区,这个区域范围的游客占游客总数的一成以上。由于该区域经济发展水平高,游客的收入高、出游动机强、出游范围大,要加以充分开发,若营销得当可转为一级客源市场;三级客源市场是环渤海地区及四川、重庆、西藏、广西、云南等西南地区,这个区域范围的游客占游客总数不到一成,游客比重小、数量少。

2. 境外客源市场。目前武当山的大陆外游客市场规模仍较小,但是太极和武术的全球性影响、世界传统武术节的举办,意味着武当山境外市场有很大的发掘空间。根据近年来的游客构成,武当山大陆以外旅游客源市场分为三级:一级客源市场是港澳台同胞、海外侨胞。这个区域范围的游客占大陆外游客总数的六成左右,主要是由于港澳台同胞及海外侨胞与内地有着亲缘、血缘关系,追根寻源的旅游欲望十分强烈。武当山应当将该区域作为境外客源市场开发的重点之一,充分利用“汉文化圈”的认同感,展开宣传促销,并以高质量的服务稳固客源。二级客源市场是日本、东南亚地区,这个区域范围的游客占大陆外游客总数的两成左右。中日两国文化、经济的互补性,空间距离近;而东南亚,也具备近距离、交通便利的因素。因此,武当山也要在该市场加大宣传力度,同时与省内外各大旅行社和入境旅游目的地合作,扩大二级市场的客源。三级客源市场是德国、法国、俄罗斯及欧美等其他国家,这个区域范围的游客占海外游客总数的一成左右,游客比重较小,以散客旅游为主。但是,他们对中华文明有着浓厚的兴趣,尤其是随着世界传统武术节的举办,加深了这些外国游客对武当武术的了解,市场开发的潜力很大。

资料来源:湖北文理学院学报,2014 年第 5 期,有修改.

二、旅游市场的构成要素

(一)旅游者

微课

何谓市场

旅游者是旅游市场的主体,包括个体旅游者和团体旅游者两大类,前者是指旅游者个人、小组成员和家庭成员;后者是指各类社会组织,如工商企业、政府机构、群众团体等。我们对旅游者的分析要侧重于以下两个方面:

1. 旅游者数量

旅游者数量决定了旅游市场的规模和潜力。旅游者数量的多少是由客源地人口的绝对数和社会经济的发达程度决定的。

2. 旅游者质量

旅游者质量决定了旅游市场的购买力、消费水平和需求特征。旅游者的年龄、性别、家庭结构、职业、受教育水平、经济收入、地理分布、民族与宗教信仰的差异都会影响旅游者质量。旅游企业应该瞄准和开发高质量的旅游者。

(二)旅游购买力

旅游购买力就是旅游消费者支付货币商品和劳务的能力,它是由旅游消费者的收入水平决定的。旅游产品是文化性、享受性的高消费产品,只有当消费者及其家庭解决了温饱问题,家庭收入达到一定水平后,才有可能进行旅游消费。决定旅游购买力高低的主要因素有以下两点:

1. 可自由支配收入

可自由支配收入是指一个人的总收入扣除基本生活支出、社会消费支出、个人所得税之后的余额。一个国家或地区的经济越发达,人们可自由支配的收入越高,反之亦然。

2. 闲暇时间

闲暇时间是指人们在劳动和生活必需时间以外剩余的可自由支配的消费生活时间。主要包括消遣娱乐、体育锻炼、业余学习、参观游览、社会交往等。购买与消费旅游产品,不但需要花费金钱,还需要花费时间。

(三)旅游动机

旅游购买行为是由旅游者的旅游动机内在驱动的,旅游动机是推动人进行旅游活动的内在原动力,是引发和维持一个人进行旅游活动,以满足其旅游需要的一种心理倾向。旅游者的出游动机有:

1. 身心健康动机

需要到自然风光美丽、气候宜人的地方度假、休息、放松、疗养、恢复,追求高质量生活享受等。

2. 社会性动机

离开自己的常居地,外出探亲访友,进行人际交流,了解异国异地的历史文化、风土民情、政治经济,改变原有的人际环境等。

3. 商务动机

由经商、贸易、谈判、会议、公务出差等产生的外出旅游需求。

4. 求知探索动机

希望外出修学培训、参观名胜古迹、开阔视野增长见识、陶冶情操、进行文化交流、实现个人夙愿、满足个人兴趣爱好等。

(四)旅游购买权利

在购买旅游产品时不受某种法律、制度、政治等因素的限制。如果受到这些因素的限制,旅游者对旅游产品就不具备购买权利。例如,旅游目的地和客源产生地之间政治和外交关系不和谐,在国际旅游中所必需的护照、签证、语言、货币兑换等出现问题,对某种旅游产品的购买权利会被剥夺,形成旅游的障碍。

(五)旅游市场的特点

1. 旅游需求的多样性

旅游客源市场是一个庞大的市场,人数众多、构成复杂,旅游者来自不同的国度,有着不同的信仰、不同的性格、不同的文化兴趣、不同的旅游需求,因此,旅游客源市场的需求是多种多样的。作为旅游营销人员,要通过调查研究,确定旅游客源在不同市场环境中的不同需求,不能凭主观臆断,应采取有效的方法,满足客源市场的多样性需求。

2. 旅游需求的可诱导性

若客源市场对旅游产品的认识和了解不够深入和全面,往往会对旅游产品产生某种偏见,为缓解这种现象,旅游目的地和企业可以通过人员推销、广告、公关等多种促销方法,及时传播旅游信息,向客源市场宣传旅游产品,引导其需求,促使客源向特定的方向流动。可见,旅游需求是可以通过诱导产生的。

3. 目的地选择的随意性

外出旅游目的地的选择,对多数潜在旅游者而言,具有很大的主观随意性。各种因素都会影响客源的流向,使他们在目的地的选择上举棋不定。旅游经营者要在不断开发新产品的同时,做好营销宣传工作,以影响潜在旅游者的旅游决策。

4. 客源市场的季节波动性

影响旅游客源市场的季节性因素有两个:一是旅游者休闲假日的季节性,如德国人的出国旅游高峰期在春季,日本人则集中在八月。二是旅游资源的季节性,如秦皇岛海滨浴场夏季吸引众多旅游者前来避暑,而哈尔滨则在寒冬里迎来客流高峰,可见旅游客源市场具有很强的季节性。旅游经营者除利用旅游旺季创造最大效益外,还应开发受季节影响较小的产品,或创新淡季旅游产品,打破旅游季节性的限制。

5. 对周围环境的敏感性

旅游客源外出旅游是利用私人时间寻求享乐和自我实现,旅游者所以对政治条件和社会秩序等安全问题具有高度的敏感性、任何微小的不利因素的存在,都会引起旅游市场的变化。

6. 旅游市场的竞争性

导致旅游市场竞争的因素有三个:①旅游资源本身具有不可代替的吸引力。吸引力强的旅游资源吸引了更多的旅游客源,造成了旅游市场需求的不平均;②随着国内旅游业的发展,旅游经营者的数量也在不断增加,导致旅游市场竞争日益激烈,尤其面对同样的旅游市场,竞争更加白热化;③旅游市场增长率毕竟有限,这就导致了旅游经营者的期望焦虑,从而引发竞争。旅游经营者应该设法推出自己的品牌和特色,占据一定的市场份额,塑造自身的竞争力。

(六)旅游客源市场的发展趋势

在旅游日趋全球化与大众化的背景下,旅游客源市场规模的扩大及形式的多元化已成趋势。

1. 居民旅游生活的常态化

旅游成为人们一种新的生活方式,市场总体规模会逐步扩大;旅游经营将实现集团化、网络化、国际化,竞争将进一步加剧;亚洲及太平洋地区将成为世界旅游的热点地区,中国是其中的重要组成部分。

2. 旅游形式的多元化

传统观光旅游将让位于休憩度假旅游,散客旅游已慢慢成为主流;旅游者个性化、定制化需求不断提升。主题突出、特色鲜明的旅游产品(含地方特色、民族特色和深层次文化特色)越来越受到旅游者的欢迎。

3. 旅游生态化

以可持续发展为理念,以保护生态环境为前提的生态旅游已逐渐成为一种新的旅游时尚,“回归自然”“拥抱自然”和“感受自然”已成为现代旅游的追求和文明标志。生态旅游强调旅游发展必须建立在生态环境的承受力基础上,并符合当地社会、经济、历史、文化的发展脉络和道德规范。

三、市场营销和旅游市场营销

(一)市场营销

1. 市场营销的定义

市场营销的定义较多,菲利浦・科特勒认为:“市场营销是个人和团体通过创造以及与别人交换产品和价值来满足其需要和欲望的一种社会过程。”美国市场营销协会定义:“市场营销是在创造、沟通、传播和交换产品中,为顾客、客户、合作伙伴以及整个社会带来价值的一系列活动、过程和体系。”(2007 年)

2. 市场营销相关的概念

(1)需要、欲望和需求

需要是指人们对某种事物的欲望或要求。营销的基石是人类所具有的需要。人类的需要不仅是多种多样的,而且是分层次的,它不是营销人员创造的,而是人类所固有的。

当某种需要还未实现的时候，人们会尽力削弱它或寻找目标来满足它。

欲望是指想得到满足某种需要的具体物的愿望，它是由需要派生出的一种形式，它受人们所处的社会经济、文化和个性的影响，同一种需要在不同文化背景和地域产生的欲望是不同的，例如，一个美国人在饥饿时会希望得到汉堡包、油炸土豆条和可乐，而中国人则希望得到馒头、米饭等中式菜肴。伴随着社会的进步，人们欲望也在不断增加。人的消费欲望是可以刺激的，生产者正努力提供更丰富的产品和服务来满足人们的欲望。

需求是以支付能力为基础的欲望。人类的欲望无限，但支付能力有限。因而人们总是根据其支付能力来选择、获得(购买)最有价值或最能满足其欲望的产品。

(2)顾客价值、顾客满意度和质量

顾客价值是指顾客拥有和使用某种产品所获利益与获得该种产品所需成本之间的差别。通常，顾客并不能很精确地分析某种产品的价值和成本，他们是根据自身的感知价值行事的。

顾客满意度取决于他们感知到的产品使用效果，这种感知效果与顾客的期望有密切关系。如果感知到的产品使用效果低于顾客的期望，他们就不满意；如果感知到的产品使用效果等于顾客的期望，他们就满意；如果感知到的产品使用效果高于顾客的期望，他们会非常高兴。

质量是产品满足顾客欲望的程度。由于质量对产品使用效果有直接影响，因而顾客的满意度与质量的关系十分密切。

(二)旅游市场营销

1. 旅游市场营销的含义

旅游市场营销就是旅游企业或旅游组织在识别旅游者需求的基础上，针对其所选择的目标市场，设计并提供适当的旅游产品，以满足目标市场需求并获得自身效益的过程。这些过程包括对旅游市场的调查研究和对旅游产品的构思、定价、促销和分销的计划与执行等。

旅游市场营销的实质是市场营销在旅游服务业营销中的具体实践应用。它包括旅游目的地营销和旅游细分行业营销，其中旅游细分行业营销又可具体地分为旅游景区营销、旅游饭店营销、旅行社营销、旅游商品营销等。

旅游市场营销可以从以下四个方面来理解。

第一，旅游市场营销要以旅游消费者的出游需求为导向，协调各种旅游经济活动，力求通过提供无形服务和有形产品来提高旅游者的满意度。

第二，旅游市场营销是一种动态管理过程，包括分析、计划、执行、反馈和控制。旅游企业或组织需通过营销调研、营销计划、营销策略执行和控制等一系列营销管理活动来完成经营目标。在营销计划中，旅游营销者必须进行目标市场选择与定位。在营销策略决策中，旅游营销者也必须进行市场开发、产品设计、价格制定、分销渠道选择、信息沟通和销售促进等各项决策。

第三，旅游市场营销的主体包括所有旅游组织(含政府机构、非营利性组织和旅游企业)，客体包括对旅游市场中有形产品的营销和对无形劳务的营销。

第四，旅游市场营销意味着交换，就旅游经营者而言就是用旅游产品交换金钱。但并非所有的旅游产品都是用于金钱交换的，如有些旅游景点不收门票免费供旅游者参观，但交换依然有效，因为他们与时间、精力进行了交换。

2. 旅游市场营销的特点

由于旅游产品的一般性差异和旅游业务经营的特有性差异的长期存在，旅游产品的营销与实物产品的营销不能以完全相同的方式进行，旅游业需要有自己与众不同的营销方式。其中涉及五个方面。

(1)多重营销组合

旅游市场营销手段不只是产品、价格、渠道与促销组合，还包括从业人员、要素打包、活动编排和结伴合作。

①旅游业属于服务性行业，是由人(旅游从业人员)向人(旅游者)提供服务的生意，而且作为后者的人会与其他的人(其他旅游者或社会公众)分享这些服务，旅游从业人员与旅游者都是旅游产品的组成部分，所以旅游经营者必须要精心挑选自己的员工和目标顾客。②要素打包与活动编排要以旅游者需求为导向，来满足多种不同的旅游者需求。同时，要素打包有助于旅游企业去应对供需匹配的问题。③不同的旅游企业或组织在满足旅游者需求方面都存在相互依赖性和互补性，旅游企业或组织间必须开展联合营销。

(2)注重口碑传播

在旅游业中，旅游者在购买产品之前很少有机会能实地了解或先行试用，他们只有购买之后并在实际使用这些服务产品之时，才能发现其是否真正符合自己的需求，因此，旅游者在选择购买旅游新产品前主要依靠他人的建议或意见，这就决定了口碑传播的重要性。

一个旅游企业或组织所提供的旅游产品、相关设施和设备，特别是旅游服务活动能够做到始终如一，保障旅游者经验线索的连贯，即消费前得到的信息与实际体验到的情况的一致连贯，是其能够获得正面的口碑传播的关键因素。

(3)运用情感手段吸引旅游者

由于服务性产品的无形性，消费者在购买时多会依赖情感。这意味着在服务性产品促销活动中强调情感方面的吸引力往往会更有效。通常地，旅游营销者对一个旅游目的地或者一项旅游产品应该赋予某个与众不同的个性，增添一定的人文色彩，才能使旅游者与之产生情感响应与共鸣，从而产生购买欲望。

(4)产品与服务创新愈显突出

由于旅游者的日益成熟、消费多样与旅游产品更易模仿，使得旅游企业必须随时注意对产品或顾客服务的创新，缩短产品开发与营销周期。

(5)注重与其他旅游企业或组织的关系

在旅游业中，不同的旅游企业或组织之间有着较强的合作关系，对旅游营销工作有着重要影响。比如旅游要素供应商、旅游中间商以及旅游目的地营销组织之间需要紧密合作，使它们的产品或服务以包价旅游产品的形式组合在一起，来满足旅游者需求。

学习效果检测

1. 市场营销与旅游市场营销的区别与联系有哪些？

2. 如何确定旅游客源地市场的规模？

3. 旅游市场营销的本质是什么？

任务2　了解旅游市场营销观念与营销管理

任务提出及实施

1. 理解旅游市场营销观念和旅游营销管理的含义；

2. 调研当地具有代表性的旅游企业的市场营销状况；

3. 调查并分析当地旅游企业在营销管理方面存在的主要问题。

请同学们在教师的讲解和引导下，学习应用知识储备，查阅相关资料，分组讨论完成上述任务。

任务关键词

旅游市场营销观念；旅游市场营销管理

案例导入　北京故宫“返老还童”的营销妙招

北京故宫作为一座拥有六百年历史的中国明清皇家宫殿，是第一批全国重点文物保护单位、5A级旅游景区，早在1987年即获评世界文化遗产。长久以来，北京故宫给人的印象是“严肃古板”“高高在上，不接地气”。然而，近年来故宫通过一系列营销妙招彻底打破了人们的刻板印象，并进一步扩大和提升了“故宫”这个IP品牌的市场影响力。

1. 故宫系列主题APP

2013年5月，故宫博物馆发布一款APP手机应用“胤禛美人图”。与其他博物馆的APP不同，故宫这次推出的并不是“大而全”的景点介绍与导览功能APP，而是以知名度较高的“十二美人”绘画藏品为基础，串联起家具、陶瓷、宫廷生活、书画等各方面的研究成果，分析介绍绘画藏品本身的构图和技法等文物知识。该APP的中立轴画卷保留了原本屏风的样式，指尖轻滑，闪烁的烛台和旋转的发髻，让藏品仿佛穿越数百年活了过来，也使得观众仿佛穿越了时间的长河，窥视到历史的足迹和故宫的底蕴，彰显出雍容雅致的“故宫气质”。该APP上线两周下载量就超过20万，并且在2013年获“DFA Award”亚洲最具影响力优秀设计奖。随后两年，故宫又接连推出7款主题APP，可谓是款款精品，借助这些手机应用，故宫向大众普及了高深的故宫文物知识，揭

秘了神秘的“皇家生活”。这样一下子就缩减了民众与故宫的距离，并让人们能更直观全面地了解到故宫的藏品、藏品背后的故事以及相关历史等，大幅度提升了故宫这一“品牌”的曝光度。

2.“萌萌哒”的故宫表情包

2014 年 8 月 1 日，“故宫淘宝”微信公众号一篇叫作《雍正：感觉自己萌萌哒》的文章用动态图的形式，展现了“一个自信坦然，还带着一点幽默”的雍正，并在微信朋友圈刷屏，从此让故宫“萌萌哒”的形象深入人心，也起到了非常好的宣传效果。

3. 故宫 H5 新媒体营销

2016 年下半年，故宫与腾讯合作举办“Next Idea × 故宫”腾讯创新大赛，随即推出“穿越故宫来看你”的 H5 作为邀请函，仅上线一天访问量就突破 300 万。此 H5 将故宫的古代文化与现代生活方式相结合，以皇帝穿越为主题，引入说唱音乐风格，将传统的东西与现代炫酷的形式结合在一起，互动性、刺激性、娱乐性非常强。此外，该 H5 在细节方面处理得很细致，比如，画面里皇帝发了个朋友圈，有很多妃子、官员点赞评论，这就显得十分新奇有趣，带动许多人评论、分享和转发，形成了二次传播。

4. 故宫“紫禁城上元之夜”文化活动

2019 年元宵节期间，北京市委宣传部和故宫博物院共同举办“紫禁城上元之夜”文化活动。活动邀请劳动模范、北京榜样、快递小哥等各界代表参加，同时对部分普通游客免费预约开放。大气恢弘、精美绝伦的故宫夜场布景，加上虚拟现实技术的大量使用，使这次“紫禁城上元之夜”文化活动成为社会关注的热点，同时也很好地宣传了故宫的品牌形象。

5.《我在故宫修文物》影视宣传

《我在故宫修文物》是故宫 90 周年的献礼纪录片，2016 年 1 月在 CCTV9 开播，共 3 集，讲述的是故宫工匠们为了准备大庆而修文物的故事。在故宫博物院的全力支持下，《我在故宫修文物》摄制组破例进驻这个中国最为神秘的文物修复单位——故宫博物院文保科技部进行拍摄，难得一见的珍贵文物修复场景，穿插文物历史文化知识，一下子吸引了大量粉丝的关注。

6. 故宫文创的跨界营销

故宫＋农夫山泉：随着清代古装剧的热播，农夫山泉与故宫文化服务中心合作推出“故宫瓶”。瓶身上印有康熙、雍正、乾隆三代帝王以及后宫嫔妃的画像，搭配相符人物性格的文案，如“这是朕为你打下的一瓶江山”，“本宫天生丽质”等，放在一起如同一张清宫画卷，故宫品包装一经推出，就获得一票故宫迷的支持。

故宫＋某知名快餐品牌：2019 年 1 月份，该品牌中国官宣，联合故宫食品推出一款名叫“御意下午茶”的新品，大有成为下一个不逊于四川辣椒酱的爆品的趋势。

资料来源：人人都是产品经理网站

| 案例分析 |

1. 分析故宫为何要下大力气开展各种营销活动。
2. 分析上述营销活动为何能让故宫“返老还童”。

应用知识储备

一、旅游市场营销观念及其发展

旅游市场经营观念是旅游企业经营者在谋划和组织企业的整体实践活动时所依据的指导思想和经营哲学。旅游市场经营观念经历了传统、现代和创新三大发展阶段。

（一）传统观念

1. 生产观念

生产观念是在 20 世纪 20 年代以前产生的最古老的一种企业经营理念，当时市场需求旺盛，而生产者无法提供足够的产品，因此大多数产品供不应求，企业认为只要有产品就不愁销路。该观念的核心思想是生产中心论，即重视产量与生产效率。企业只需关注生产状况，通过降低成本、提高效率来增加产量，就可以获得大量利润。

我国改革开放伊始，海外旅游者蜂拥而至，交通、食宿一时供不应求。这样的市场状况使旅游经营者很自然地以生产观念作为经营的指导思想，千方百计地扩大接待规模，尽力接待好已有的旅游者，至于市场需求的变化和发展趋势则很少去研究。

2. 产品观念

随着社会生产效率的提升，市场供求关系日益缓和，消费者的比较意识逐渐增强，选择产品的自由度提高，消费者从追求数量满足到关注产品的质量、性能和特色。产品观念认为，消费者喜欢性能优、质量高、有特色的产品，企业关注的重点应从产量转移到产品性能、质量和特色上来。“酒香不怕巷子深”就是产品观念的典型口号。

产品观念的症结在于过分夸大了产品的作用，忽视了对市场需求的研究。虽然产品的性能、质量和特色很重要，但如果经营者只将经营重心放在产品层面，往往会忽视市场需求的变化，导致“营销近视症”的发生。

3. 推销观念

随着科学技术的进步、生产规模的扩张，市场上的产品供给量进一步增加，市场供求关系发生了根本转变，从供不应求的卖方市场转变为供大于求的买方市场，企业间的竞争加剧，“卖难”成为企业经营者最头疼的问题，为使自己的产品能够顺利卖出，获得市场生存空间，企业经营者将推销工作放在头等重要的位置，推销观念便由此产生。

在推销观念的指导下，企业经营者认为最重要的任务是通过采取各种推销手段，千方百计把产品推销出去。因此，抱持推销观念的企业注重运用推销、广告宣传等手段来刺激消费者。推销观念虽然反映了企业在市场中积极进取的精神，但出发点依旧是企业和产

品，仍然属于传统营销观念阶段。

对于不能满足旅游者需求的旅游产品，纵有天大的本事，也难以将产品推销出去。目前，许多地方纯观光型的旅游产品在国际旅游市场上的推销效果不甚理想，从根本上来说，原因在于这些产品并不能很好地满足国际旅游消费者的需求。

（二）现代观念

1. 市场营销观念

市场营销观念成型于 20 世纪 50 年代中期，是一种全新的经营哲学，它已成为目前世界范围内企业经营的主导思想。该观念认为顾客至上，企业所有的经营活动都应该以消费者需求为中心。具体来说，企业应先开展市场调查，确定自己的目标市场（顾客群体），再根据目标市场消费者的需求，调动一切资源与力量，进行生产、销售、促销，从而使消费者满意，企业获利。如，“顾客至上”“顾客就是上帝”“客人永远是对的”“爱你的顾客而非产品”等口号就是这种观念的体现。

第二次世界大战以后，科技进步日新月异，世界经济发展进入“黄金时代”，产品供给总量剧增，对产品喜新厌旧成为消费的大趋势，产品生命周期大大缩短，市场竞争更为激烈，市场形势更有利于消费者，企业经营者靠降价、提高产品质量性能、推销手段翻新等已难以奏效。企业经营者逐步认识到，市场的决定权在消费者，企业的一切努力在于发现并满足消费者的需求，于是“市场营销观念”应运而生。

2. 社会营销观念

社会营销观念认为企业的营销活动不仅要满足市场需求，更要兼顾社会的长远利益，承担起社会责任。社会营销观念并不是对市场营销观念的取代或否定，相反，是对市场营销的发展，它要求企业在开展营销活动时应兼顾社会利益，即企业应该通过营销活动，充分有效地利用资源，在满足消费者需求、取得合理利润的同时，要保护环境，减少污染，倡导“真、善、美”，维持一个健康、和谐的社会环境，使自然、社会可持续发展。比如旅游饭店从过去大量使用不环保的一次性客用品，转向绿色环保可循环使用的客用品即是社会营销观念的体现。

社会营销观念是 20 世纪 70 年代后基于现代环境、能源、人口等世界性问题日益严重的形势而提出来的，倡导企业在追求经济效益的同时应兼顾全社会、全人类的利益。对于旅游行业来说，不合理的旅游开发引发资源、环境的破坏；旅游业发展对旅游目的地社会的冲击与不良影响；旅游景区因人满为患而带来的自然环境、社会环境污染等，都是旅游业经营者没有抱持社会营销观念的反映。

（三）旅游市场营销观念的创新

1. 绿色营销

绿色营销是指旅游企业以环境保护观念为经营思想，以绿色文化为价值观念，以消费者的绿色消费为中心和出发点，力求满足消费者的绿色消费需求。绿色营销活动，协调了企业利益与保护环境之间的关系，使得发展既能满足当代人的需求，又不至于对后代的生存和发展构成危害和威胁，即实现自然社会经济的可持续发展。

20 世纪 90 年代，联合国环境与发展会议通过了《21 世纪议程》，该议程要求各国根据本国的情况，制定各自的可持续发展战略、计划和对策，一些国家纷纷推出以环保为主题的“绿色计划”，积极树立绿色营销观念。

知识链接

绿色营销的特点

第一，市场营销的观念是“绿色”的。它以节约能源、资源和保护生态环境为中心，强调污染防治，资源的充分利用。

第二，绿色营销要求旅游业生产经营的产品是绿色的，如“无废无污”的产品。

第三，绿色营销强调旅游业服务的不仅仅是顾客，而是整个社会，考虑的不仅仅是近期，更包括远期。

第四，绿色营销不仅要从大自然索取，更要强化对自然的保护。

绿色营销，同社会营销观念有区别。它比传统社会营销更前进一步。传统社会营销虽然重视旅游业发展，考虑消费者及社会的利益，但它并未重视社会可持续发展及绿色营销。绿色营销比传统社会营销具有更优越的长期性及开放式远景。绿色营销是实现旅游业持续发展的有效手段，是旅游市场营销发展的必然选择。

2. 低碳营销

随着全球气候变暖，人们越来越关注碳排放量对环境造成的影响。2009 年 12 月的哥本哈根气候大会更是把这种关注推向了高潮，促进了低碳消费和低碳经济的兴起，低碳营销正是在环境形势日益严峻和低碳经济逐渐形成的驱动下产生的。“高碳营销”转换到“低碳营销”是 21 世纪企业适应低碳经济时代的必然选择。

低碳营销是指旅游企业根据消费者的“低碳消费”需求，运用新能源、新材料和新技术生产“低碳产品”，并且以“低碳”的方式和手段去营销推广这些产品。指导旅游者在旅游活动中，树立低碳意识，并尽可能将自身旅游消费行为的碳排放控制在最低水平。

知识链接

碳中和与碳达峰

碳中和(Carbon Neutrality)，节能减排术语，是指企业、团体或个人测算在一定时间内，直接或间接产生的温室气体排放总量，通过植树造林、节能减排等形式，抵消自身产生的二氧化碳排放，实现二氧化碳的“零排放”。而碳达峰指的是碳排放进入平台期后，进入平稳下降阶段。简单地说，也就是让二氧化碳排放量“收支相抵”。2020 年 9 月 22 日，我国政府在第七十五届联合国大会上提出：“中国将提高国家自主贡献力度，采取更加有力的政策和措施，二氧化碳排放力争于 2030 年前达到峰值，努力争取 2060 年前实现碳中和。”2021 年 3 月 5 日，2021 年国务院政府工作报告中指出，扎实做好碳达峰、碳中和各项工作，制定 2030 年前碳排放达峰行动方案，优化产业结构和能源结构。

3. 生态营销

生态营销是可持续发展战略指导下市场营销观念的新发展，也是企业因全球对环境恶化日益关切发展出来的一种营销重点和技术操作，其焦点是如何使市场更加顾及环境保护以及社会经济发展的可持续性。生态营销是指任何一个旅游企业要与生物有机体一样，生产经营活动要同其生存环境相适应、相协调，既能满足旅游市场需求，又与自己的生产能力相适应。随着企业内外环境的变化，企业优势和市场需求也在不断变化，企业决策者必须在这两个变量中，不断判断、识别和确定自己的经营目标和所生产的产品。

生态旅游不仅是一种新的旅游产品和旅游消费方式，也是一种先进的旅游开发、管理和指导旅游业发展的新理念。它具有生态旅游主体行为保护性、生态旅游发展上的可持续性、生态旅游活动过程的生态性和生态旅游活动结果的外部经济性等特点。

生态旅游市场营销是对旅游市场营销的继承和发展，它是在可持续发展思想和社会市场营销观念指导下产生的旅游营销理念。生态旅游市场营销是连接生态旅游产品与生态旅游市场的基本环节，也是生态旅游经营管理的中心环节。生态旅游市场营销主要包括广泛传播生态旅游的理念和进行生态旅游产品的营销。

绿色旅游、低碳旅游与生态旅游的区别见表 1-1。

表 1-1　绿色旅游、低碳旅游与生态旅游的区别

旅游类别	绿色旅游	低碳旅游	生态旅游
核心思想	人与自然、社会的和谐	节能减排	以环境保护为基础的活动
侧重强调	实现资源的可持续利用	减少碳排放，应对气候变暖	自然、人文生态系统的保护与开发

4. 新媒体矩阵营销

新媒体矩阵是近几年被创造出的营销新名词，在社会大众信息和时间碎片化，各种新媒体平台层出不穷、各领风骚的当下，拓宽渠道、多管齐下无疑是旅游企业市场营销制胜的法宝。所谓新媒体矩阵营销，是指企业利用多平台、多渠道的新媒体集群进行营销推广，这种集群往往是以其中一个平台为核心，辅以其他大小平台各自之长，实现多平台整合营销。

新媒体矩阵营销有横向矩阵营销和纵向矩阵营销两种类型。

(1)横向矩阵营销

横向矩阵营销指企业在全媒体平台的布局，包括自有 APP、自有网站，以及各类新媒体平台如微信、微博、抖音短视频、今日头条等平台的营销。

(2)纵向矩阵营销

纵向矩阵营销主要指企业在某个媒体平台的生态布局，是其各个产品线的纵深布局，也可以称为内矩阵营销。这些平台一般都是大平台，比如微信。在微信平台可以布局订阅号、服务号、社群和小程序。

5. 跨界营销

跨界营销是指根据不同行业、不同产品、不同偏好的消费者之间所拥有的共性和联

系，把一些原本毫不相干的元素融合到一起，使其互相渗透，进而彰显出一种新锐的生活态度与审美方式，赢得目标消费者的好感，使得跨界合作的品牌都能够得到最大化的营销。

二、旅游市场营销管理

(一)旅游市场营销管理的概念

旅游市场营销管理是指旅游企业营销计划的制订、执行和控制的过程。

旅游企业的市场营销活动涉及许多复杂、多变的因素。若营销人员仅凭经验，主观地进行营销活动，必然会出现漏洞和失误，这就要求营销人员依据科学的管理理论，熟练运用管理中的计划、组织、指挥、协调和控制职能，把市场营销的主要活动纳入科学的管理轨道中。

同时，为保证实现旅游企业的市场营销目标，旅游企业必须预见环境变化以调整旅游企业行为，并对旅游市场的营销活动进行管理。

(二)旅游市场营销管理的步骤

第一步，旅游市场机会分析。所谓旅游市场机会就是指与旅游企业内部条件(资金、技术、开发、销售、管理等)相适应，能实现最佳组合策略和营销目标，享有竞争优势和获得局部或全部的差别利益，并能促使企业自身发展的机会。旅游市场机会分析就是发现、评价和选择有吸引力的市场营销机会，特别是分析机会是否和旅游企业自身的战略计划相吻合，企业是否具备利用这种机会的资源条件。旅游市场机会可以通过收集市场情报、发现市场变化获得，还可以通过开拓市场和产品的深度获得。

常言道：机会总是光顾有准备的人。旅游企业营销人员要密切关注企业内外部环境中各种因素的发展变化，使自己随时处于应战状态。在旅游市场中环境机会是大量存在的，只要市场上存在未被满足的市场需要，就有无数可利用的环境机会。旅游市场营销机会分析主要包括旅游市场环境分析、旅游消费行为分析、旅游市场竞争者分析。社会客观环境和旅游者的需求是在不断变化的，旅游企业必须不断地寻找旅游服务与管理的机会，这是营销管理过程的首要步骤。

第二步，研究和选择目标市场。旅游企业获得了有利的市场机会后，要把市场根据不同的性质和具有不同行为特征的顾客群进行细分，然后决定选择进入一个或几个细分市场。这个过程就是目标市场的选择。

充分满足游客的需求，旅游企业才能获利，实现双赢。游客的需要是发展的，旅游企业应该根据自己的技术、资源和管理能力，选择自己当前和今后一段时间内最为有利的一个或几个细分市场作为营销重点，这种企业最终确定要进入的市场，就是旅游市场营销中的目标市场。研究选择目标市场分为四个步骤：测量和预测市场需求、进行市场细分、在市场细分的基础上选择目标市场、实行市场定位。

第三步，制定企业营销战略和策略。旅游企业目标选择之后，要根据自身的实际制定营销战略。旅游市场营销战略是指旅游企业在现代市场营销观念下，为实现经营目标，对一定时期内市场营销发展的总体设想和规划。战略是长久的、全局的决策行为。步骤包

括战略分析、战略制定、战略实施组织的确定。内容包括旅游企业发展与竞争战略、市场营销资源配置和市场营销费用等方面的基本决策。

旅游企业确定目标市场之后，要根据自身的营销战略确定详细的营销组合策略。所谓营销组合策略，就是从满足目标市场需要出发，旅游企业对可控的各种市场营销因素，主要是产品、价格、渠道和促销等进行最佳的组合，使它们综合发挥作用，完成和实现旅游企业经营目标。

旅游市场营销策略是旅游市场营销中的核心问题，一般包括以下四个部分。

(1)产品策略

旅游产品策略是指确定企业旅游产品的特点、旅游产品的生命周期及其策略、旅游新产品的开发策略、旅游产品的组合策略。

(2)价格策略

价格是市场营销中最敏感的因素，直接受市场供求变化的影响，同时价格也是市场竞争的有力武器。旅游企业在制定其价格策略时，需研究影响旅游产品价格的各种因子以及旅游价格的定价目标和方法，从而最终确定价格策略。

(3)渠道策略

渠道是指旅游产品从旅游企业到消费者的销售路径。旅游企业在进行市场营销时应研究旅游营销渠道、中间商的类型及特点，选择合适的营销渠道、中间商。

(4)促销策略

促销是旅游经营者通过一定的方式和途径向旅游者传递旅游产品信息，刺激旅游者的购买欲望，激发旅游者的购买兴趣，促使旅游者产生购买行为的营销活动。旅游促销策略包括广告宣传、人员推销、营销推广、公共关系，涉及促销策略的组合、促销计划的制订。

第四步，制订营销计划。计划是对未来工作的安排，旅游企业的营销计划应既能体现营销战略的要求，又能行之有效。营销计划一般包括：旅游产品管理和开发计划、旅游价格管理和定价计划、旅游销售渠道的管理和分销计划、旅游促销计划。

营销计划是旅游营销管理过程中最重要的一项内容，常以计划书的形式提供给管理者。规范的计划书要有以下内容：内容概要、目前旅游营销状况、旅游营销机会和问题分析及结论、计划期的营销目标、计划期旅游营销战略、旅游营销战略的实施计划、费用预算和利润计划、旅游营销计划的控制措施。

营销计划是旅游企业的战术计划。营销战略对企业而言是“做正确的事”，而营销计划则是“正确地做事”。在旅游企业的实际经营过程中，营销计划往往会碰到无法有效执行的情况，一种情况是营销战略不正确，营销计划只能是“雪上加霜”，加速企业的衰败；另一种情况则是营销计划无法贯彻落实，不能将营销战略转化为有效的战术。

第五步，旅游营销活动的管理。旅游营销活动的管理是旅游企业营销活动过程的实施和控制，这是最后一个步骤。

影响旅游市场营销的因素复杂多变，因而在实施营销计划的过程中会出现很多意外情况，旅游企业必须不断做出调控，并对计划进行必要的修正，确保营销目标的实现，同时不断积累经验，为以后的计划提供重要的参考资料。

旅游营销活动的管理主要通过设置高效的营销组织机构，对营销活动进行计划、组织、执行、评价，以及对营销人员的培训和管理等。

学习效果检测

1. 旅游市场营销的本质是什么？旅游市场营销有什么特点？
2. 旅游绿色营销、低碳营销和生态营销之间的相互关系是怎样的？
3. 旅游市场营销管理的步骤和内容有哪些？

项目小结

市场营销是旅游企业通过市场调研了解旅游者需求，然后配置内部资源，努力提供适合这种需要的产品和服务，使旅游者满意、企业获利的管理过程。旅游企业自身的特殊性决定了在旅游市场营销的过程中，必须把满足旅游者需求作为营销的出发点。实施全员营销是取得旅游营销成功的基础，分销和促销阶段是营销策略的关键环节。

随着社会经济条件的不断发展，旅游市场营销观念经历了生产导向、产品导向、推销导向、市场营销导向、社会营销导向等复杂的社会演变过程。

旅游市场营销需要管理才能成功。旅游市场营销管理是指旅游企业营销计划的制订、执行和控制的过程。

实训项目

认识市场营销职业特点

一、实训目的

1. 建立市场营销的职业观。
2. 树立现代旅游市场营销观念。
3. 提升营销职业意识，学习用营销的思想分析问题。

二、实训组织

将学生分成若干小组，每组 5～8 人为宜，在教师指导下进行选题并分别采集不同的资料和数据，以小组为单位组织研讨，在充分讨论的基础上，形成小组的课题报告。

三、实训内容

(一)综合认识营销职业

1. 市场营销职业的种种称呼。
2. 这种职业首先在哪些国家受到重视，它给个人和社会带来了什么？
3. 在我国，人们如何认识这种职业，社会的进步是否需要这种职业？

4. 从事这种职业有无特殊的知识和个性品质要求？

（二）营销基本原理的应用

1. 结合地区旅游经济发展的状况，对一具体的旅游企业市场行为进行调查，应用营销基本原理分析其企业行为的科学性。

2. 应用已学习过的营销原理，对所调研的企业营销观念进行研判，并就未来营销提出建议。

微课

营销的至高境界

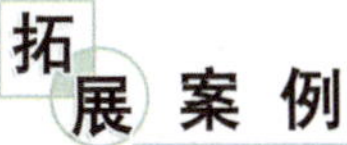

拓展案例

成都龙潭水乡风景区失败案例

位于四川成都市成华区的龙潭水乡风景区（龙潭水乡），投资巨大，主体为清一色江南仿古式建筑，曾被誉为成都的“清明上河图”。刚开业的时候，不少游客慕名而来，景区热闹非凡。但好景不长，开业后不久游客量便急剧下滑，内部各类商铺纷纷关门，如今景区门可罗雀，面临严峻的破产危机。

一、红极一时的龙潭水乡

龙潭水乡位于成都市成华区龙潭总部经济城核心区域，占地面积14.67万平方米，建筑面积16.1万平方米，由上海裕都集团投资20亿元，经4年打造和建设完成。定位为成都的“清明上河图”，规模堪比庄周古镇，是龙潭总部经济城最大的配套项目。

龙潭水乡建设风格融江南水乡和川西民居为一体，既有南派建筑的精致，又有川西建筑的恢弘。引都江堰水入乡，水乡由三个岛组成，三岛之间由不同建筑风格的21座拱桥相连，水面上风格各异的游览船航行在其间，形成成都平原独具风格的旅游景观。按照开发商及项目最初的规划，龙潭水乡是集精品酒店、商务会所、购物、餐饮、休闲、娱乐、旅游为一体的复合业态商业街区。按当时项目设计负责人的说法是“东西合璧，南北相融”。

二、失败原因剖析

（一）项目规划环节

1. 龙潭水乡位于龙潭总部经济城核心区域，有类似刚需的市场支撑，可惜现在该区域还有待发展。项目主打的是成都及周边城市的周边游市场，可是现在除建筑之外，其他方面都不完善。

2. 龙潭水乡号称清明上河园（北方的、宋代的），却看不到任何与之相关的内容，是个赤裸裸的噱头，龙潭水乡真正的文化灵魂不明确。

3. 龙潭水乡与成都、西蜀乃至西南关联性并不强，没有多少实质内容。

4. 交通不便，缺乏文化影响。开业时的火爆情景并没有持续多久，据游客的普遍反映，龙潭水乡交通不便，缺乏文化内涵，空有一身“好皮囊”，实则为“一个吃饭打牌泡吧的集合地”。且由于游客量下滑，很多商家开始抱怨开发商租金昂贵，也并未兑现当时为保证游客量而进行相关文化活动的承诺。

(二)项目实操环节

1. 项目操作思路还停留在多年前的旅游景区操作思路上,没有旅游地产和商业地产的思维;运营团队也不懂旅游地产或商业地产,没有搞清楚旅游地产或商业地产的核心,不能给正确的决策提供支持。

2. 定位不清、不准或者说根本没有定位,只简单地把目光放在建筑规划上。不论是做商业地产还是旅游地产,一个项目的方向错了,注定永远都是个悲剧。

3. 不论是做商业地产还是旅游地产,最核心的不是区域位置,也不是建筑,而是吸引人的亮点、留住人的核心、让人走了还能不断再来的关键。玩概念的"忽悠时代"已过去,尊重市场规律,尊重专业。

4. 商业地产、旅游地产快一步会死,慢一步也会死,快半步就会恰到好处,但这半步的把握需要基础、功底,需要丰富的商业地产、旅游地产从业经验;项目缺乏核心驱动力的主题和特色,东施效颦注定失败。

三、小结

现在的旅游产业已由人看景、人看人的观光旅游向人玩人的休闲旅游逐渐演变,并不断弱化旅游本身三大要素(自然、人文、建筑)在旅游价值创造中的作用,以娱乐、文化为概念的休闲旅游,因强调高附加值的服务功能,成为未来旅游产业的发展趋势;单一靠景观或建筑的时代已成往事,以游客体验消费为核心不断提升游客的参与性的休闲旅游将是未来旅游地产发展趋势;细化、创新各种服务功能,满足各类休闲人群的各种休闲旅游消费需求,将是未来商务旅游休闲产业化的必经之路。

资料来源:前瞻产业研究院,有修改.

思考

1. 结合案例分析旅游开发项目获得成功的关键环节是什么。

2. 请同学们谈谈旅游市场营销对旅游企业发展的重要性。

项目二 适应旅游市场营销环境

【学习方向标】

同学们，企业在经营管理中应力争主动认识、适应、利用各种环境，谋求天时地利与人和，趋利避害，避实击虚；孙子曰：知己知彼，百战不殆；知天知地，百战不穷。在这一项目里我们通过认识旅游企业的外部和内部营销环境，达到适应和利用营销环境的目的。

【学习目标】

★ 知识目标

1. 认识旅游市场营销环境的内涵；
2. 识别旅游宏观环境及微观环境的构成要素；
3. 了解总体环境和个体环境的主要内容和变化趋势。

★ 技能目标

1. 提高学生把握市场营销环境变化的能力；
2. 增强学生把握机遇、避开威胁、适应环境的能力。

★ 素质目标

1. 使学生能用唯物辩证法的观点观察世界，观察市场的变化，提高大局意识，以及积极主动适应社会融入社会的能力；
2. 提高学生遵纪守法意识，明白适者生存，适者发展的道理。

拓展阅读 **回顾改革开放史**

改革开放是我国政府在1978年后制定的极大地促进了社会生产力发展的政策,1978年12月,中国共产党召开具有重大历史意义的十一届三中全会,开启了改革开放历史新时期,从那时以来,中国共产党人和中国人民以一往无前的进取精神和波澜壮阔的创新实践,谱写了中华民族自强不息、顽强奋进的壮丽史诗,中国人民的面貌、社会主义中国的面貌、中国共产党的面貌发生了历史性变化。

改革开放的实质:解放和发展社会生产力,提高综合国力,进一步解放人民思想,建设有中国特色的社会主义。改革开放是邓小平理论的重要组成部分,是中国特色社会主义建设的一项根本方针。改革,包括经济体制改革,即把高度集中的计划经济体制改革成为社会主义市场经济体制;政治体制改革,包括发展民主,加强法制,实现政企分开、精简机构,完善民主监督制度,维护安定团结。开放,主要指对外开放,在广泛意义上还包括对内开放。改革开放是中国共产党在社会主义初级阶段基本路线的基本点之一,是中国走向富强的必经之路,对中国的经济发展有着巨大影响。

资料来源:人民日报,2018.

|思考|

1.中国共产党开启改革开放历史新时期的会议是在哪一年召开的第几次会议?改革开放的实质是什么?

2.请同学们举例说明改革开放四十几年来中国大地发生了怎样的变化,这种翻天覆地的变化给中国旅游产业的发展带来了怎样深远的影响。

3.在本项目的学习中,请同学们思考,改革开放在旅游市场营销环境中属于宏观环境因素还是微观环境因素,面对这一营销环境因素带来的社会变化旅游企业应该如何应对。

任务1 认识旅游市场营销环境

任务提出及实施

1.明确旅游市场营销环境的内涵及包括的主要内容;

2.举例说明旅游市场营销环境的特点。

请同学们在教师的讲解和引导下,学习应用知识储备,查阅相关资料,分组讨论完成上述任务。

任务关键词

外部营销环境;内部营销环境

案例导入　泰国酒店预定量增长480% 优惠酒店一房难求

2023年1月以来，泰国的酒店预订量同比增长480%，其中来自中国内地游客的预订占比超过三成。同期，内地旅客赴泰酒店预订量同比增长近21倍，环比上月同期也呈现了翻倍增长。兔年春节假期，内地旅客赴泰酒店的预订量同比增长近12倍。据悉，曼谷、清迈、苏梅岛、普吉岛等多个目的地的热门酒店产品库存不断被抢空，可以说是“一房难求”。

资料来源：迈点网，2023-01-14

｜案例分析｜

2023年开年为什么泰国旅游会大受国内游客青睐？

应用知识储备

一、旅游市场营销环境的概念

菲利普·科特勒认为，市场营销环境是由企业营销管理职能内外部的因素和力量组成的，这些因素和力量帮助营销管理者保持和发展同其目标市场顾客交换的能力。从这个意义上说，旅游市场营销环境就是指一切影响和制约企业营销活动的内外部各种因素的总和。

旅游市场营销外部环境由宏观环境和微观环境构成，宏观环境是指影响旅游企业营销活动的社会性力量与因素，包括人口、经济、政治法律、自然、社会文化、科技环境因素。微观环境是指与旅游企业的营销活动直接相关的各种参与者，包括企业的供应商、中间商、顾客、竞争者、社会公众等。旅游企业内部营销环境是指企业自身的物质和非物质条件，包括人员、资金、设施设备、组织结构、规章制度、管理水平、企业文化、营销策略和营销战略等，它是企业营销活动的基础，决定着企业对外部环境的适应能力。旅游市场营销环境如图2-1所示。

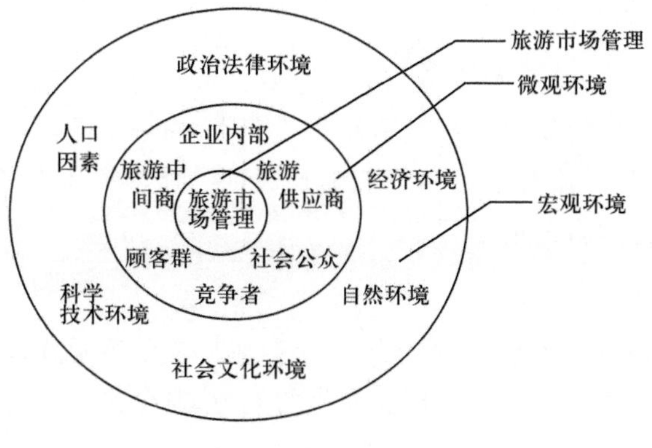

图2-1　旅游市场营销环境

旅游企业所处的内外部环境不是固定不变的，加之旅游企业对其他行业的依赖性强，对环境变化较敏感，因此，分析旅游营销环境能够帮助企业寻找更好的营销机会，规避风险，从而更好地适应市场环境的变化。

二、旅游市场营销环境的特点

1. 客观性

旅游企业的全部营销活动，都不可能脱离它所处的环境而发生，旅游企业只要从事市场营销活动，就要受到各种环境因素的影响和制约，因此旅游企业必须头脑清醒，做好随时应付旅游企业所处外部环境的挑战的准备，同时把握外部环境变化带来的机遇。

2. 差异性

旅游营销环境的差异性体现在两个方面：①不同的旅游企业受不同环境的影响。如不同的国家、民族、地区之间，在人口、经济、社会文化、政治法律、自然环境等方面都存在着广泛的差异性，这些差异对旅游企业的影响显然也不相同。②即使是同样的一种环境因素对不同旅游企业的影响也是不同的。由于环境因素的差异性，旅游企业必须采取不同的营销策略才能应付和适应这种情况。

3. 相关性

旅游市场营销环境是一个多因素的集合体，各种因素之间存在着不同程度的关联性，彼此相互依存、相互作用、相互制约。如一个国家的法律环境影响着该国的科技、经济的发展速度和方向，而科技和经济的发展又会引起政治经济体制的变革，进而促进某些法律、政策的相应变革。

4. 动态性

旅游市场营销环境在不断地发生变化，只是变化有快慢大小之分。如科技、经济等因素变化相对较大较快，对企业营销活动的影响相对较短且跳跃性较大；而人口、社会文化、自然等因素变化相对较慢较少，对企业营销活动的影响则相对较长且稳定。但从总体上说，旅游市场营销环境变化的速度呈加快趋势。因此，企业的营销活动必须适应环境的变化，不断调整自己的营销策略。

5. 宏观环境因素是不可控制因素

旅游企业一般不可能控制宏观环境因素及其变化，如一个国家的政治法律制度、人口增长以及社会文化习俗等，旅游企业不可能随意改变。旅游企业只有了解这些环境的变化趋势才能抓住机会促进自身的发展。

6. 对环境的能动性

旅游企业对环境的不可控制，并不意味着企业对环境的变化无能为力，只能被动地接受。企业可以以不同的方式加强适应环境变化的能力，避免来自环境变化的威胁，在变化的环境中寻找新的机会，并可能在一定条件下改变环境。

学习效果检测

1. 用智慧树绘制出旅游市场营销环境包含的主要内容。
2. 举例说明市场营销环境具有哪些基本特征。

任务 2　适应旅游市场宏观环境

任务提出及实施

1. 宏观营销环境主要特征及包含的主要内容；
2. 以小组为单位，结合实例谈谈旅游企业应如何适应宏观环境的变化。

请同学们在教师的讲解和引导下，学习应用知识储备，查阅相关资料，分组讨论完成上述任务。

任务关键词

政治法律环境；经济环境；社会文化环境；科学技术环境；人口环境；自然环境

案例导入　“养老会员”低价游，价低风险不低

2021 年 4 月，中华人民共和国文化和旅游部近期部署开展未经许可经营旅行社业务专项整治行动，并公布了专项整治行动的第一批指导案例，其中包括上海某社区养老服务有限公司组织 227 名会员参加“安徽安庆天柱山 4 天 3 夜品质游”一案。

据了解，上海市文化和旅游局执法总队执法人员在普陀区某大厦开展日常检查时，发现某社区养老服务有限公司门口旁宣传栏上有部分老年人旅游合照的图片。针对此情况，执法人员进入该公司检查，发现“养生养老家族会员”存档单及部分收据，另发现“安徽安庆天柱山 4 天 3 夜品质游”名单表若干份。经调查，该公司在未取得旅行社业务经营许可证的情况下，以每人 3 199 元的价格向老年人售卖“养生养老家族会员”资格，会员可获得“安徽安庆天柱山 4 天 3 夜品质游”“广西巴马北海之恋 6 天 5 夜尊享游”等四项服务。

该养老服务有限公司相关负责人承认公司确实组织会员参加了“安徽安庆天柱山 4 天 3 夜品质游”，并提供了相关游客名单及团款收据等材料。

执法人员认定，该养老服务有限公司违反了《中华人民共和国旅游法》第二十八条的规定，执法人员依据《中华人民共和国旅游法》第九十五条第一款的规定，责令当事人改正违法行为，并给予罚款 2 万元的行政处罚，同时对有关责任人员进行了处罚。

（资料来源：节选“‘养老会员’低价游，价低风险不低——未经许可经营旅行社业务专项整治行动案例解析之六”，中国旅游报，2021-04-15.）

|案例分析|

1. 请同学们认真研读《中华人民共和国旅游法》并能够解读其内涵。

2. 结合本案例谈谈对社会主义法治建设的十六字方针(有法可依、有法必依、执法必严、违法必究)的理解。

应用知识储备

旅游市场营销宏观环境是指影响旅游企业运营的外部大环境。它作为旅游企业不可控制和不可影响的因素,对旅游企业营销的成功起着重要作用。一般而言,在旅游市场营销中,宏观环境因素主要包括旅游企业所在区域的政治法律环境、经济环境、社会文化环境、科学技术环境、人口、自然环境等因素。

一、政治法律环境

政治法律环境是指那些对企业的经营行为产生强制或制约的各种法律、政府结构和压力集团。旅游企业的营销活动总要受到政治和法律的规范、强制和约束。旅游企业的发展不仅与本国政治法律相关,还与客源国的政治法律密切相关,政治往往通过法律来体现自身,与法律的相对稳定性相比,政治更具有多变性。政治环境指明了企业营销活动的方向,法律环境则规定了企业营销活动的行为准则。二者密切联系,共同作用于旅游企业的市场营销活动。

1. 政治局势

政治局势表明了旅游企业所在国家或地区的政治稳定状况。政局的稳定是旅游企业开展营销活动的关键因素。稳定的政局有利于该国家或地区发展和提高生产力水平,提高人均收入,为旅游企业创造良好的外部营销环境。旅游业受政局的影响比较大,旅游目的地国家如果发生了战争、暴乱、罢工或政权更替等政治事件,就会扰乱该国家旅游业的正常发展,影响旅游者的出游行为。

突发事件会对旅游业产生影响,而这一变化是旅游企业完全无法控制的。恶性突发事件会使旅游者取消预订或影响未来旅游者对目的地的信任度,从而影响该区域的旅游业。如 2011 年日本大地震导致福岛核电站的核泄漏,使得赴日游客量锐减。在短期内,大多数的潜在旅游者将会选择其他他们认为安全的地方出游。

2. 国家政策和相关法规

国家在不同时期所制定的不同方针政策也会影响企业的营销活动。由于旅游消费需求的弹性较大,它不仅对价格敏感,对政策法规亦十分敏感,政府的法令条例,特别是有关旅游业的经济立法,对旅游市场需求的形成和实现具有不可忽视的调节作用。这些法律或规定都是在旅游企业的控制范围之外,其调节变化会对旅游企业营销活动产生很大影响。比如,假日立法使居民有了两周的带薪假期,这才对远距离旅游目的地形成现实的需求。交通运输条款的规定也会对旅游需求产生作用。我国铁路客运票价、航空票价对旅

游的影响显而易见。此外，旅游娱乐消费税和扣除额的变化会对旅游者的购买行为产生较大的影响，从而影响旅游企业的营销活动。

政府对出国旅游签证政策的制定直接影响出境旅游。简单的入关手续可以吸引更多的国外旅游者；反之，复杂的入关手续会使相当多的潜在旅游者望而却步。据了解，为了促进本国旅游业的发展，许多国家对入境旅游者购物消费采取了退税的优惠政策，以鼓励游客购买商品。例如，海南试行境外游客离境退税和"离岛"游客免税购物政策，促使游客量大增。绝大部分的旅游企业不可能战胜这些政治环境的变化，只能去调整适应。

国家旅游部门和其他政府部门还会对旅游服务的质量和标准进行一定程度的控制。例如，法律或法规会规定企业应怎样做，什么样的产品才算合格等，这些都直接影响着服务和产品的营销方法的制定。当一项立法变化时，整个行业的营销管理人员都要根据立法与规则及时调整旅游营销计划。政府的态度会对旅游企业产生一定的影响，在保护和充分利用自然环境与历史文化旅游资源之间政府要加以协调。

知识链接

禁止客人自带酒水？拨打 12315 投诉！

北京市工商行政管理局发布 6 种"霸王条款"，消费者若遇到可打 12315 举报。这些条款包括：①禁止客人自带酒水；②消毒餐具工本费一元；③限包间最低消费；④减少订席不提前通知收全款；⑤丢物责任自负；⑥顾客不接受餐厅建议视为自动放弃食品卫生投诉权。

3. 国际关系

国际关系是指国家之间在政治、经济、军事、文化等方面的关系，旅游企业尤其是从事国际旅游业务的旅游企业对国家之间的关系更应引起高度关注。两国之间的外交关系也会影响两国互送旅游客源。

二、经济环境

经济环境包括那些能够影响旅游者购买力和消费方式的因素，其运行状况及发展趋势会对旅游企业营销活动产生直接或间接影响。如当宏观经济处于衰退期时，购买者的收入水平一般会有不同程度的下降，这就不可避免地限制了人们的外出旅游活动。如果宏观经济中出现了较高水平的通货膨胀，那么购买者的实际收入也会有所下降，最终限制了人们出游活动。从宏观上分析经济环境时，要着重分析以下经济因素：

1. 国民生产总值(GNP)

国民生产总值是反映国民经济发展的综合指标。人均国民生产总值反映出一个国家人民的富裕程度。有研究指出，一般来说，人均 GNP 达到 300 美元就会兴起国内旅游；而人均 GNP 达到 1 000 美元，就会有出境旅游的需求；当人均 GNP 达到 1 500 美元以上时，旅游需求的增长更为迅速，美国就因为较高的人均 GNP 而成为世界上主要的旅游客源国。日本因人均 GNP 在 3 万美元以上，成为亚洲主要的旅游客源国。随着我国经济水平

的不断提高,人均GNP也获得了成倍的增长,我国的国内旅游有了迅速的发展,出境旅游在近几年也有了很大的发展。

2. 个人可自由支配收入

消费者对旅游产品的购买力主要取决于自身的收入,但消费者不会将所有的收入都用来购买旅游产品。因此,消费者个人实际可自由支配的收入才是他们购买旅游产品的决定性因素。据统计,在经济发达国家中国民的旅游支出约占个人收入的1/4。因此,个人收入是衡量当地市场容量、反映购买力的重要因素。一般来说,高收入的旅游者往往比低收入的旅游者在旅游过程中平均逗留的时间更长、花费更高。不同收入的旅游者在旅游中选择参加的活动类型、购买的旅游产品也有很大的差别。

3. 通货膨胀和外贸收支

政府在治理国家时,往往要追求4项指标:经济发展、物价稳定、失业减少、国际收支平衡。价格与外贸收支平衡严重影响着人们的购买力。国际贸易是各国争取外汇收入的主要途径,而外汇的获得又决定一国的国际收支状况。当一国外贸收支出现逆差时,不但会造成该国货币贬值,使出国旅游价格变得昂贵,而且该国政府还会采取以鼓励国内旅游来代替国际旅游的紧缩政策。相反,当外贸收支大幅度顺差时,该国货币升值,出国旅游价格降低,该国会放松甚至鼓励国民出国旅游并购买外国商品。

4. 消费结构

消费结构是指消费者在各种消费支出中的比例及相互关系,居民个人收入间存在着一个函数关系,而且在不同的国家或地区,个人收入与消费之间的函数关系是不同的。在西方经济学中常用恩格尔系数(Engel Coefficient)来反映这种变化。恩格尔系数是食物支出总额占个人消费支出总额的比重,即在一定的条件下,当家庭个人收入增加时,收入中用于食物支出部分的增长速度要小于教育、医疗、享受等方面支出的增长速度。食物开支占消费量的比重越大,恩格尔系数越高,生活水平越低;反之,食物开支占消费量的比重越小,恩格尔系数越低,生活水平越高。只有在生活水平较高的情况下,消费者才会产生购买旅游产品的需求。

三、社会文化环境

人类总是生活在社会当中,久而久之,必然会形成某种特定的文化,包括对待事物的态度和看法,价值观念、道德规范以及世代相传的风俗习惯等。社会文化包括两个方面:一是比较稳定的持续的价值观念的核心文化,二是容易受外界因素影响而发生改变的亚文化和次文化。总的来说,文化因素影响和支配着人们的生活方式、消费结构、主要需求以及消费方式,进而影响着企业的市场营销活动。

由于核心文化对消费者的影响是持久的,不会轻易发生变化,旅游营销人员应该了解文化主要在哪些方面给消费者行为造成影响,因为旅游活动会接触到世界各地不同的文化。旅游营销人员在进行旅游产品设计与包装、营销广告创意及营销方案决策时都必须适应当地的文化,避免采取一些为特定文化下的消费者所不能接受的营销方式。此外,旅游营销人员还需通过研究各种亚文化群体不同的需求和消费行为来选择不同的亚文化群

体作为自己的目标市场。

旅游企业除了研究社会文化环境给消费者造成的影响之外，还要研究社会文化环境易受哪些因素影响，并加以引导。同时，旅游企业需要识别具有不同社会文化背景的消费者，了解他们的风俗习惯，避免在开展营销活动的过程中，由于不了解这方面的情况造成不必要的冲突和误会，引起旅游消费者的反感。

旅游消费者的价值观念、审美标准、受教育程度等往往会影响他们社会文化背景的形成。旅游消费者作为社会集体中的一员，其旅游购买行为自然会受到各种社会因素的影响。影响旅游消费行为的社会因素包括相关群体和社会阶层等。相关群体是指能影响一个人的态度、行为和价值观念的群体，如家庭、邻居、亲友、周围同事，或受某种社会风尚的影响而形成的一种社会消费倾向，相关群体的消费行为起着参谋指导作用。社会阶层是指按照个人或家庭相似的价值观、生活方式、兴趣以及行为等进行分类的一种稳定的等级制度。同一社会阶层的消费者，选择旅游产品、服务档次有类似性。因此，旅游企业的市场营销人员，必须考虑不同社会阶层的不同需求，为其提供与其身份地位相适应的旅游产品。

四、科学技术环境

科学技术环境对旅游业的发展有着深刻的影响。在旅游业中，技术的应用主要在办公自动化、通信及数据处理等方面。两大技术的发展将促使旅游的发展：一是旅游业中自动化应用的增加；二是越来越多的人可以进行可视化交流。

科学技术直接影响旅游企业的产品开发、设计、销售和管理，作为旅游企业的营销者，需要考虑针对企业和旅游者两方面的技术因素。

从企业的角度来看，科学技术的发展为旅游企业的市场营销提供了物质手段。近年来因特网的广泛使用，特别是云技术的兴起，使得旅游业的销售系统产生了重大变革。运用新的科学技术有利于提高企业竞争优势。科学技术在旅游业中的广泛运用，使旅游企业能够提供更多的、满足旅游消费者需求的旅游设施和设备以及旅游产品和服务，从而不断增强竞争力。如现代酒店的高智能网络与结算系统、现代化的会议同声传译系统等。

从旅游者的角度来看，技术对旅游者的影响也是巨大的。先进的室内娱乐系统，如网络电视、个人电脑、电影投屏等，逐渐成为外出娱乐和旅游的替代品。科学技术的发展一方面对旅游活动造成危机，另一方面又带来便利。家用电器设备的发展缩短了家务劳动的必要时间，从而提供了更多的余暇外出旅游，而且，高技术的娱乐项目已经成为旅游者旅游活动的目的。闻名遐迩的迪士尼乐园就是集光、声、电等多种技术于一体的产物。这种富有梦幻、惊险、刺激的娱乐产品一经产生，就赢得许多人的青睐。

技术的发展使旅游设施日益现代化，为人们的旅游活动带来了便利，如交通、通信的发展将空间的距离缩短，洲际旅游成为易事。电子问询机的问世，使旅游者可以方便地在机场、饭店大堂、旅游问询处等公共场所查询各种旅游信息。旅游酒店设施设备的现代化也为旅游者提供了方便。目前，国际上许多酒店在客房设置电脑终端，客人可以清楚地查询自己的购买情况，商务客人也可以通过电脑联网进行工作。

“互联网+旅游”发展目标

知识链接

我国“互联网+旅游”发展目标为：

到2022年，“互联网+旅游”发展机制更加健全，旅游景区互联网应用水平大幅提高。建成一批智慧旅游景区、度假区、村镇和城市。线上线下旅游产品和服务更加丰富，个性化、多样化水平显著提升。旅游市场大数据监管和服务能力进一步增强。

到2025年，“互联网+旅游”融合更加深化，以互联网为代表的信息技术成为旅游业发展的重要动力。国家4A级及以上旅游景区、省级及以上旅游度假区基本实现智慧化转型升级。依托网络平台的定制化旅游产品和服务更加普及。全国旅游接待总人数和旅游消费规模大幅提升，对境外游客的吸引力和影响力明显增强。

（资料来源：改编自“十部门联合推动‘互联网+旅游’深化发展”，中国政府网，2020-11-30.）

五、人口

人口是构成市场的基本要素。旅游营销人员首先感兴趣的宏观环境因素便是人口。旅游市场就是由具有购买动机且有购买能力的旅游人口构成的。旅游人口是旅游活动的主体，人口多说明市场具有较大的潜在容量。旅游企业在研究市场营销活动时，必须对人口进行统计分析，关注人口数量、人口分布以及人口结构。

（一）人口数量

在收入接近的条件下，人口的多少决定着市场容量，一般来说，人口数量与市场容量、消费需求成正比。在人们有购买力的条件下，人口越多，就意味着对旅游产品的需求越多，旅游市场的容量就越大。在同一经济发展水平的国家，人口的增加对旅游人次的增加起着一定的作用。但人口的数量与具体商品的市场关系还必须视消费群体的特性而定。

（二）人口分布

人口的分布是指人口在不同地区的密集程度。我国人口分布总体格局是东南密，西北疏。城市人口较为集中，一些特大城市人口密度较大，广大农村人口则相对分散。受自然地理条件和经济发展程度等多方面因素的影响，人口的地理分布不可能平均，不同地区人口的消费行为呈现出显著的地区差异。如人口集中、密度大的东南沿海城市居民相较于人口分散的西部地区居民来说，具有更强的购买力。

此外，居住在不同区域的人的生活经历是建立在该区域自然、社会和文化等因素的基础上的，这方面的生活经历会促使该区域的旅游者寻求有差异的旅游目的地。地理位置的差异意味着目的地和客源地的距离，而这种距离对目的地的选择既是推动因素也是阻碍因素，远距离给旅游者带来的不仅是遥远感和吸引力，也是时间与价格上的更多支出。因此，旅游企业既要关注不同地区人口的不同购买能力与需求，又要依据人口分布不同的地理环境实施不同的营销策略。

（三）人口结构

人口结构包括人口的年龄结构、性别结构、职业结构、家庭结构等。近年来，随着人口

出生率的下降和老龄化的加剧以及传统家庭观念的改变，人口结构也出现了一些新的变化。

1. 年龄结构

年龄本身对旅游购买行为并没有实际意义，但年龄的差别往往意味着生理和心理状况、收入及旅游购买经验的差别。因此，不同年龄的旅游者在旅游产品的种类、购买方式和购买时间等方面的选择上有很大差别。一般来讲，年轻人喜欢刺激性、冒险性较强、体力消耗较大的旅游活动；老年人则倾向节奏舒缓、舒适并且体力消耗较小的旅游活动。但大多数老年人积蓄较多，同积蓄较少的年轻人相比，他们更倾向于选择豪华型的旅游产品。

2. 性别结构

性别对旅游购买行为的影响表现在两个方面：一方面，由于传统文化的影响，不同的性别角色在思维方式、行为方式等方面有着不同的表现，所以，他们在消费观念、处事能力方面存在差异，这就促使他们在选择旅游产品时各有特点。另一方面，不同的性别角色还意味着生理、心理方面的不同。首先，男性和女性的感官，如视觉、听觉及触觉等方面存在差异，女性旅游者在旅游目的地的选择中，往往更注重旅游购物条件和安全条件。其次，男性和女性在体力上也有较大差异，男性往往比女性在体力上更充沛，活动速度更快，但体力恢复却较慢，因此两性在选择旅游项目时也有差别。

3. 职业结构

职业在很大程度上决定了一个人的收入水平，同时，职业也决定了一个人闲暇时间的多少。收入水平决定了一个人的购买能力，即决定了旅游者购买旅游产品的种类、品牌、购买方式及购买数量。闲暇时间是限制旅游购买的另一客观因素。例如，教师具有较长的闲暇时间进行旅游活动。同时，职业也决定了闲暇时间的分配，有的职业可能在冬季才有度假机会，有的则只有在夏季才有。所以，职业在一定程度上影响着旅游者买的季节性和旅游天数。职业本身也意味着购买者的工作性质和生活经历。不同职业的人由于工作性质不同，可能会选择不同的旅游产品。如工作复杂、人际交往频繁、工作任务重的就业者倾向于选择放松型的度假旅游。由于职业也代表一种生活经历，在旅游过程中旅游者有可能会有意识地接触或避免接触与自己职业相关的当地居民，参加或避免参加与职业相关的旅游活动。

4. 家庭结构

家庭是购买和消费旅游产品的基本单位。家庭结构包括家庭的数量、家庭人口、家庭生命周期、家庭居住环境等，这些都与旅游产品的数量、结构密切相关。例如，我国家庭规模的小型化是一种趋势，家庭结构的这种变化，引起了旅游市场需求的相应变化，家庭旅游市场的需求呈上升趋势。在西方发达国家，无子女的年轻夫妇所组成的家庭越来越多，给众多的旅游企业，如酒店业、航空业等提供了大量的获利机会，因为这种家庭一般拥有较为丰厚的收入，而没有子女又使得他们有较多的时间用于旅游和外出餐饮。家庭结构的这些变化给旅游企业的市场营销提供了机会。

5. 其他因素

其他因素包括人口的民族结构、健康状况、社会结构等,这些都会对消费行为产生很大的影响。如健康状况,几乎任何一项旅游活动都需要消耗体力和精力,因此旅游者的身体健康状况成为旅游购买行为的直接影响因素。目前人口环境正在发生重大变化,表现为:世界人口迅速增长;人口老龄化严重;发达国家的人口出生率下降;家庭结构发生变化;人口流动性大等方面。旅游企业应依据这些变化调整旅游市场的营销方向。

六、自然环境

影响旅游发展的另一个主要因素是全球越来越关注的对自然环境的保护。以加拿大为例,近年来的许多调查表明,环境是公众关心的首要问题。环境意识的提高说明了旅游者逐渐不能接受环境遭到严重破坏的旅游点。同时,许多边远地区脆弱的自然环境和原始文化环境,随着诸如生态旅游、探险旅游和绿色旅游等专项旅游的发展而受到影响。在旅游市场中,自然景观的承载力是脆弱的,需精打细算地充分利用。

个人认为全球的自然环境正在变化。全球的气候变化导致了气温升高,雾霾天气频发,海平面上升等问题。一旦这些情况加重,将会对旅游业产生深远的影响,例如经营期的延长,一些海滨和冬季度假区存留的可能性,以及新度假地的产生。显然这种可能性对于企业一个星期、一个月或一年的工作计划来说意义并不大,但它会对许多长达几十年的大型娱乐投资决策产生影响。针对这种长远的情况,在产品决策上要有充分的灵活性和弹性。

在环境保护方面,各国政府都扮演了积极的角色,随着在自然资源管理方面政府强有力的介入,旅游企业也开始严格地遵循政府有关保护环境的各项法律法规,积极地参与环保事务,求得消费者利益、企业利益和社会利益的统一。

让科技赋能酒店

学习效果检测

1. 爱我家乡——从宏观环境的视角介绍一下你的家乡,这些年你的家乡发生了哪些主要变化。

2. 随着中国老年化社会的到来及二胎政策的放开,举例说明旅游营销产品应如何适应人口环境的变化。

3. 请同学们举例说明与旅游企业营销相关的法律。

任务3　认识旅游市场微观环境

任务提出及实施

1. 举例说明旅游市场营销微观环境主要有哪些内容;

2. 以小组为单位讨论微观环境的变化对旅游企业营销的影响。

请同学们在教师的讲解和引导下，学习应用知识储备，查阅相关资料，分组讨论完成上述任务。

任务关键词

供应商；中间商；竞争者；消费者；社会公众

案例导入　抓80后、90后的胃，预制菜万亿大生意逻辑：便捷、多样、省钱

80后、90后是幸福的两代人，与信息科技相伴成长，生活娱乐相比前几代人要更丰富、多元，生活中各种小聚不断，娱乐活动从打游戏、剧本杀到室内/外滑雪，花样异常繁多。但在生活丰富多元的同时，加班也更为严重，996、007成为常见现象。

忙碌之下，在家做饭成了一件奢侈的事，出去吃、点外卖成为他们最节约时间成本的方式。但是，基于性价比、卫生、口味等多方面的考量，很多消费者开始寻找新的代替方式，而预制菜的出现，为他们解决了这一难题。

预制菜，顾名思义，是指以农、畜、禽、水产品为原料，配以各种辅料，经加工而成的成品或半成品。预制菜根据需要加工的程度分为即食食品、即热食品、即烹食品、即配食品。

小H是一名标准的北漂，因为周末懒得出门，订外卖又觉得没有好吃的餐品，于是在网上下单了京味宫保鸡丁、台式红烧牛腩，自己简单加热一下，配上自己蒸的米饭，不仅口感好，一份菜加热后能吃两次，比在外面吃或点外卖要更划算。

资料来源：红餐网，2023-01-14

案例分析

以市场需求为中心是企业发展的根基，为什么随着上班族工作节奏的加快预制菜受到年轻了消费群体的欢迎？

应用知识储备

旅游市场营销微观环境是指存在于旅游企业周围并密切地影响其营销活动的各种因素和条件，它影响着企业为目标市场服务的能力。旅游市场营销工作的成功，不仅取决于对客观环境变化的适应能力，而且适应和影响微观环境变化的能力也是至关重要的。

旅游市场营销微观环境主要包括：旅游供应商、旅游中间商、顾客群、竞争者、社会公众以及企业内部营销环境。

一、旅游供应商

旅游供应商是向旅游企业及竞争对手提供生产旅游产品所需各种资源的企业或个人。供应商所提供的资源是旅游企业进行正常运行的保障，也是向市场提供旅游产品的基础。旅游市场营销工作很重要的一个方面就是保持与旅游供应商的联系，在旅游资源供应的任何一个环节上都不能放松。因为旅游产品的综合性决定了它的脆弱性，一环受

损会造成全盘皆散。

把握旅游资源供应环境，不仅有助于旅游企业保证货源质量，而且有助于企业降低成本。旅游企业只要掌握供应商品的价格变化情况并尽可能加以控制，就能使综合报价中的利润达到最大。目前许多旅游企业采用“定点”制，使吃、住、行、游、购、娱形成一条龙服务，相互提供客源，又相互优惠，收效颇佳。

二、旅游中间商

旅游中间商是处于旅游生产者和旅游者之间，参与旅游产品或商品的流通业务，促使买卖行为发生和实现的组织或个人。旅游中间商是生产者与消费者之间的纽带和桥梁，起着调节生产与消费矛盾的重要作用。旅游中间商包括经销商、代理商、批发商、零售商、交通运输公司、营销服务机构和金融中间商等。旅游中间商的存在对旅游企业开展营销活动起着重要的作用。一方面中间商掌握大量的旅游产品供求信息，能给现实和潜在的旅游者提供最有价值的信息，帮助旅游者选择最理想的旅游产品；另一方面他们能够为旅游生产企业反馈大量信息和改进意见，提高信息效用。

旅游中间商在营销活动中的地位很重要，会在多个环节中出现。如某旅行社的外联人员出去联系业务，他会从谈成的业务中提成，在旅行社与旅游者之间他扮演的是中间商的角色；旅游者最终确定的目的地是外省的某一景点，此旅行社就会与该省某一旅行社进行联系，最后谈成的情况是旅游者到达该省后，由当地那家旅行社提供服务，全权负责当地游览，此旅行社派一名全陪监督。在这个过程中这家旅行社又充当了中间商的身份。在整个旅游活动过程中，中间商出现了两次。因此旅游营销活动一定要审慎选择好中间商。在选择过程中，要注意中间商人员素质、劳务费用、履行职责效果和对中间商的可控程度。

三、顾客群

旅游企业的营销活动是以顾客需求为中心展开的，顾客群是影响旅游营销活动最基本、最直接的环境因素。旅游市场顾客群主要包括个体购买者和公司购买者。

微课

满足顾客的需求

1. 个体购买者

个体购买者是指以满足个人或家庭的精神需要为目的而购买旅游产品的购买者，他们是旅游产品和服务的直接消费者，包括观光旅游者、度假旅游者等。这种顾客一般属于散客。

个体购买者的特点主要是数量小，人多面广，购买商品主要以个人兴趣为动机，购买能力相对有限，大多缺乏对旅游产品的专门知识，购买行为具有很大程度的诱导性。对于个体购买者行为，行为学家科特·莱文对此用公式表示为

$$CB = f(p, s, e)$$

式中，CB 为消费者行为；p 为消费者个人特点；s 为社会影响因素；e 为环境因素。公式表明消费者行为受消费者个人特点、社会影响因素及环境因素的影响。

2. 公司购买者

公司购买者是指企业或机关团体组织为开展业务或奖励员工而购买旅游产品和服务的购买者。如企业为创建企业文化组织大家假日出游而去购买旅游产品。

公司购买是一种专家购买，一般在公司内部会有专门从事旅游产品购买的部门或专业人员，他们具有专业的旅游知识，对旅游产品有深刻的了解和认识，不像个体购买者那样易受诱导。经营公司旅游，会注重旅游产品的质量，质量的好坏决定了活动组织的成败。因此营销时要注重对旅游产品质量、档次的强调。

四、竞争者

每个企业都面临四种类型的竞争者，即愿望竞争者、一般竞争者、产品形式竞争者和品牌竞争者。

对于旅游企业而言，愿望竞争者是指提供不同产品以满足不同需求的竞争者。如消费者有带薪假期，他想游山玩水或在家休息。为其在家休息或社区里提供娱乐、休憩等活动产品的其他企业即为旅游企业的愿望竞争者。如何使消费者选择出游而不是待在家中，就是旅游企业与其他文化娱乐企业的一种竞争。

一般竞争者是指提供能够满足同一种需求但不同产品的竞争者。例如，飞机、火车、汽车都可用作出游工具，这三种交通工具的经营者之间必定存在着一种竞争关系，他们也就相互成为各自的竞争者。

产品形式竞争者是指生产不同规格与档次的竞争者。如消费者选择旅游团队的档次是豪华的还是标准的。

品牌竞争者是指产品规格、档次相同，但品牌不同的竞争者。如消费者选择入住的宾馆是王府井饭店还是长城饭店。

显然，后两类竞争者是同行业的竞争者。旅游企业必须认清形势，识别竞争对手，关注竞争对手，并设法建立竞争优势，保持消费者对本企业的信赖和忠诚。

五、社会公众

社会公众是旅游企业营销微观环境的重要因素，对旅游营销活动的成败产生实际的或潜在的影响。企业的生存和发展依赖于良好的公众关系和社会环境，所谓“得道多助，失道寡助”。旅游营销活动所面临的社会公众主要包括：

(1)金融公众。即那些关心和影响企业取得资金能力的集团，包括银行、投资公司、证券公司、保险公司等，它们对企业的融资能力有重要的影响。

(2)媒介公众。主要是报纸、杂志、广播和电视、电台等，它们能帮助企业实现与外界的联系。旅游企业通过与媒介建立良好的关系扩大企业和产品的知名度和影响力。

(3)政府公众。即负责管理旅游企业的业务和经营活动的有关政府机构和企业的主管部门。旅游企业在制订营销计划时，要考虑政府公众对其的影响，时刻关注政府政策措施的变化。

(4)公民行动公众。包括保护消费者利益的组织、环境保护组织等，他们有权对旅游企业营销活动提出质询，并要求企业采取相应措施。

(5)社区公众。即旅游企业附近居民和社区组织,他们对该企业的态度直接影响该企业的营销活动。旅游企业要与地方社区公众保持联系,积极参与社区事务,赢得地方公众的好感与合作。

(6)内部公众。即旅游企业内部全体员工。董事长、经理、管理人员和一般员工都属于企业的内部公众。处理好与企业内部公众的关系是企业搞好外部公众关系的前提。

(7)一般公众。即普通公众,他们不购买旅游产品但深刻影响消费者对旅游业及其产品的看法。企业在普通公众中的形象会影响到消费者的行动。

对旅游企业而言,不同类型的公众对其影响是不同的,旅游企业应努力采取措施,保持同各公众的合作关系,树立企业的良好形象,以保证旅游企业营销活动的顺利开展。

六、企业内部营销环境

旅游企业内部营销环境是各职能部门、各环节、各岗位之间分工协作、权力分配、责任承担、利益和风险分享的系统运作行为。它需要决策机构、指挥机构、开发机构、执行与反馈机构、监督与保证机构、参谋机构共同参与并协作配合。

为使旅游企业的业务得以顺利开展,不仅需要营销部门各类专职人员尽职尽责,通力合作,更重要的是必须取得其他部门及管理层的协调一致——这些会影响旅游企业的营销管理决策和营销方案的实施。总之,只有各部门各司其职、各尽其用,整个旅游企业才具有整体性、系统性和互补性。有了各部门齐心协力,加之训练有素的营销人员,旅游营销活动一定能够取得成功。

学习效果检测

1. 一家企业在与供应商和经销商洽谈合作时,应坚守怎样的合作理念?怎样能尽量避免不愉快的合作发生呢?

2. 以一家你熟悉的旅游企业为例,谈谈该企业在经营中是如何做到不断创新满足目标顾客需求的。

任务4 旅游市场营销环境战略分析

任务提出及实施

1. 了解什么是SWOT分析法;

2. 举例说明SWOT分析法在企业营销实战中的应用。

请同学们在教师的讲解和引导下,学习应用知识储备,查阅相关资料,分组讨论完成上述任务。

任务关键词

机会;威胁;优势;劣势

案例导入　**抢夺“中国胃”？快餐巨头肯德基居然卖起了湖南米粉**

2021年年底，作为湖南城市特色的“肯德基牛肉粉”，被正式列入肯德基早餐菜单。为了迎合湖南人早餐吃粉的搭配习惯，肯德基还相当贴心地上线了茶叶蛋、太阳蛋、安心大油条等产品。

同时“文和友香辣小龙虾烤鸡堡”和“文和友香辣小龙虾嫩牛五方”也在全国上新，这是与湖南当地最强IP文和友联名推出的，全国限量908万份。限定米粉和联名汉堡一经推出，立马掀起了一波浪潮，不仅本地的消费者感到好奇想去尝试，不少外地消费者也很感兴趣。

资料来源：红餐网，2022-01-11

| 案例分析 |

1. 结合案例与平时消费体验，请同学们分析一下与麦当劳相比，肯德基在竞争中有哪些主要竞争优势？

2. 你所在城市的肯德基有哪些新品早餐上市？

应用知识储备

旅游企业一般运用SWOT分析法对旅游市场营销环境进行全面分析。SWOT，即企业的优势（Strengths）、企业的劣势（Weaknesses）、企业外部的机会（Opportunities）、企业面临外部的威胁（Threats）。其中，优势-劣势分析（SW分析）是内部环境分析的重心，机会-威胁分析（OT分析）是外部环境分析的重心，而旅游市场营销战略的选择则取决于SWOT综合分析的结果。

一、旅游营销环境优势-劣势(SW)分析

旅游营销环境优势-劣势分析是指对旅游营销资源的拥有及相对丰度状况分析。旅游企业营销资源可分为有形资源和无形资源两大类，前者主要包括企业人力、财力和物力等，是旅游企业开展营销活动，进行营销决策的基础；后者则包括技术、时间、信息、企业文化等，是企业营销活动的助推器。

旅游企业进行SW分析的目的是通过对企业市场、企业财务、企业运作及企业人力资源等方面的分析，充分挖掘企业的营利机会，使企业的优势得以发挥，同时规避阻碍企业运营的不利因素，在内外环境平衡的基础上确定企业营销战略和决策方案，实现企业的经营目标。

二、旅游营销环境机会-威胁(OT)分析

旅游市场营销机会是指对旅游企业发展产生促进作用的各种条件。旅游企业如果能在特定的市场环境中把握机会，就可能获得较高的成功概率，也可能因此而超越竞争者，获得较大的差别优势。如2008年奥运会在中国北京举办，我国多家旅游企业成为奥运指

定接待单位。比较而言,那些没有获得奥运接待机会的企业在竞争中就已经处于被动的局面了。

旅游市场营销威胁是指对企业发展产生不利影响的因素。这些因素涉及面很广,如国家的重大决策,2018 年新修订《中华人民共和国劳动法》的实施,在规范劳动者与企业之间关系的同时,给企业带来人力资源成本的增加。另外,一些不可预知的灾害,如 2005 年的印度洋海啸等都对相关旅游企业产生了较大的冲击。

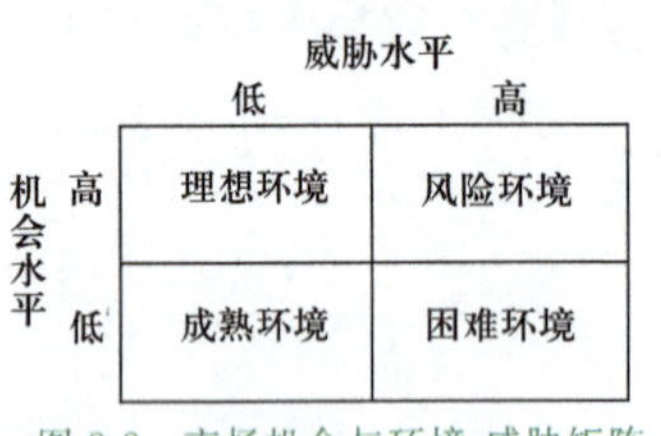

图 2-2 市场机会与环境-威胁矩阵

旅游企业可以通过“市场机会与环境-威胁矩阵图”来分析市场营销环境,如图 2-2 所示。

(1)理想环境,即高机会、低威胁的环境;

(2)风险环境,即高机会、高威胁的环境;

(3)成熟环境,即低机会、低威胁的环境;

(4)困难环境,即低机会、高威胁的环境。

旅游企业进行 OT 分析的目的是通过正确认识机会和威胁对旅游企业的影响程度,做出合理的战略选择,争取在竞争中赢得优势,取得突破性的发展。

三、旅游营销战略选择

通过 SWOT 综合分析,即结合旅游企业内部优势与劣势分析和旅游市场营销机会与威胁分析,做出正确的市场营销战略选择。

根据 SWOT 分析法,在对旅游企业的内外部环境做出综合分析之后,从内外部环境平衡的角度出发,营销战略可分为扭转型战略、增长型战略、防御型战略和多元化战略四种,如图 2-3 所示。

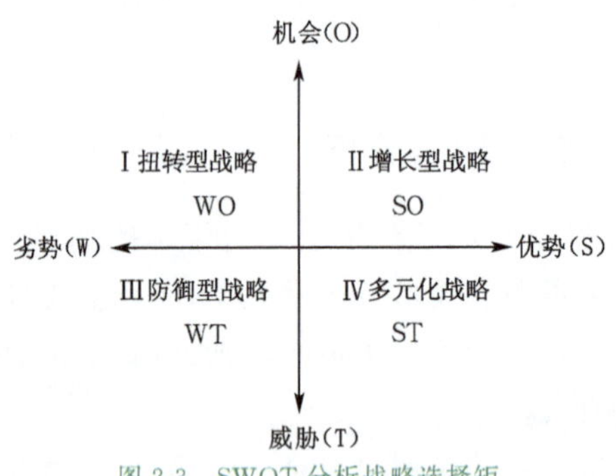

图 2-3 SWOT 分析战略选择矩

学习效果检测

1. 简述 SWOT 分析法在旅游市场营销活动中的运用。

2. 请对当地中式快餐与西式快餐进行市场调查并做 SWOT 分析,简述中式快餐这些年在取长补短的学习过程中又获得哪些竞争优势。

项目小结

旅游市场营销环境就是指一切影响和制约企业营销活动的内外部各种因素的总和。分析研究旅游市场环境，应重点把握旅游市场营销环境的客观性、差异性、相关性、不可控制性等特点。

旅游市场营销环境主要由宏观环境和微观环境构成，宏观环境是指影响旅游企业营销活动的外在因素，包括政治法律环境、经济环境、社会文化环境、科学技术环境、人口、自然环境。微观环境是指与旅游企业的营销活动直接相关的各种参与者，包括企业的供应商、中间商、顾客群、竞争者、社会公众以及企业内部营销环境。

旅游企业内部和外部优势与劣势是相对的。根据SWOT分析法，在对旅游企业的内外部环境做出综合分析之后，从内外部环境平衡的角度出发，营销战略可分为扭转型战略、增长型战略、防御型战略和多元化战略四种。

实训项目

旅游营销环境分析

一、实训目的

1. 认识市场营销环境的基本内涵。
2. 了解营销环境的变化会对企业产生怎样的影响。

二、实训组织

将学生分成若干小组，每组5～8人为宜，在教师指导下进行选题并分别采集不同的资料和数据，以小组为单位组织研讨，在充分讨论的基础上，形成小组的课题报告。

三、实训内容

以当地某家旅行社为例，进行市场环境分析，了解旅行社的经营优势和面临的困境，并给出相应的建议。

分小组讨论以下问题：

(1)该企业如何抓住机会、避开威胁？
(2)该企业如何参与市场竞争？
(3)该企业如何学会与供应商、经销商合作？
(4)该企业如何满足目标消费者需求、员工需求？
(5)该企业如何面对社会公众成员？

微课

认识营销环境

案例

彰显中华文明多元魅力——三星堆打造文旅融合经典案例

出土神秘金面具、出土大量精美青铜器、出土500余件重要文物、发现象牙及象牙制

品……三星堆考古"上新"引发广泛关注，随之而来的是公众对三星堆博物馆的热情暴涨。以"馆园一体"为特色的三星堆博物馆馆区，既是国家一级博物馆，也是首批国家4A级旅游景区、首批国家考古遗址公园。在这片富集古蜀灿烂、神秘文化的土地上，以三星堆文化为核心，一站式大型文化旅游综合示范区正在打造。"三星堆"会成为世界级文化和旅游IP吗？值得期待。

1. 馆园一体

据三星堆景区管委会产业发展部部长介绍，在这里将展示文物修复过程，游客还可看到祭祀坑出土未修复文物、修复文物半成品、祭祀坑出土修复后的文物精品。展馆将以图文、声影的形式呈现修复知识，游客可亲身体验文物的修复过程、了解文物修复的技术方法。

不仅是博物馆里珍藏的文物，整个三星堆博物馆区也值得细细品味，气势恢宏的仿古祭祀台、古典风格的附属建筑群，还有绿茵如毯的草坪、宽广明丽的水面、造型别致的假山、古拙质朴的水车、供孩子们嬉戏的乐园。小桥流水、湖光岛影、四时风物，将历史文化的厚重与现代休闲的轻松巧妙融合。

据介绍，三星堆博物馆筹建之初，在办馆理念上就明确提出了走"馆园一体"的创新之路，即文博事业与旅游产业结合，将三星堆博物馆定位为融历史博览、旅游休闲于一体的文化旅游景区。在突出博物馆专业职能的同时，充分发挥其旅游休闲功能。努力营造馆外环境，积极拓展功能外延，保护与利用并举、文化与旅游争辉，使博物馆成为美好生活方式的一部分。

2. 实力出圈

"青铜神树"的雄奇瑰丽、"青铜大力人"的诡谲神奇、青铜面具那凝重表情里突出的眼睛和薄薄的嘴唇，引发人们无数的猜想。

在这次考古新发现之前，三星堆博物馆早已聚拢了大量人气，并深受年轻游客喜爱。"三星堆博物馆都是自称'我堆'，这也成为考古文物爱好者对它的称谓，很亲切，新媒体上互动性也很强。"博物馆爱好者余×说。另外，三星堆博物馆官微也被网友称为"馆博里的一股清流"。

三星堆文化的神秘色彩，是进行文化创意的灵感源泉。让传统文化真正走进生活，被年轻人喜爱，一直是三星堆博物馆思考的问题。最近，三星堆祈福神官主题盲盒系列在各大平台上卖断货，三星堆博物馆市场营销部部长介绍，盲盒选取了三星堆5个极具代表性的文物形象，分别配以人设，打造出一个青铜时代的"偶像天团"。盲盒的方寸之间，复刻众神魅力，"把玩"古蜀王国。

三星堆文化实力出圈，跨界合作不断。之前举办过多种三星堆文化活动，比如酷跑、面具狂欢夜、世界超模总决赛、三星堆主题灯会全球巡展等跨界活动，圈粉无数。

3. 文旅融合

不断推动三星堆古蜀文化转化和发展，让三星堆成为世界级IP，推动三星堆遗址"申遗"。之前，三星堆常务副馆长曾说，构建以三星堆博物馆为核心，三星堆国家考古遗址公园、三星堆文化产业园为两翼的"一核两翼"发展格局。

景区管委会产业发展部部长对此的解释是,“三星堆文化旅游业态依托三星堆文化产业园区、三星堆遗址区、三星堆博物馆,打造包含主题乐园为主的文化和旅游融合综合示范区。”

好的主题公园需要向当代人讲述IP的故事,将内容价值和商业价值统一。有业内专家表示,三星堆文化IP具有深厚的历史底蕴,但这也导致解读和转化过程并不容易,讲好三星堆的故事,需要和当代人的情感和消费同频共振。

三星堆、九寨沟与大熊猫是四川旅游的三张金字招牌。三星堆文化产业园区将深化与“九寨沟、大熊猫”协作共建,充分利用“大遗址”文旅发展联盟平台,共同推介“三九大”品牌,打造“旅游＋文化＋商业＋服务＋健康”产业模式,建设集考古科研、遗址观光、文化体验、商务会议、主题游乐、文化演艺、文化创意、游购娱乐、度假休闲功能于一体的一站式体验大型古蜀文化产业园区。

未来的三星堆景区会是什么样?景区管委会产业发展部部长说:“可以期待未来的三星堆建成彰显中华文明多元一体独特魅力的标志性工程,成为世界古文明研究高地和文旅融合的经典案例。”

资料来源:中国旅游报,2021-04-20.

思考

1.结合本案例谈谈三星堆打造文旅融合营销模式的主要内涵。

2.请调查一下你的家乡周边是否有文旅深度融合的案例,借鉴三星堆文旅融合案例谈谈你认为旅游企业应如何了解游客的核心需求,如何设计出更受欢迎的文旅融合的旅游产品。

分析旅游消费者购买行为

【学习方向标】

同学们,从本项目开始,我们开始学习对旅游购买行为产生与决策程序进行分析。我们先从人的需求入手,了解马斯洛需求层次理论,分析消费动机、层次与分类,在此基础上,对旅游需求、旅游消费进行认知,最终能分析旅游消费者购买决策过程并制定相应对策。

【学习目标】

★ 知识目标

1. 了解需求的特点,了解马斯洛的需要层次理论;
2. 掌握旅游需求、旅游消费的特点;
3. 理解消费动机、层次、分类;
4. 掌握旅游消费者购买决策的过程及对策。

★ 技能目标

1. 能对旅游消费需求、旅游消费动机进行正确分析;
2. 能对旅游消费者购买行为准确分析;
3. 能正确把握旅游消费者购买决策的过程并采取相应的营销对策。

★ 素质目标

使学生能够坚守职业道德和职业理想,用社会主义核心价值观引领企业营销策划工作。

拓展阅读　**“买买买”变“慢慢慢”**

昂贵的手提包和珠宝越来越多地从购物单上划去，博物馆和美术馆成了必到之处——从“买买买”转向“慢慢慢”，中国出境游正为世界带来新气象。在消费继续带动当地经济的同时，中国游客和世界互动的方式也日益趋向互相启发的深度交流。

《2017年上半年中国出境旅游者报告》中的数据表明，无论是住宿、餐饮、购物，还是文化消费，赴海外旅游者都更加倾向一程一站和自由行，深度体验外部世界。如今，越来越多的中国游客对“快餐式旅游”已经不再感兴趣，他们开启了新型的出境游玩消费模式，从“数量型消费”转向“质量型消费”。这些令人欣喜的变化逐渐改变了国际社会对中国游客的刻板印象。越来越多的家长带孩子走进博物馆、艺术馆等公共文化场馆，周边、文创产品成亲子游新宠。而随着各大景区基础设施及服务质量的提升，极具特色的网红酒店带动游客打卡住店，享受休闲度假时光的酒店游不断兴起。

中国游客改变出境旅游方式、注重个性化体验的背后，有着更深层次的意义。中国游客的这些变化体现了我国经济的高速发展、科技的进步、社会发展与开放的提高、中国旅客个人素质的提升。

近年来，中国游客“个性化”的出境游模式倒逼旅游服务的供给侧改革。旅游服务业需要在产品和服务的精细化、集约化上下功夫，在给游客提供更满意体验的同时充分控制成本。这是出境旅游产业的生存之道。

资料来源：中国经济网，2019-08.

|思考|

1.爱花钱？谈一谈年轻人是否应该具有开放理性的消费观。

2、著名经济学家陈志武就曾经提到，“人的一生中，最缺钱的时候就是年轻时，但这时候人力资本投资的必要性最高(读书上学、积累经验等)，消费欲望也最强，最需要花钱；要按照自己‘一辈子的收入’来优化自己人生不同阶段的消费，而不是只按照现在的收入来安排消费和投资。”你对这一观点是怎么理解的？

任务1　识别旅游消费者的需求

任务提出及实施

1.认识旅游消费者的需要、欲望和需求关系；

2.了解人为什么要旅游，如何激发消费者旅游消费动机；

3.明白旅游消费者是如何进行消费决策的。

请同学们在教师的讲解和引导下，学习应用知识储备，查阅相关资料，分组讨论完成上述任务。

任务关键词

旅游消费者需求;消费者决策

案例导入 宠物旅游团兴起，私人定制成趋势

最近两年,小众化的宠物旅游在济南悄然兴起,"铲屎官"也愿意为"毛孩子"花费上千元报团去旅游。

盯上这块蛋糕的济南70后旅游从业者王某,他因为爱玩喜欢上了自驾游,又因为养狗转战宠物旅游。"稍微好点的酒店不让带着狗住宿,吃饭也只能吃地摊,好多景区也卡着不让进。"王某坦言,带着宠物狗出游,在住宿、吃饭、进景区等方面都会遇到诸多问题,而他一一破解了这些难题,并且发现了巨大商机。

相关数据显示,2020年中国城镇宠物(犬猫)消费市场规模达2 065亿元,比2019年增长2%;济南市公安局的数据则显示,截至2020年9月,济南市重点管理区内居民个人饲养犬只约为12万只。目前,国内很多景区、目的地和民宿都已经做起了宠物旅游的生意。

2020年4月,王某与朋友合伙开办的宠物俱乐部开始推出宠物旅游业务,他们的旅行团几乎每个周末或假期都是爆满状态,与传统旅行社的团队游形成鲜明对比。"这个团一共有20个人,都是济南人,4天3夜的行程,每人收费2 489元。"王某说,由于国庆假期时间较长,他们选择去内蒙古自治区的乌兰布统旅游,而平时主要在省内旅游。

一年多时间,王某已经带了六七十个旅游团,参与活动的"铲屎官"多达上千人,他们的足迹遍及济南、青岛、烟台、威海、日照、滨州、德州、临沂、潍坊、济宁等省内城市,以及河北、内蒙古、浙江、四川等省外的一些城市。

资料来源:齐鲁晚报,2021-06.

| 案例分析 |

旅游企业应如何根据消费需求创新产品设计理念?

应用知识储备

一、消费者市场的含义及特点

1. 消费者市场的含义

消费者市场是个人或家庭为了生活消费而购买产品和服务的市场。生活消费以满足个人或家庭生活需要而产生,不以牟利为目的。生活消费是产品和服务流通的终点,因而消费者市场也称为最终产品市场或消费品市场。

2. 消费者市场的特点

(1)购买者多而分散。

(2)购买量少,多次购买。

(3)购买的差异性大。

(4)大多属于非专家购买。

(5)购买的流动性大。

认清消费者购买的特点有助于企业根据消费者购买特征来制定营销策略,规划企业经营活动,为市场提供消费者满意的商品或劳务,从而更好地开展市场营销活动。

二、马斯洛的需要层次理论

美国著名心理学家和行为学家马斯洛(Abraham H. Maslow,1908—1970)于1943年在《人的动机理论》中提出了著名的需要层次论。把人类的多种需要归纳为五大类和五个等级(图3-1)。

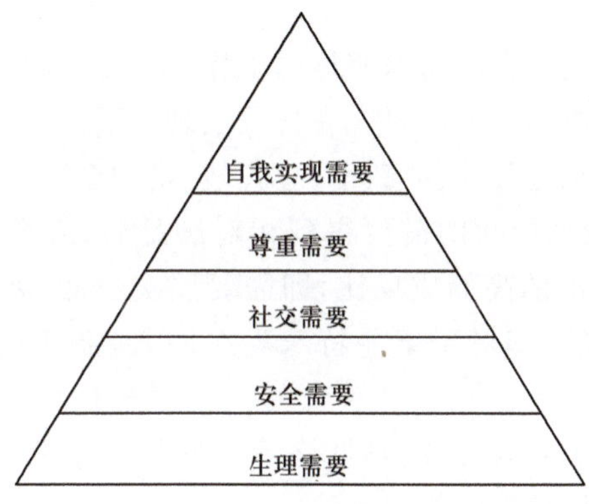

图3-1　需要的五个等级

1. 生理需要

人们最原始、最基本的需要,如吃饭、穿衣、住宅、医疗等,若不满足,则有生命危险。生理需要是最强烈的不可避免的最底层需要,也是推动人们行动的强大动力。当一个人存在多种需要时,如同时缺乏食物、安全和爱情,总是缺乏食物的饥饿需要占最大优势,即一个人为生理需要所控制时,那么其他一切需要都被推到幕后。

2. 安全需要

安全需要包括劳动安全、职业安全、生活稳定、希望免于灾难、希望未来有保障等。①物质上的,如操作安全、劳动保护和保健待遇等;②经济上的,如失业保障、意外事故保障、养老保障等;③心理上的,如希望解除严酷监督的威胁、希望免受不公正待遇,工作有应付能力和信心。

3. 社交需要

社交需要也叫归属与爱的需要,是指个人渴望得到家庭、团体、朋友、同事的关怀、爱护和理解,是对友情、信任、温暖、爱情的需要。

它包括:①社交欲,希望和同事保持友谊与忠诚的伙伴关系,希望得到互爱等;②归属感,希望有所归属,成为团体的一员,在个人有困难时能互相帮助,希望有熟识的友人能倾吐心里话、说说意见,甚至发发牢骚;③爱,不单是指两性间的爱,是广义的,体现在互相信

任、深深理解和相互给予上，包括给予和接受的爱。

4. 尊重需要

分为自尊、他尊和权力欲三类。尊重需要包括：①渴望实力、成就、适应性和面对世界的自信心以及渴望独立与自由；②渴望名誉与声望，满足自我尊重的需要导致自信、价值与能力体验、力量及适应性增强等多方面的感觉，缺乏这些需要将产生自卑感、虚弱感和无能感。基于这种需要，人们愿意把工作做得更好，希望受到别人重视，借以自我炫耀，指望有成长的机会、有出头的可能。

显然，尊重的需要很少能够得到完全的满足，但基本的满足就可产生推动力。这种需要一旦成为推动力，就会令人具有持久的干劲。

5. 自我实现需要

满足这种需要就要完成与自己能力相称的工作，最充分地发挥自己的潜在能力，成为自己所期望的人。这是一种创造的需要。有自我实现需要的人，似乎在竭尽所能，使自己趋于完美。自我实现意味着充分地、活跃地、忘我地、集中全力地体验生活。

马斯洛认为，只有当较低层次的需要得到相对满足后，人类才会有较高层次的需要；需要强度的大小与需要层次的高低成反比，即需要层次越低，需要强度就越大。最后，上述需要层次结构不是刚性的，即对于某些特殊类型的人，需要层次多少或顺序先后可能不同。

除了以上五个基本层次的需要外，马斯洛后来又加入了两个需要，即求知需要，是指获取知识的需要；审美需要，是指对美的欣赏。

马斯洛的需要层次理论从满足需要的角度解释了人的行为。该理论揭示了人的需要是由低到高、由物质需要到精神需要的过程。马斯洛的需要层次理论为旅游企业理解旅游者需要提供了极好的基础。

三、旅游需要和旅游需求

1. 旅游需要

旅游需要的实质是人在社交、尊重、自我实现等方面的高层次需要，是人们变换生活环境以调节身心的一种短期生活方式的需要，它是人类总需要中的一个组成部分。但是另一方面，旅游需要又在不同程度上包含了人类各层次需要的内容，即饮食、休息、安全、求知、赏美和社会交往等。根据对旅游活动影响的大小，较为主要和典型的旅游需要体现为：旅游者的文化需要与旅游者变换生活环境以调节身心的需要。

微课

分析旅游消费者购买行为

2. 旅游需求

旅游需求是指人们购买旅游产品的欲望。需求是购买欲望与支付能力的统一，缺少任何一个条件都不能构成有效或现实的需求。由于旅游活动的特点，要购买旅游产品除了购买欲望与支付能力外，还必须拥有足够的闲暇时间。因此，旅游需求就是指有一定支付能力和闲暇时间的人购买某种旅游产品的欲望。

四、旅游需求的基本特征

1. 多样性、复杂性

在我国旅游消费逐渐成熟，有探险游、休闲游、观光游、文化游、生态游、健身游；有高消费、有低消费；有自助游、包价游等。旅游企业在有能力的条件下应提供丰富多样的系列产品来满足不同游客的需求。受企业资源条件限制，旅游企业应进行市场细分，这样可以获得更好的服务效果和经济效益。

2. 发展性、变化性

随着生活水平的提高，人们对旅游产品会有新的要求。当境内游如愿后，人们又会考虑境外游；在不同季节人们对旅游产品的需求也会有不同。因此企业对旅游线路、服务、价格、促销等都需要不断创新以适应游客需求。在旅游黄金周期间有一些家庭开车旅游，针对这一新的市场，企业应积极开展营销活动以满足市场需求。

3. 可诱性

旅游需求的产生和发展受现实社会的影响很大。社会政治稳定、经济发展，人们收入水平的提高，旅游企业良好的形象和促销都有可能激发人们旅游的热情，使潜在的旅游需求转变成现实旅游。正是因为消费需求具有可诱性，旅游企业应创名牌、创品牌，做好营销工作，引导和调整旅游消费朝着健康方向发展。

4. 时间性、季节性

在我国，十一黄金周、暑假和寒假都是旅游的高峰期。旅游企业应做好各项准备工作，满足游客需要。而在淡季应积极做好促销工作及各项培训工作，通过个性化的线路设计以及相应的优惠价格，使得淡季不淡，确保旅游企业的经济收入。

学习效果检测

1. 请同学们从自身出发谈一谈对旅游需求与需要的理解。
2. 结合马斯洛需求层次论与旅游市场的细分，试分析消费者对反季旅游市场的需求。

任务2　分析旅游消费动机

任务提出及实施

1. 知道旅游消费动机是怎样产生的；
2. 明白社会阶层对旅游购买行为有什么影响；
3. 结合自己家庭以及身边亲朋好友的旅游购买实际，分析旅游消费者购买行为决策过程。

请同学们在教师的讲解和引导下，学习应用知识储备，查阅相关资料，分组讨论完成上述任务。

任务关键词

动机；购买行为；旅游者购买行为类型

案例导入　新景点：科学圣地成为旅游胜地

在极地科学家陪同下游览南极科考站、到西昌卫星发射基地观看“嫦娥”奔月、去贵州“天眼”小镇看星星，越来越多的科学圣地变为旅游胜地。而随着VR（虚拟现实）和AR（增强现实）技术的日益增强，未来即使你在家中，也可以来一场能够与周围环境产生互动的虚拟现实旅行。当科学技术的魅力被旅游重新发现，当传统旅游植入科技元素和理念，走走看看将变得愈加婀娜多姿。

穿越南极圈，看冰山、看极光、看刚出生的企鹅宝宝，科学家、极地摄影师全程随团，游览中国南极科考长城站……尽管《南极条约》将这块极寒之地明确为科考大陆，但南极在成为科考胜地的同时，也成了人们心目中的旅游胜地。

目前，国际组织已经对许多地点做出了引导性的规定，限定了单次登陆南极洲的人数、游客应当与野生动物保持的距离甚至游客的行走路线等。“只要能够做好相应的管理，其实让游客们亲眼见证因为气候变化带来的南极洲水位上升，有助于提高人们对南极问题的关注度，是一件好事。”

西昌卫星发射中心，依托亚洲配套设施最先进、发射能力最强的航天器发射场，1984年以来已先后将70多颗国内外卫星送入太空。现在这一地方可供游客参观的开放景点包括存放火箭的厂房、发射塔架、科技公园、奔月楼等。走进这里，游客可以近距离接触发射中心首次用来进行模拟发射的长征三号运载火箭等具有纪念意义的实体。

旅游与科技的融合，催生出一种新的旅游概念——科技旅游，即利用科学研究、宣传教育等场所和活动以及具有较大科学考察价值的自然环境，开展集知识性、教育性、趣味性和娱乐性为一体的旅游活动。

资料来源：半月谈，2016-10.

案例分析

1.“科技＋旅游”新模式旅游策划是抓住了什么样的消费动机呢？

2.科技与旅游的结合，主要定位在什么样的目标人群？

应用知识储备

一、旅游动机

（一）动机和旅游动机

动机是发动和维持人的活动，并使活动指向一定目标的心理倾向。旅游动机是推动

人们进行旅游的内在驱动力，是在旅游需要的刺激下，直接推动人去进行旅游活动的内在动力。

（二）旅游动机的产生条件

旅游动机是促使人们离开居住地外出旅游的内在驱动力，客观条件，如可自由支配的收入、闲暇时间、社会条件等是产生旅游动机的基础。人们的社会性需要以及好奇心是产生旅游行为的内在动力，也可以说是主观条件，如果不具备一定的主观条件，人们的旅游行为最终将不会发生。

1. 客观条件

（1）可自由支配的收入。旅游是一种消费行为，要满足这种消费行为就要在经济上有足够的支付能力，即有可自由支配的收入。可自由支配的收入就是个人可支配收入扣除日常生活必需品支出和固定支出后的余额。从理论上讲，可自由支配的收入一般会用于购买奢侈品和精神消费品。也就是说，只有个人或家庭的收入超过日常开支后，才会产生外出旅游的动机。

（2）闲暇时间。闲暇时间是指个人完成工作和满足生活要求之后，完全由本人支配的一段时间。闲暇时间按长短可分为三种：每个工作日后的闲暇时间、周末闲暇时间和假日闲暇时间。第一种闲暇时间一般用于看电影、看电视、闲谈等活动；第二种闲暇时间可以产生近距离的短期旅游，如市内一日游等；第三种闲暇时间则可以产生中长距离的远程旅游，如跨省旅游或国际旅游等。

（3）社会条件。现代化的交通运输条件，飞机、大型的轮船、高速火车、豪华空调客车等，不仅使旅游者的洲际、越洋旅游成为可能，而且使旅游者的空间位移更加方便、迅速和舒适，因而极大地激发了人们的旅游动机，促进了远距离旅游和国际旅游的发展。另外，一个国家或地区的旅游发达程度同这个国家或地区的经济水平成正比。只有当经济发达时，该国家或地区才有足够的实力改善和建设旅游设施、开发旅游资源、促进交通运输业的发展，从而提高旅游综合吸引力和接待能力，激发人们旅游的兴趣和愿望。

（4）群体行为或社会压力也能影响人们的旅游动机。比如，单位组织的集体旅游活动或是奖励旅游行为等，对个体参加旅游活动都有一定的吸引力，使人们不自觉地产生旅游愿望，进而产生旅游行为。此外，社会风气也能影响人们的旅游动机。同事、朋友、邻居的旅游行为及其旅游经历往往能够相互感染，或者形成相互攀比心理，使人们产生同样外出旅游的冲动，形成一种效仿旅游行为。

2. 主观条件

旅游意识或观念是人们产生旅游需求的主观条件。一个人只有同时具备了旅游的客观条件和相应的旅游意识或旅游观念时，旅游需求才能最终形成。

当具备能够满足这种需求的客观条件时，旅游需求会以旅游动机的形式表现出来，当人们产生旅游动机并采取了相应的旅游行动后，旅游需求会转化为已实现的旅游需求或未被满足的旅游需求，进而继续推动人们的心理需求。社会环境、个人经历、文化素养以及年龄、性别、个性等因素，对人们旅游意识或旅游观念的形成具有重大的影响，并且在一定程度上导致了旅游动机在类型上的差异。

(三)旅游动机分类

由于人们的旅游需求是复杂、多变的,因此,人们的旅游动机也多种多样。一般来说,一个人同时会有多种需求,产生多种动机,只有最强烈的动机才会引发行为。因此掌握了旅游者的动机结构,也就等于掌握了旅游者的行为导向。旅游动机对旅游行为具有明显的预示作用,常见的旅游动机归纳为以下几种:

1. 身心健康动机

这类旅游者主要是为了健康或寻求精神上的满足。长期的紧张工作、城市环境的喧嚣、繁杂的家务不仅造成身体的疲劳,精神上也十分疲惫,易产生压抑感,损害了人们的身心健康,妨碍了正常的工作。人们为了解除身体的疲劳、精神的疲惫和心理的压力,调节身心,需要暂时离开工作环境和家庭环境,摆脱俗务,于是产生旅游动机。度假、疗养、参加体育活动、参加消遣娱乐活动、观光等都是不错的放松身心的旅游活动。在现代,旅游与健身、娱乐越来越多地联系在一起。

2. 文化动机

文化方面的动机是旅游者为了满足认识和了解异国他乡的情况、扩大视野、丰富知识的需要而产生的动机。如了解异国他乡的文化艺术、风俗习惯、政治经济、宗教等状况以及进行学术交流和艺术交流等。

3. 社会动机

社会动机又叫交际动机,是旅游者为了社会交往、保持与社会的经常接触而产生的一种动机。如探亲访友、旧地重游、开展社交活动等。

4. 地位和声望动机

这是旅游者为满足个人成就和个人发展的需要而产生的动机。旅游者希望通过旅游得到别人的承认,引人注意、受人赏识、获得良好的声誉等。属于这类动机的有:事务、会议、考察研究、追求业余癖好以及求学等旅游活动。

5. 商务动机

商务动机是指旅游者为达到一定的经济目的而产生的旅游动机。包括贸易、经商、购物等。如在我国每年举办的广交会和各地举办的交易会期间,来洽谈贸易的大批客商就是出于经济方面的动机。由于商务游客的动机与度假、观光游客的动机是不同的,其对饭店设施、服务等方面的要求也不尽相同。如商务客人对会展设施要求尽可能完备,对服务的效率要求比较高等。

(四)旅游动机的层次

旅游动机按需要由低到高排序可以分为五个层次。

1. 第一个层次:放松动机

旅游者通过离开自身的定居地到另一个地方短时期逗留,去观赏异地风光,体验异国风情,感受异地特色,使身心得到放松、休息和恢复。

2. 第二个层次:刺激动机

旅游者通过空间的转移,了解国内外各方面的知识,得到新的经历,身临其境地接触

世界各地居民，欣赏变幻奇妙的自然风光，体验异地文化，考察不同生活制度，以寻求新的感受、新的刺激，形成新的思想。

3. 第三个层次：关系动机

旅游者通过外出旅游，结交朋友、建立友谊、给予爱、获得爱或逃避社会关系、解除人际烦扰或建立商务伙伴关系。

4. 第四个层次：发展动机

旅游者在身处异地的文化氛围中，培养多种兴趣，得到新的知识，掌握新的技能，增加新的阅历；成为旅游鉴赏家，获得他人尊敬；发展自我潜能。

5. 第五个层次：实现动机

旅游者充分地利用各种旅游资源，发挥客体对主体的能动作用，丰富、改变、创造人的精神素质，主宰自己的人生，获得更高的成就，实现自己的梦想和精神价值。许多生物学家、地理学家、文学家、画家都是从旅游考察中获得丰富的创作源泉的。

二、旅游者购买行为

能否正确地认识旅游者购买行为的特征和作用、了解市场旅游者的行为，关系企业能否制定正确的营销方案，进而关系企业的兴衰存亡。

（一）旅游者购买行为

旅游者为了满足旅游需求，在某种动机的驱使下，用货币去实现旅游并获得旅游服务的活动就是游客的购买行为。研究旅游动机，主要是了解旅游者为何旅游，而研究旅游购买行为，则是要明确影响旅游购买行为的因素。

（二）旅游者购买行为类型

旅游者在现实的购买活动中，受个人特点、社会因素和环境因素的影响，会呈现出复杂多样的购买行为。根据旅游者购买目的及旅游者的性格特点差别，以及旅游者的购买兴趣表现、能力表现，可以对旅游者购买行为大致进行以下归类研究。

1. 根据旅游者购买目的分类

(1)观光型。观光型是指旅游者以观光游览为目的，离开常住地外出旅行而产生的购买行为。

(2)娱乐消遣型。娱乐消遣型是指旅游者以娱乐、消遣求得精神松弛为主要目的，离开常住地外出旅行而产生的购买行为。

(3)文化知识型。文化知识型是指旅游者以获得精神文化为目的，离开常住地外出参加文化旅游活动而产生的购买行为。

(4)公务型。公务型是指旅游者以完成公务为主要目的，在一定时间内到外地去出差，顺便参加旅游活动而产生的购买行为。

(5)医疗保健型。医疗保健型是指旅游者为了治疗慢性疾病或增进人体健康，同时又能轻松地欢度假期而离开常住地外出参加旅游活动而产生的购买行为。

2. 根据旅游者的性格特点分类

(1)习惯型。习惯型是指旅游者凭借以往的购买经验和消费习惯采取的一种反复性的购买行为。这种购买类型是基于旅游者对某种旅游产品十分熟悉、信任并印象深刻而产生的特殊感情。这类旅游者选择某类旅游产品一般不大受流行的影响。

(2)理智型。理智型是指旅游者在实际购买前已通过搜集旅游产品的信息,了解市场行情,并经过慎重考虑才做出最终购买决定的购买行为。这类旅游者一般计划性强、稳重、有主见、熟悉市场行情、乐于搜集信息、经验比较丰富,对旅游产品的品质、特征、用途、价格高低等都有自己的见解,主观性强,不易受外界因素的影响。

(3)经济型。经济型是指旅游者对旅游产品的价格十分敏感。这类旅游者特别重视旅游产品的价格。其中一种类型的人专爱购买高价旅游产品,如参加豪华旅游团,他们认为高价不仅意味着高质量,还可以体现购买者的经济实力或较高的身份与地位。另一种类型的人则倾向选择价格较为低廉的旅游产品,他们往往善于发现别人不易觉察的旅游产品价格,并花费较多精力了解旅游产品价格及相关信息,希望买到物美价廉的旅游产品。

(4)冲动型。冲动型是指旅游者受现场环境的激发,以直观感觉为主,未经考虑,临时做出决定的购买行为。这类旅游者易受宣传广告和旅游产品外观的影响,从个人兴趣出发,喜欢追求新产品。他们的性格一般较外向,在购买时语言直率、意图明确、态度明朗、成交迅速。

(5)感情型。感情型是指旅游者根据情感的反应购买旅游产品的行为,又称想象型。这类旅游者的想象力和联想力都较丰富,容易心血来潮,衡量旅游产品时不仅容易受感情左右,也容易受广告宣传的诱导。他们不善于思考和推理,对购买目标不执着,注意力容易发生转移,兴趣也容易发生改变。若他们处于情绪抑制状态,会产生消极情结而中断购买。

(6)疑虑型。疑虑型是指旅游者在购买旅游产品时,会三思而后行,购买后还疑心上当受骗的购买行为。这类型的旅游者一般性格内向、言行谨慎、多疑,对营销人员抱有不信任感。他们一般沉默少言,对宣传介绍不感兴趣,购买商品凭个人的内心体验和自我评价,往往犹豫不决或过分挑剔。

(7)随意型。随意型是指旅游者在购买旅游产品时无固定偏爱,一般为顺便购买或尝试的购买行为,又称不定型。这类旅游者或者缺乏购买经验,或者缺乏主见,心理尺度尚未稳定,既不苛求也不挑剔,购买行为比较随便。

3. 根据旅游者购买行为中的兴趣分类

(1)情调型。情调型是指旅游者根据旅游产品或旅游服务的情调而做出购买决策的购买行为。这类旅游者一般较为关注旅游产品的环境格局,如购物、进餐、娱乐环境中不同的建筑风格、装饰布局及色调、声音、温度、气味等渲染的独特情调。这类旅游者一般经济基础较高,追求新奇、浪漫的感觉,对于感兴趣的旅游产品不惜高价享用。例如,一些青年人选择新婚旅游、海底婚礼这一单项旅游项目,就是一种情调型消费。

(2)节日型。节日型是指旅游者的消费兴趣在节假日期间集中而明显地表露出来的购买行为。近年来,假日经济具有的文化特征是休闲与旅游,假日经济具有的空间特征是流动与聚合,包括人流、物流和资金流。从时间上来讲,节日型购买行为集中发生在双休日与几个小长假的节日高峰。

(3)时尚型。时尚型是指旅游者受社会风气及消费流行的影响而产生的购买行为。这类旅游者的兴趣反映在社会的趋势消费或特殊性消费上,他们追求新奇时髦、标新立异。近年来我国兴起的西部探险旅游,就是时尚型购买行为。

(4)娱乐型。娱乐型是指旅游者在物质生活基本满足后,倾向于精神生活享受的购买行为。旅游者购买旅游产品的目的主要是休息放松、调节情绪、丰富精神生活。在实际购买活动中,大多数旅游消费者属于这种类型。

(三)影响旅游者购买行为的因素

根据科特·莱文消费者购买行为的分析,消费者的购买行为受消费者个人特点、社会因素和环境因素的影响。在此基础上,我们从文化因素、社会因素、个人因素、心理因素四个方面对旅游者购买行为进行分析,见表 3-1。

表 3-1　消费者购买行为的影响因素

文化因素	社会因素	个人因素	心理因素
文化 亚文化	社会阶层 相关群体	年龄及生命周期的阶段性 职业状况 经济状况 生活方式 个性与自我观念	旅游需要 旅游动机 旅游知觉 学习 信念和态度

1. 文化因素

文化因素对旅游者影响极深,它通过影响社会的各个阶层和家庭,进而影响到每个人及其心理活动。

(1)文化。文化作为企业市场营销活动中的一种宏观环境因素,往往决定着一个社会的消费习俗、伦理道德、价值观念和思维方式等。首先,文化的产生和存在可以指导消费者的学习和社会行为,从而为消费者提供目标、方向和选择标准。其次,文化的渗透性可以在新的区域中创造出新的需求来,例如,圣诞节期间,我国的各旅游宾馆、饭店推出的吸引国内外旅游者的圣诞大餐。最后,文化自身所具有的广泛性和社会普及性使旅游者行为具有模仿性,例如,春节期间我国传统的赶庙会。有鉴于此,旅游营销人员在制定营销方案时,必须了解文化变迁,从而掌握旅游者的潜在需求。

(2)亚文化。亚文化是指根据共同生活经验及情境产生共同价值体系的一群人所遵循的文化标准,它流行于不同国籍团体、宗教群体、种族群众和地理区域之中。因此,旅游企业营销人员必须了解不同社会群体的文化差异,以进行有针对性的营销活动。

2. 社会因素

(1)社会阶层。由于不同职业、收入、教育和价值倾向所形成的不同阶层拥有明显不

同的价值观念、生活习惯和消费行为，所以旅游者的购买行为也不同。例如，商务客人一般入住星级饭店，选择飞机作为旅游交通工具，而一般工薪阶层和青年学生会选择入住普通招待所，选择汽车、火车作为旅游交通工具。因此，旅游营销人员必须了解不同阶层的特征及心理状态差异。

(2)相关群体。相关群体也称参考群体，是指对消费者生活习惯和偏好有直接影响的各种社会关系。相关群体一般包括以下几类：一是主要群体，也称紧密型成员团体，即与消费者个人关系密切、接触频繁，对消费者影响较大的团体，如家庭、朋友、同学、邻居等。二是次要群体，也称松散群体，即与消费者关系一般、接触不太密切、不保持持续交互影响的群体，如行为协会、学生会等。三是崇拜性群体，也称渴望团体，即渴望成为团体中的一员，仰慕此类团体成员的名望、地位，狂热效仿其消费模式与购买行为。这类团体的成员一般为社会名流，如影星、歌星、体育明星、政界要人、学术名流等。

3. 个人因素

(1)年龄及生命周期的阶段性。人们在不同的年龄阶段会有不同的需求和偏好，其购买行为也会随着年龄的增长而不断改变。此外，消费者还会由于家庭生命周期的不同，如单身期、新婚期、满巢期、空巢期及鳏寡期而有不同的购买行为。在现实生活中，青年旅游者一般偏好刺激性强、时尚新潮的旅游产品，而老年人一般选择休闲性的旅游产品。

(2)职业状况。职业状况对人们的需求和兴趣也有较大影响，在购买行为中不同职业的旅游者的需求也存在很大差别。例如，医务工作者对旅游住宿的卫生条件可能较为重视，教授对导游讲解中的学术性的成分要求较高。因而，旅游企业在对不同的职业对象进行研究分析后，可以开发适合特定职业消费者需要的产品或服务。

(3)经济状况。经济状况决定了个人和家庭购买能力的大小。由于旅游消费是一种弹性较大的消费，个人经济状况和社会经济环境等方面的变化都会影响旅游者的购买决策。因此，旅游营销人员必须了解潜在旅游者的可支配收入变化情况及对旅游支出的态度。而且，当经济情况发生变化时，旅游人员需要积极地重新进行市场定位，重新设置旅游产品的构成和价格。

(4)生活方式。在旅游者具有相同的文化背景、社会阶层的情况下，生活方式的差异与不同的偏好也会形成不同的消费需求。生活方式主要表现在个人的活动、兴趣及意见等方面。了解与研究旅游者的生活方式，可以根据旅游者的偏好建立一致性关系，设计适销对路的产品。

(5)个性与自我观念。个性在心理学中是指一个人独特的心理特征，个性促使个人对周围环境有相当持续一致的反应。旅游者的自我观念是指个人的自我认识，它与旅游者的个性息息相关。有关个性类型的论述很多，目前较为典型的是著名心理学家荣格(C·G·Jung)关于外倾型个性和内倾型个性的划分。斯坦利、帕洛格曾对以上两种不同个性类型的旅游行为进行对比分析，见表3-2。

在实际旅行活动中，介于两者之间的中间类型的旅行者数量最多，表现最活跃。

表 3-2　　内倾型和外倾型旅游者的旅游行为

内倾型	外倾型
选择熟悉的旅游目的地	选择非旅游地区
喜欢旅游点的一般活动	喜欢获得新鲜经历和享受新的喜悦
选择晒日光浴和游乐场所，包括无拘束的休息	喜欢新奇、不寻常的旅游场所
低活动量	高活动量
喜欢驾车前往旅游点	喜欢乘飞机去旅游点
喜欢正规的旅游设施，如设备齐全的旅馆、家庭式的饭店和旅游商店	要求一般或较好的旅馆和膳食，不一定要现代化的高级旅馆，不喜欢专门的旅游商店
喜欢家庭气氛和熟悉的娱乐活动，不喜欢外国气氛，要准备好齐全的旅行袋	愿意会见和接触异国居民和异国文化，旅游的安排只包括最基本的项目（交通工具和饭店）
全部日程都要先安排妥帖	留有较大的余地和灵活性

4. 心理因素

（1）旅游需要。旅游需要推动旅游者去进行必要的旅游活动，并直接或间接地表现在旅游购买活动中和影响旅游者的购买行为。旅游需要在购买旅游产品和服务中主要表现在以下几个方面，如图 3-2 所示。

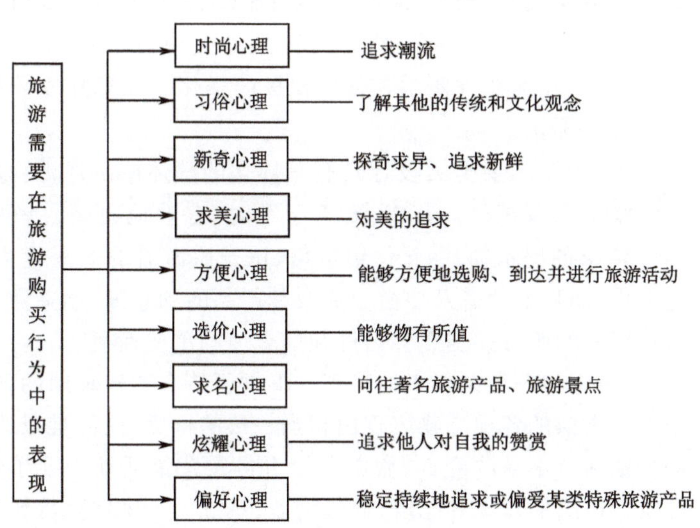

图 3-2　旅游需要对旅游购买的影响

（2）旅游动机。旅游动机是直接推动一个人进行旅游活动的动力，它规定了旅游行为的方向，是推动和指导旅游活动的心理过程。

（3）旅游知觉。旅游知觉即旅游者选择、组织及解释外来旅游方面的信息而产生其内心世界反应的过程。旅游知觉包括选择性注意、选择性曲解与选择性记忆。

①选择性注意。在现实生活中，人每时每刻都面临着来自各方面的刺激，但最能引起人们注意的情况有三种：一是与人们当前需要有关的；二是预期出现的；三是变化幅度较

为特殊的刺激物。因此,引起消费者对旅游产品的注意应该是旅游营销者的主要工作。现在许多旅游企业散发附有精美照片的、制作精良的旅游产品宣传手册,手册上设计新颖的大幅广告画面,具有高度概括性或幽默感或戏剧性的广告语,其主要目的就是引起潜在旅游者的注意。

②选择性曲解。消费者在接受外界事物和信息的刺激时,会与原有思维模式相结合来解释这些外来刺激,从而造成先入为主、按照自身意愿曲解信息的倾向,称为选择性曲解。在旅游市场已形成买方市场的今天,旅游企业的服务质量越来越受旅游者的关注。某些旅游者对某家旅游企业的信誉度感知,若已通过亲朋好友或同事的亲身经历感受形成一定的思维倾向,当外界广告的刺激与其已建立起的感知不一致时,他们往往会对广告产生不信任。

③选择性记忆。人们对许多已了解的事物往往只记住那些与自己观念一致的,这在旅游者的消费偏好中表现得十分明显。旅游者由于对某种品牌旅游产品的钟情而引起再次购买行为的发生,就是选择性记忆作用的结果。

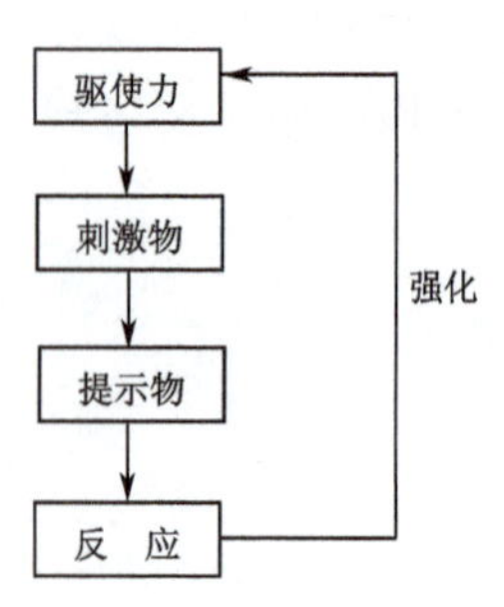

图 3-3 学习的 S-R 模式

(4)学习。学习是人们在社会实践中,受后天经验的影响而改变其行为,旅游及购买行为也是受后天经验的影响形成和改变的。人类的学习是由驱使力、刺激物、提示物(也称诱因)、反应、强化五种要素构成,简称“刺激-反应”(S-R)模式,如图 3-3 所示。

根据以上理论,旅游营销人员应通过学习与驱使力的内在联系,运用刺激性暗示和提供积极的强化手段来建立旅游者对旅游产品的需求。

首先,要努力设计具有差异化的整体旅游产品,以吸引旅游者,刺激购买欲望。其次,要善于及时、有效地向旅游者展示能够启发需求的提示物,强化促销策略,诱发旅游者的购买行为。再次,旅游企业还要做好强化工作,加强消费者对旅游企业及其产品的满意度,创造重复购买。旅游企业提供热情、细致、周到的服务是提高知名度和信誉度的重要途径。

(5)信念和态度。信念和态度是指人们对某一事物所持有的较长期的评价、看法和行动倾向。态度使个人对类似的各项事物表现出相当一致的行为,往往难以改变。一方面,由于信念和态度的长期性及不易改变性,旅游营销人员在营销活动中要了解旅游者和潜在旅游者对推出的旅游产品的印象和态度,通过沟通、系统设计来增强旅游者对旅游产品的良好印象。另一方面,旅游企业也可以通过开发新的旅游产品推向市场和提高服务质量来改变旅游者对原有旅游产品的不良态度。

学习效果检测

1. 想一想,“互联网+”时代旅游动机会存在哪些变化呢?

2. 同学们了解哪些不同社会群体的文化差异呢?你认为旅游企业营销人员了解亚文化群对营销活动有什么意义?

任务3　探究消费者购买决策过程

任务提出及实施

1. 认识与掌握旅游购买决策与购买角色的含义；

2. 了解旅游消费者的购买过程有哪些；

3. 掌握旅游企业应怎样做好售后服务。

请同学们在教师的讲解和引导下，学习应用知识储备，查阅相关资料，分组讨论完成上述任务。

任务关键词

购买角色；“微”营销；购买决策过程

案例导入　2019中国·孝感孝文化旅游节

以弘扬孝文化为底色，推动经济社会发展，倡导“商行大道，孝融天下”理念，努力把文化优势转化成发展优势。一是用孝文化壮大旅游市场主体。鼓励市场主体在企业命名、商标注册、包装设计、旅游市场营销中广泛使用孝文化元素。全市有孝文化命名的市场主体1 000多家、注册商标500多件、特色包装2 000多种。二是用孝文化引领文化之业举办老年用品博览会，建设永久性老年用品博览场馆。设立孝文化工业园区，制定专门的招商引资政策，规划建设立足武汉、面向全国的养老基地，带动形成康养、用品、辅具研发制造基地。文化产业持续稳定增长，2016年文化产业增加值占比位居全省第三位。三是用孝文化推动招商引资。实施“回归创业”工程，鼓励在外成功人士回乡创业、反哺家乡，全市引进回归企业过万家，投资总额超千亿元。回归企业已成为促进经济发展的主力军。注重以孝招商，大批外地客商纷纷到孝感投资兴业。四是用孝文化带动全域旅游。大批孝文化观光体验景区、路线与红色、乡村、农耕等旅游产品深度融合，在建文旅项目总投资额超600亿元。“武汉后花园”和全域旅游格局基本形成，促进了脱贫攻坚和美丽乡村建设，推动乡村振兴战略有效实施。

资料来源：人民论坛网.

案例分析

同学们对文化主题旅游感兴趣吗？请同学们试着分析上述案例中消费者的购买决策过程。

应用知识储备

通过对购买过程的分析，旅游市场营销人员可以针对旅游者消费的不同心理与行为特点采取适当的措施影响旅游者的购买决策，从而促使营销活动的顺利完成。

一、购买决策的概念

购买决策是指一个包括广泛的信息搜集、品牌对比和评价以及其他一系列活动在内的全部过程。旅游消费者的购买决策，即旅游者购买目的的确立、手段的选择和动机的取舍。

影响旅游者决策的因素非常复杂，包括个人因素、环境因素、营销因素，且各种影响因素随着时间、地点、环境的变化而不断变化。

二、旅游者的购买角色

旅游购买决策的参与者往往不止一个人，有时购买决策会受几种不同的人的影响，如图 3-4 所示。如一个单位组织奖励劳模的旅游，参与购买决策的人员既可能有单位高层主管，也可能有其他人士；再如家庭旅游，参与购买决策的既可能有夫妻，也可能有父母、儿女，有时还可能有亲戚朋友。

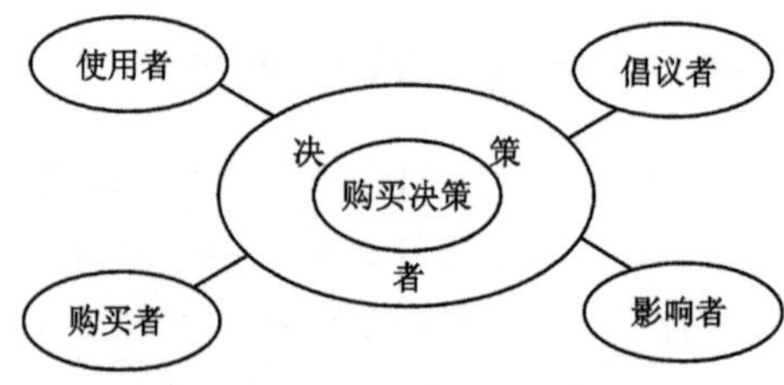

图 3-4　参与旅游购买决策的五种角色

参与旅游购买决策各种角色的可能是不同的人，如某公司员工（倡议者）倡议公司组织劳模去黄山旅游，得到普遍响应，影响者去游说高层领导（决策者），高层领导对倡议予以采纳、做出购买决策，指定办公室主任（购买者）去某旅游公司洽商，最后成团（使用者）；参加旅行团的人员中可能既没有倡议者，也没有影响者和购买者，甚至没有决策者。参与决策的各种角色也可能由一人担任，如倡议者也可能是决定者，还可能是使用者等。旅游企业了解参与购买决策的各种角色，有利于针对不同的角色确定相应的对策，引导购买决策向本企业倾斜。

伴随 5G、大数据、云计算、物联网、人工智能、区块链等信息技术的快速发展，智慧旅游"新基建"推动旅游数字化、网络化、智能化转型升级。智慧旅游将把旅游变得"无时不在、无处不有、无所不能"，甚至打破时空限制，其核心"三论"是系统论（全环节）、控制论（全过程）、信息论（全要素）。手段涵盖大数据、区块链、智慧谷、二维码、客户端等，要素涵盖市场拉动、政策带动、科技驱动、资本推动。国家"十四五"规划提到，到 2025 年，要建成若干个具有世界一流的旅游服务体系、世界水准的旅游产业规模、世界一流的旅游市场影响、世界一流的旅游管理体系、富有文化底蕴的世界级旅游度假区。

建设世界级旅游度假区，智慧旅游是重要推动力。

首先，要利用科技化手段，健全专业化、市场化、国际化的海外市场营销机制，创新产品和服务，增强世界级旅游度假区的国际吸引力。

其次，建立文字、图片、音频、视频等构成的旅游形象标识系统，构建旅游推广营销网络，全方位、立体化宣传展示世界级旅游度假区形象。

最后，加强国际合作，搭建国家化、跨领域的旅游度假区交流合作平台，积极参与国际学术组织和国际科学计划，深入参与全球度假区管理研究和政策规划。

三、旅游者的购买决策过程

旅游者的购买决策过程是一个相互关联的购买行为，它在实际购买之前就已开始，并且延伸到购买之后的很长一段时间才会结束。旅游者的购买决策过程一般分为五个具体步骤，如图 3-5 所示。

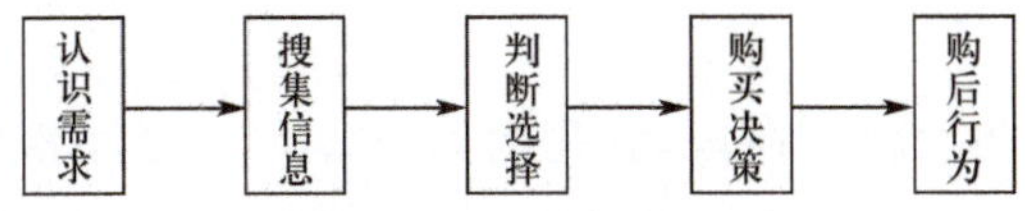

图 3-5　旅游者购买决策过程

旅游者购买决策过程是旅游者做出购买决策的过程。由认识需求、搜集信息、判断选择、购买决策和购后行为等阶段构成。其中认识需求阶段需要确认需求并将之与特定的产品或服务联系起来；搜集信息阶段将通过多种来源获得产品或服务信息，以提高决策理性；购买决策阶段，将根据产品或服务的属性、利益和价值组合，形成各种购买方案，并确认购买态度；购买决策阶段，将会在不同方案之间形成购买意图和偏好；购后行为阶段，将会评估购买获得的价值，并通过行动表达满意或不满意等。

1. 认识需求

旅游者认识到自己有某种需求时，是其决策过程的开始，这种需求可能是由内在的生理活动引起的，也可能是受到外界的某种刺激引起的。旅游者的认识需求可分为主动型和被动型两种。主动型是指消费者自己能意识到的需求。被动型是指消费者尚未意识到或需要在别人提醒之后才可能意识到的需求。

2. 搜集信息

搜集信息是购买决策的调研阶段。旅游者认识到自己对某项旅游产品的需求后，就会对他所需对象发生兴趣，从而有意识地去搜集相关信息，以加深认识。一般而言，旅游信息来自四个方面。①个人来源：如家庭、朋友、同事、熟人；②公共来源：如大众媒体、评比机构；③商业来源：如广告、经销商、推销员、包装、展览；④经验来源：如自身体验、个人判断。

3. 判断选择

判断选择是旅游者在搜集各方面相关的旅游产品信息时，对其进行分析、整理、评估，形成的自己的观念和倾向。以下几个方面需要引起旅游营销人员的注意：旅游产品的属性、对不同旅游者而言各种不同属性的产品的重要性程度、旅游产品的品牌信念、旅游产品每一属性的效用函数、旅游者评估程序。

此外，旅游营销人员在制定产品策略时，还可以从以下三方面努力：一是实行“实际的

重新定位”，即改进旅游产品的质量和性能，使之尽量接近旅游者的需要。二是实行“心理的重新定位”，即通过广告宣传等一系列措施，设法转变旅游者对某些旅游产品不切实际的观念和期望，帮助旅游者正确认识产品性能差异。三是“竞争性反定位”，即向旅游者宣传自身旅游产品的相对竞争优势，改变某些宣传者对旅游产品的竞争误会。

4. 购买决策

购买决策是指旅游者做出购买决策和实现对旅游产品的购买，它是旅游购买行为的中心环节。旅游者获知并对旅游产品信息进行了比较和评估后，就会形成购买意图，但在从产生购买意图到做出购买决策的过程中，还会受到其他人的态度、可预期的环境因素、意外环境因素三方面因素的影响，最终形成购买决策。

5. 购后行为

购后行为是购买决策“反馈”阶段，它是购买的结束，也是下次购买或不购买的开端。当旅游者认为购买到期望的旅游产品时，就会认可该项旅游产品，如果不满意其服务与质量，就会选择今后购买其他旅游产品。判断旅游者购后行为的两种方法：①预期满意分析法，即分析旅游者对旅游产品的预期与实际感知效果间的关系，当旅游产品符合旅游者的期望，旅游者购买后就会比较满意，反之，当旅游产品的实际感知与旅游者的期望差距越大，旅游者就越不满；②认识差距，任何产品都具有它的优点和不足，旅游者购买商品后都会存在不同程度的不满意，旅游者往往习惯用别的产品的优点同本产品的缺点相比较，从而产生不满。

因此，旅游营销人员在营销工作中，对旅游产品的广告宣传要实事求是，不要夸大其词。此外，还要采取积极的措施，消除旅游者的不满，使他们相信自己的选择是正确的。

学习效果检测

1. 旅游购买决策与旅游者需求认知差异之间是什么关系？
2. 推动智慧旅游对旅游购买角色与购买决策会有什么影响呢？

项目小结

正确地认识旅游消费的特征和作用，了解旅游消费者购买行为关系着旅游企业制定正确的营销方案，进而关系企业的蓬勃发展。在旅游活动中，旅游者的心理和行为是极为丰富和复杂的，旅游者的购买行为直接或间接地受到许许多多心理因素和社会因素的影响。

通过对旅游消费购买过程的分析，旅游市场营销人员可以针对每个过程中旅游者消费的心理与行为特点采取适当的措施影响旅游者的购买决策，从而促使营销活动的顺利完成。影响旅游者决策的因素非常复杂，包括个人因素、环境因素、营销因素，且各种影响因素随着时间、地点、环境的变化而不断变化。

实训项目

分析旅游消费者行为

一、实训目的

1. 了解旅游消费需求，满足旅游消费需求。

2. 掌握分析旅游动机与消费者购买行为的方法。

3. 探究旅游消费者购买决策过程。

二、实训组织

以教学班级学生人数来确定数个小组，每个小组以 5～8 人为宜，小组合理分工。在教师指导下统一认识、统一口径、统一判断标准，而后进行选题并分别收集不同的资料和数据，并以小组为单位组织研讨，在充分讨论的基础上，形成小组的分析方案。

三、实训要求

（一）综合认识旅游消费需求

1. 认识旅游消费需求。

2. 分析与研究如何满足旅游消费需求。

（二）旅游消费购买决策过程

1. 结合本地区一家旅行社调研，对前台销售旅游者购买行为进行基本分析。

2. 应用所学旅游消费者购买行为分析知识，完成本地“夕阳红”旅游和“夏令营”旅游产品的旅游消费需求并分析其购买决策过程。

拓展案例

五一小众目的地民宿走俏的启示

2021 年五一假期，旅游热度持续走高，出游方式呈现出个性化。民宿短租预订平台途家近日发布的《2021 年五一民宿出游报告》（以下简称《报告》）显示，相对热门目的地“人从众”的火爆现象，新奇特色的小众宝藏目的地更受消费者青睐，“携宠出游住民宿”成为假期出游新热点。

疫情防控形势的持续向好，激发了人们五一出行的热情，《报告》显示，以北京后院驿站、上海馨庐、青岛崂山吾舍等为代表的热门目的地民宿部分订单排到了 6 月后。统计数据显示，整体来看，今年五一假期的民宿订单量达到疫情前的 2 倍。《报告》显示，今年五一国内最受欢迎的十大旅游城市分别为重庆、成都、北京、长沙、上海、西安、厦门、青岛、杭州、北海。而基于途家对用户出行洞察和近期的一项调研发现，相较于历年出游热门的网红打卡地，今年在条件允许的情况下，有超过八成的用户更倾向于错峰出游。选择更新奇小众的民宿目的地旅行成为新消费热点，诸如广东阳江、海南万宁、浙江丽水、辽宁葫芦岛、宁夏银川等地凭实力出圈，成为五一旅行更受青睐的小众宝藏目的地。

值得一提的是，相对五一热门城市动辄几千元一晚的品牌酒店，这些宝藏目的地当地的特色民宿在五一假期平均客单价仅为537元，既有山水古寨、海景别墅、木屋、精品客栈等特色房型可以体验，还可以满足家庭游、组团游等多人同时入住的需求，性价比极高。

在出行人群方面，《报告》显示，今年五一民宿消费的主力人群依然是80后、90后群体，二者占据民宿预订人群的50%以上；从用户地域分布来看，北上广的消费者位居前列，一线、新一线是民宿消费的主力客源城市。同时《报告》显示，萌宠们集体出游撒欢也成了假期一道靓丽的风景线。在五一订单中，可携宠出行的订单量超过了22%，可以满足宠物入住的复式、四合院、花园别墅、木屋、房车等是“铲屎官”们的首选房型。

（资料来源：中国消费者网，2021-05-07.）

思考

“小众民宿”是怎样的“小众”，其针对的消费者有怎样的特征。

项目

实施旅游市场调查

【学习方向标】

同学们，充分了解瞬息万变的市场营销环境动态是一切企业营销工作的基础，没有市场调查就没有决策权；及时、准确、有针对性的市场调查是企业适应环境、制定正确营销策略的前提。

【学习目标】

★ 知识目标

1. 认识旅游市场调查的基本内容和基本方法；
2. 掌握旅游问卷设计技术、调查报告的撰写和抽样调查技术手段；
3. 了解旅游市场预测内容和方法。

★ 技能目标

1. 能根据特定材料制定调查问卷；
2. 能对营销信息进行搜集、整理和分析，能撰写简单的调研报告。

★ 素质目标

1. 培养学生求真务实，笃学践行的工作作风；
2. 培养学生爱岗敬业、吃苦耐劳以及认真做事的优秀品格。

拓展阅读　发展红色旅游 传承西柏坡精神

1948年5月,毛泽东、周恩来、任弼时率领中共中央机关与中央工委在河北平山西柏坡会合,人民解放军总部亦同时进驻。从此,西柏坡的火炬照亮了全中国。九月会议、三大战役、七届二中全会……毛泽东和中共中央在这里勾画了中国的宏伟蓝图,中华人民共和国在这里孕育成熟。1949年3月,党中央从西柏坡动身前往北平。西柏坡成为党中央解放全中国的"最后一个农村指挥所"。

作为革命老区,西柏坡拥有丰富的红色资源,四面八方的游客到这里缅怀革命先烈,感悟红色文化,接受爱国主义教育,红色旅游成为西柏坡的亮丽名片。

在注重开展红色教育、传承红色基因的同时,西柏坡依托丰富的红色资源和优良的生态环境,走出了一条旅游脱贫、绿色发展的新路子。

平山县以西柏坡纪念馆和中共中央旧址为核心,促进全域旅游发展,打造了50余千米的精品旅游线路,开发了西柏坡红色旅游小镇、白鹿红崖古镇、泓润生态园房车营地等新景点、新业态。

西柏坡镇镇长王利刚介绍,依托山水资源、红色资源优势,西柏坡镇推进美丽乡村建设,积极开展乡村环境治理,建设污水处理、广场、停车场等基础设施,设立游客接待中心。环境的改善和旅游设施的完善,吸引越来越多游客到来。

红色旅游的发展极大带动了当地群众创业、就业。不少村民开办起农家乐、民宿,或在景区从事观光车驾驶、纪念品销售、讲解等服务。

在梁家沟村旧址兴建的西柏坡红色旅游小镇如今已颇有人气。小镇街道两侧商铺林立,当地村民还可在小镇内摆摊售卖特色纪念品、农副产品等。

梁家沟村位于西柏坡红色旅游小镇的核心区域。"旅游旺季时,村里的农家乐、民宿入住率能有70%。村民年人均收入有万余元,主要来自旅游收入。"梁家沟村委会主任韩志平表示,该村将继续完善升级旅游接待和相关配套设施,建设采摘园,让游客来了可登山、可健身、可采摘、可购买土特产,为游客提供更加优质的服务。

西柏坡村的80后闫××大学毕业后回乡,从父母手中接管了宾馆,开办了村里第一家旅行社,创建了西柏坡旅游网。为了提升服务内容和品质,闫××走访考察了多家企业,与携程、去哪儿网等各大网络平台合作,承接红色教育培训活动,吸引人们到西柏坡参观学习。在西柏坡村,九成以上农户从事与旅游相关的服务,村集体年收入60余万元,人均年收入超过1.2万元。

南西焦村多次参加县里组织的外出考察,因地制宜发展起猕猴桃种植,带领村民走绿色生态路。据介绍,村里的猕猴桃产业园未来将被打造成集观光、休闲、旅游于一体的现代农业观光园,带动更多群众致富。

在"红+绿"模式带动下,西柏坡红色旅游、乡村旅游正在蓬勃发展。

资料来源:中国旅游报,2021-04-09.

|思考|

1.利用课余时间充分了解西柏坡精神的思想内涵有哪些。

2.在注重开展红色教育、传承红色基因的同时，西柏坡是如何依托丰富的红色资源和优良的生态环境，走出了一条旅游脱贫、绿色发展的新路子？

3.传承红色基因，讲好中国故事。请同学们认真挖掘当地红色旅游资源并编写一个或几个具有代表性的中国故事。

任务1　策划与实施旅游市场调查

任务提出及实施

1.举例说明旅游市场调查研究的主要内容有哪些。

2.旅游市场调查价值何在？

请同学们在教师的讲解和引导下，学习应用知识储备，查阅相关资料，分组讨论完成上述任务。

任务关键词

市场调查定义；分类；内容；程序

案例导入　鼎泰丰、喜家德和西贝等力推明档厨房，背后藏着哪些心理战术？

明档是近几年餐饮的潮流之一。明档，起源广东，后逐渐传遍全国。广东人爱吃鲜，特别是各种山珍海味，大排档里往往摆放着数十种鲜活食材，供食客挑选称量，现杀现做，保证最新鲜的口味。

后来，其他餐馆也采用这种手法，把明档放到了餐馆的大堂里，将鲜活原料装盘陈列在醒目的地方，以此吸引顾客。

这种模式逐渐扩大到更广泛的餐饮业，比如，新式茶饮开始讲究现泡茶、很多咖啡品牌开始明档展示手冲咖啡，这些都是明档的另一种体现，把饮食的原材料、饮食的制作过程展示给顾客。

明档厨房的最新形式，恐怕就是已经遍布全国的盒马鲜生等一众新零售品牌了。顾客选购好食材，直接交给厨师当场烹饪，现场品尝。在这样的主流趋势之下，越来越多的餐饮店都开辟出明档，把后厨挪到前台让客人看到。设置明档的根本在于打“心理战”，经营者摸透了顾客期待选择多、吃得新鲜、做得放心的心理，在激烈的餐饮市场上紧紧抓住顾客眼球，获得竞争先机。

在消费者越来越重视健康饮食、食品安全、制作工艺的当下，明档可以说是能够积极满足消费者这种心理的重要经营手段。在一定意义上，明档还能促进餐厅从整体上

优化管理，因为明档对食材供应链、厨师技能、成本管理、营销水平都有着更高要求。明档并不是每个餐厅的必备，但既然要做明档厨房，就要把明档的功能发挥到最大，理解了明档背后的运营管理思路，把握顾客的消费心理。

资料来源：红餐网 2019-03-19

案例分析

请同学到拥有明档厨房的餐馆，如喜家德、鼎丰泰等进行体验式消费，试分析明档厨房模式满足了消费者哪些心理需求？获得了怎样的竞争优势？

应用知识储备

旅游市场调查是旅游企业了解市场营销发展状况的基本手段。旅游市场调查的目的在于尽可能收集可靠的信息，为企业发展指明方向。

一、旅游市场调查定义

旅游市场调查是指为某一个特定的旅游市场营销问题的决策，运用科学的方法和手段，进行收集、记录、整理、分析各种资料和信息，并得出可靠的、结论性依据的活动。

从定义中我们可以看出，旅游市场调查是手段而非目的，它是一种管理工具，具有明确的针对性；旅游市场调查又是一项系统工程，不是片面强调某一方面，而是从总体出发，运用科学方法进行的系统收集、整理和分析的过程。

二、旅游市场调查分类及内容

（一）旅游市场调查分类

旅游市场调查分类标准有很多，如根据调查对象、特征、方法、时间、产品等进行不同划分。而最基本的分类标准是按照市场调查的目的来划分，可以分为以下三类：

1. 试探性旅游市场调查

试探性旅游市场调查是指旅游企业对所调查的问题和范围不明确时采取的调查方式。调查目的是掌握调查相关问题、确定调查范围、确定调查重点。例如，某旅游公司在正常旅游季节，旅游者预定人数减少，但又不知道原因何在，就可以采用试探性旅游市场调查。旅游市场营销人员可以通过咨询专家、经验丰富的工作人员、公司老顾客等途径，取得对目前所面临问题的深入了解。

2. 描述性旅游市场调查

描述性旅游市场调查是指对市场的客观情况进行如实的描述和反映的调查方式。调查目的是寻找准确的市场信息，为企业做出正确决策提供参考。如对某旅游企业当前发展状况进行调查。描述性旅游市场调查首先需要大量收集有关的市场信息，然后对调研的资料进行分类、分析、整理，最后形成调查报告。描述性旅游市场调查内容翔实、全面、客观，并要做相应的定量分析，比试探性旅游市场调查要严密得多。

3. 因果性旅游市场调查

因果性旅游市场调查是对市场上出现的各种现象之间或问题之间的因果关系进行的调查。调查目的是为检验某一理论或为发现的某一问题寻找原因。例如，某旅游公司为了在竞争中占据一席之地，决定进军老年旅游市场，推出“夕阳红”产品，为确保此举成功，该旅游公司需要先进行市场调查，分析可能出现的积极与消极影响，这就是因果性旅游市场调查。

（二）旅游市场调查内容

微课

选择调研方法

旅游市场调查的内容包括直接或间接影响企业营销活动的各个方面。旅游市场调查的主要内容有：

1. 旅游营销环境调查

旅游营销环境是旅游企业生存与发展的条件，也是旅游企业不可控制的因素。旅游营销环境主要是指旅游企业的宏观环境，包括政治法律环境、经济环境、社会文化环境、科技环境及地理环境等。

2. 旅游市场需求调查

旅游市场需求调查是旅游市场调查的核心部分，主要包括：旅游市场规模及构成调查、旅游者消费行为调查、旅游者购买动机及影响因素调查等。

3. 旅游企业运行状况调查

旅游企业运行状况调查，主要是对企业可控的旅游市场营销组合各要素进行的调查，主要包括：旅游产品调查、旅游价格调查、旅游分销渠道调查、旅游促销调查。

4. 旅游竞争者调查

旅游竞争者调查是旅游企业进行微观环境调查中不可忽视的部分。对旅游竞争者调查主要包括：竞争者的数量和分布情况、主要竞争者实力大小、竞争者的优势与劣势、与竞争者合作的可能性及合作方式、竞争者对企业构成的影响等。

小案例

向洋葱认输的麦当劳

被视为全球最大快餐连锁店的麦当劳，宣布 2009 年 10 月 31 日，全面撤出冰岛。麦当劳特许营运商奥格蒙德森表示，虽然冰岛麦当劳的生意十分兴隆，但冰岛经济衰退货币崩溃令原材料入口成本高得难以负担：买 1 公斤洋葱，要付出等同一瓶上好威士忌的价。再加上当局向进口食物征重税，而冰岛经济未来几年都无望复苏，不得不结束营业。

三、旅游市场调查程序

旅游市场调查一般包括三个阶段，即旅游市场调查准备阶段、旅游市场调查实施阶段和旅游市场调查结果处理阶段。

(一)旅游市场调查准备阶段

在进行调查之前,首先要明确调查要解决什么问题,怎样有计划地开展调查工作。这一阶段任务主要有两个方面:

1. 确定旅游市场调查目的

不同的调查目的涉及的调查内容和范围也不同。旅游市场调查目的决定着旅游市场调查的对象、内容和方法。旅游市场调查目的要尽量具体明确,突出一个至两个主题,避免面面俱到。

2. 制订旅游市场调查计划

在明确了旅游市场调查目的之后,制订旅游市场调查计划显得十分必要。完整的旅游市场调查计划内容包括:调查执行者,即是企业内部人员还是外部调研机构;选择资料来源,即选用第一手资料还是二手资料,或者是其他方式收集到的资料;选择市场调查工具、确定抽样计划、编制市场调查预算并确定调查人员和时间进度等。

(二)旅游市场调查实施阶段

旅游市场调查实施阶段是整个调查过程的关键环节,直接影响市场调查的效果。这一阶段主要包括:

1. 安排调查人员

根据调查计划,确定、组织和培训参与调查的人员并实施调查计划。

2. 设计调查表

调查表是收集原始资料的基本工具。调查表设计要求具有科学性、合理性和艺术性,文字表述简单明了、内容安排难易适度。

3. 执行调查

执行调查的目的是获取原始资料(第一手资料)和二手资料。通过现场或实验调查可以获得第一手资料。二手资料是由他人收集整理过的资料,这些资料的收集比较省时、省力、省钱,但不如原始资料准确、及时、可靠。旅游企业在二手资料的基础上,应根据具体调查情况进行原始资料的调查。

(三)旅游市场调查结果处理阶段

通过收集、整理和分析各种资料,最后形成调查报告。

1. 整理与分析资料

一方面,检查、核对资料的准确性;另一方面,对资料进行评定、分类、编号,以便统计,运用调查的数据和资料分析并得出结论。

2. 完成调查报告

调查报告包括以下内容:导言,即标题、前言、目录表;报告主体,即调查的详细目的、方法说明、结果描述、结论的摘要;建议事项,即有价值的建议;附件,即样本的分配、图表及附录。调查报告要做到突出主题、内容客观、简明扼要、结构严谨、实事求是。

学习效果检测

1. 旅游市场调查的主要内容和类型有哪些?
2. 简述旅游市场调查的程序。
3. 旅游市场调查的方法有哪些?

微课

没有调查就没有发言权

任务2　分析数据和编写调查报告

任务提出及实施

如何撰写旅游市场调查报告。

请同学们在教师的讲解和引导下,学习应用知识储备,查阅相关资料,分组讨论完成上述任务。

任务关键词

调查报告的标题;引言;主体;结尾;写作要点

案例导入　"千车万人驾游龙江"系列活动启动

由黑龙江省文化和旅游厅、携程集团主办的2021"千车万人驾游龙江"大型自驾游系列活动日前在黑龙江长寿国家森林公园启动。

启动仪式上发布了黑龙江省自驾游IP品牌——"龙江驾期",旨在传递"驾车游龙江、给心灵放个假"的驾游理念。今年,黑龙江省文化和旅游厅将在全省组织举办百场大型自驾游活动,包括房车露营节、龙江味道美食节、自驾露营大会、自驾登山节、自驾文化旅游节等,主题丰富、形式多样,覆盖线上线下多种渠道,做到"周周有活动,月月有亮点"。

黑龙江省文化和旅游厅还推出百条自驾游精品线路,包括"森林自驾游""湿地自驾游""红色自驾游""乡村自驾游"四大主题,百条线路串联了富有龙江魅力的自然生态、历史文化、乡村田园、都市风情等旅游资源,行程从1日游到15日游不等,可满足游客多种需求。

活动期间,黑龙江省文化和旅游厅将不间断开展34场定制类IP营销活动,包括邀请专家团全年不定期考察研发产品线路、邀请KOL达人采风、制作黑龙江四季文旅短视频等,线上线下创新整合营销;与携程集团合作,设立首家黑龙江文旅营销推广中心,并在携程平台搭建首个线上"星球号"平台,加大龙江自驾游内容及产品的展示、销售。

(资料来源:中国旅游报,2021-04-19.)

案例分析

1. 自驾游是实现全域旅游的有效方式之一,请同学们调查了解全域旅游的内涵。
2. 全域旅游对促进当地经济均衡发展会起到怎样的作用?
3. 实现良好的全域旅游需要当地政府做好哪些方面的工作?

应用知识储备

旅游市场调查报告的内容结构一般由如下几部分组成。

一、旅游市场调查报告的标题

标题是市场调查报告的题目，一般有两种构成形式。

(1)公文式标题，即由调查对象和内容、文种名称组成，例如《关于2013年全省旅游收入情况的调查报告》。值得注意的是，实践中常将市场调查报告简化为“调查”，也是可以的。

(2)文章式标题，即用概括的语言形式直接交代调查的内容或主题，例如《全省城镇居民潜在旅游消费动向》。实践中，这种类型的市场调查报告的标题多采用双题(正副题)的结构形式，更为引人注目，富有吸引力。例如《竞争在今天，希望在明天——全国星级酒店顾客问卷调查分析报告》《市场在哪里——天津地区度假旅游需求调查》等。

二、旅游市场调查报告的引言

引言又称导语，是市场调查报告正文的前置部分，要写得简明扼要、精练概括。一般应交代出调查的目的、时间、地点、对象与范围、方法等与调查者自身相关的情况，也可概括市场调查报告的基本观点或结论，以便使读者对全文内容、意义等获得初步了解。然后用一过渡句承上启下，引出主体部分。例如，一篇题为《关于全市2021年老年旅游市场的调查》的市场调查报告，其引言部分写为：“××市北方调查策划事务所受××委托，于2021年3月至4月在国内部分省市进行了一次老年旅游市场调查。现将调查研究情况汇报如下”用简要文字交代出了调查的主体身份，调查的时间、对象和范围等要素，并用一过渡句开启下文，写得合乎规范。这部分文字务求精要，切忌啰唆繁杂；视具体情况，有时也可省略这一部分，以使行文更趋简洁。

三、旅游市场调查报告的主体

这部分是市场调查报告的核心，也是写作的重点和难点所在。它要完整、准确、具体地说明调查的基本情况，进行科学合理的分析预测，在此基础上提出有针对性的对策和建议。具体包括以下三方面内容：

1. 市场调查报告——情况介绍

市场调查报告的情况介绍，即对调查所获得的基本情况进行介绍，是全文的基础和主要内容，要用叙述和说明相结合的手法，将调查对象的历史和现实情况包括市场占有情况，生产与消费的关系，产品、产量及价格情况等表述清楚。在具体写法上，既可按问题的性质将其归结为几类，采用设立小标题或者撮要显旨的形式；也可以时间为序，或者列示数字、图表或图像等加以说明。无论如何，都要力求做到准确和具体，富有条理性，以便为下文进行分析和提出建议提供坚实充分的依据。

2. 市场调查报告——分析预测

市场调查报告的分析预测，即在对调查所获基本情况进行分析的基础上对市场发展

趋势做出预测，它直接影响有关部门和企业领导的决策行为，因而必须着力写好。要采用议论的手法，对调查所获得的资料条分缕析，进行科学的研究和推断，并据以形成符合事物发展变化规律的结论性意见。用语要富于论断性和针对性，做到析理入微，言简意明，切忌脱离调查资料随意发挥，去唱“信天游”。

3. 市场调查报告——营销建议

这层内容是市场调查报告写作目的和宗旨的体现，要在上文调查情况和分析预测的基础上，提出具体的建议和措施，供决策者参考。要注意建议的针对性和可行性，能够切实解决问题。

四、旅游市场调查报告的结尾

结尾是市场调查报告的重要组成部分，要写得简明扼要，短小有力。一般是对全文内容进行总括，以突出观点，强调意义；或是展望未来，以充满希望的笔调作结。视实际情况，有时也可省略这部分，以使行文更趋简练。

五、市场调查报告的写作要点

1. 市场调查报告——以科学的市场调查方法为基础

在市场经济中，参与市场经营的主体，其成败的关键在于经营决策是否科学，而科学的决策又必须以科学的市场调查方法为基础。因此，要善于运用询问法、观察法、资料查阅法、实验法以及问卷调查等方法，适时捕捉瞬息万变的市场变化情况，以获取真实、可靠、典型、富有说服力的商情材料。在此基础上所撰写出来的市场调查报告，就必然具有科学性和针对性。

2. 市场调查报告——以真实准确的数据材料为依据

由于市场调查报告是对市场的供求关系、购销状况以及消费情况等进行的调查行为的书面反映，因此它往往离不开各种各样的数据材料。这些数据材料是定性定量的依据，在撰写时要善于运用统计数据来说明问题，以增强市场调查报告的说服力。

3. 市场调查报告——以充分有力的分析论证为杠杆

撰写市场调查报告，必须以大量的事实材料作基础，包括动态的、静态的，表象的、本质的，历史的、现实的，等等，可以说错综复杂、丰富充实，但写进市场调查报告中的内容绝不是这些事实材料的简单罗列和堆积，而必须运用科学的方法对其进行充分有力的分析归纳，只有这样，市场调查报告所做的市场预测及所提出的对策与建议才会获得坚实的支撑。

知识链接

Opera 先进的物业管理系统

OPERA PMS 物业管理系统是 Opera 企业解决方案的核心。其设计理念是：满足各种规模的酒店及酒店集团的要求，高效率、高收益、高质量地管理及运营酒

店及物业。其提供的工具能帮助你提高运营效率及盈利。你可以根据你的需求来配置应用,使系统易于操作,使你能够得到快速、准确、时时更新的信息。

OPERA PMS 的多物业功能设计,使多个物业运营只通过单一数据库就可存取数据。这大大减少了用户在硬件、软件及劳动成本各方面的投入,用户可以通过一个中心数据库来安装多个物业的管理系统。

集中软件及硬件的设计方式,方便了系统支持及升级,因为可以在一个地方解决所有问题。同时,酒店还可以通过分享各部门之间的管理功能,包括预订、财务、销售及电话程控交换系统实现人员的高工作效率。

通过"客人档案"的功能来获取完整及准确的客人信息。系统通过"客人档案"的功能来收集每个客户(个人、公司、旅行社、团队等)各方面的资料,这些数据可用来:帮助酒店的客户关系部提高服务质量;帮助酒店市场部制定具有竞争力的销售策略;帮助酒店高层管理人员分析业务利润来源。

任务3　预测旅游市场趋势

任务提出及实施

1. 明确旅游市场预测的内涵与主要内容有哪些。

2. 理解旅游市场预测程序与主要方法有哪些。

请同学们在教师的讲解和引导下,学习应用知识储备,查阅相关资料,分组讨论完成上述任务。

微课

市场细分的关键问题

任务关键词

旅游市场预测的含义;旅游市场预测的内容;旅游市场预测的程序;旅游市场预测的方法

案例导入　《中国冰雪旅游发展报告(2023)》:预计2022—2023冰雪季冰雪旅游人次将超3亿

中国旅游研究院发布《中国冰雪旅游发展报告(2023)》,报告预测,在本地市场消费潜力持续释放和远程冰雪游复苏背景下,预计2022—2023冰雪季我国冰雪休闲旅游人次仍会超过3亿,"十四五"末期的2024—2025冰雪季我国冰雪休闲旅游人次有望达到5.2亿,我国冰雪休闲旅游收入将达到7 200亿元。

报告显示,冰雪旅游正在从"有没有"向"好不好"转变,我国冰雪旅游市场进入扩容提质并重新阶段。北京冬奥会的成功举办激发了广大群众参与冰雪旅游的热情,2021—2022冰雪季我国冰雪休闲旅游人次为3.44亿,冰雪休闲旅游收入为4 740亿元,2021—2022冰雪季我国冰雪休闲旅游人次是2016—2017冰雪季的2倍多,冰雪休闲旅游收入从2016—2017冰雪季的2 700亿元增加到2021—2022冰雪季的4 740亿

元，冰雪旅游实现了跨越式发展。

报告显示，冰雪旅游振兴的信心正在恢复，冰雪经济复苏按下快进键。参与调查的消费者中，64%有计划进行冰雪休闲旅游活动，60.3%会增加参与冰雪休闲旅游的次数，其中，40.7%有意愿进行长距离的冰雪旅游，55.6%有意愿进行短距离的冰雪休闲旅游活动。

报告还显示，冰雪旅游正从初期行业培育向产业生态体系构建转变，“冰雪国潮”引领我国冰雪产业向链条化、集群化、全球化发展。截至2022年年底，全国共有境内注册冰雪相关企业近9 000家。其中，2022年新增注册企业1 460家，同比增长20.1%。

资料来源：中国旅游新闻网　2023-01-06

案例分析

你认为冰雪旅游的主要目标群体是哪些人？你对冰雪旅游发展趋势有怎样的预测和判断？

应用知识储备

一、旅游市场预测的含义

旅游市场预测就是在旅游市场调查获取的各种第一手资料和二手资料以及信息的基础上，运用科学方法，针对旅游企业的需要，对旅游市场未来一段时期内的发展趋势做出的分析与判断。要进行旅游市场预测，首先必须做好旅游市场调查，只有通过调查获得大量可靠的数据并对数据进行加工处理与分析，才能对未来的旅游市场做出比较切合实际的预测。

二、旅游市场预测的内容

（一）旅游市场环境预测

旅游业是一个具有高度依托性的行业，受环境因素变化的影响较大，因此需要采用定性预测的方式对国际、国内乃至地区的政治、经济形势和产业结构变化趋势做出估计与推断，同时预测国际、国内和地区的旅游形势。

（二）旅游市场需求预测

1. 旅游市场需求总量预测

旅游市场需求总量主要是指在一定区域和一定时间范围内，旅游者可能的购买力及购买力投向的总量。旅游需求总量可以标志旅游企业在一定时期和一定营销费用条件下，可能达到的最大销售额。通常预测旅游市场需求总量的公式为

$$Q=\sum_{n=1}^{N} q_n \times p \ (n=1,2,3,\cdots,N)$$

式中：Q 为一市场需求总量；N 为特定产品的可能购买人数；q_n 为第 n 个旅游者平均购买数量；p 为特定产品的平均单价。

2. 旅游市场客源预测

预测市场客源地旅游者变动情况，包括旅游者数量变化、旅游季节变化、旅游者地区分布状况、旅游构成变化和旅行游览时间长短变动等。

3. 旅游市场需求结构预测

旅游市场需求结构预测包括旅游目的地餐饮、住宿、交通旅行、游览、娱乐、购物方面的消费变动情况。因为这些是旅游企业收入的主要组成部分，其变化直接影响旅游市场需求潜力和旅游产品的销售。

（三）旅游市场容量预测

需求与供给是旅游市场的两个主要因素，在预测市场需求的同时，也应对旅游供给的发展趋势进行预测，确切地讲，是对旅游地容量或旅游地承载力进行预测。旅游地容量包括旅游心理容量、旅游资源容量、旅游生态容量、旅游经济发展容量和旅游地域社会容量等。准确地测定旅游地的既有容量，预测旅游地极限容量，力争使旅游地的接待能力处在一个合理容量之内，维持供需的相对平衡，以保持旅游资源的吸引力和维护自然生态环境不致退化。

（四）旅游市场价格预测

旅游市场价格是旅游市场波动的主要标志和信息载体，一般情况下，价格下降，需求量增加；价格上涨，需求量减少。各种旅游产品对价格的需求弹性不同，旅游企业必须预测旅游市场价格变化为旅游市场需求带来的变化，以便确定旅游企业在可控制范围内的最优价格和供给水平的变动趋势。

（五）旅游市场效益预测

旅游市场效益预测包括市场占有率预测和旅游收益预测。

1. 市场占有率预测

市场占有率是指旅游企业的旅游产品的销售量占该产品市场总销售量的比重。对它的预测，一方面可以预测本企业的销售量，另一方面可以预测竞争对手的实力以及本企业在旅游行业中的竞争力量和所处的地位，以便掌握市场竞争的动态状况，采取相应的市场竞争策略。

2. 旅游收益预测

旅游企业通过对营销成本和利润的预测，可以了解旅游收入的数量、构成与收入水平，反映旅游经济活动的成果，包括经济效益、社会效益和生态效益，有助于提高企业经营管理，并为投资决策和营销决策提供依据。

三、旅游市场预测的程序

旅游市场预测的程序如图 4-1 所示。

从图 4-1 可以看出，旅游市场预测过程分为以下步骤：

（1）确定预测目标，拟订预测计划。

（2）收集、整理和分析资料。

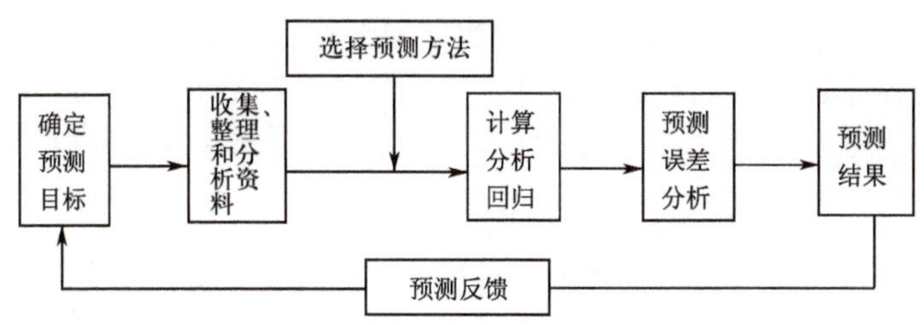

图 4-1　旅游市场预测的程序图

(3)选择预测方法，建立预测模型。

(4)计算分析回归。在已有资料、数据的基础上，确立合理的预测方法，就可具体地进行计算，做出定性或定量分析，进行归纳、总结，推测、判断未来市场的发展方向和趋势。

(5)预测误差分析。

(6)预测结果和预测反馈。确定预测值，提交预测报告。

四、旅游市场预测的方法

旅游市场预测的方法多种多样，归纳起来可分为定性预测法和定量预测法两大类。

(一)定性预测法

在掌握的历史数据不多、不够准确或主要因素无法用数字描述进行定量分析时，定性预测就是一种行之有效的预测方法。常用的定性预测方法有：

1. 市场调查预测法

市场调查预测法是指预测者在深入实际进行市场调查研究，取得必要的经济信息的基础上，根据自己的历史经验和专业水平，对市场发展变化前景做出的一种分析判断。

2. 专家评估法(德尔菲法)

专家评估法是向一组专家征询意见，将专家们对过去历史资料的解释和对未来的分析判断汇总整理，以取得统一意见，对未来经济现象发展变化前景进行预测的方法。

3. 主观概率法

主观概率法是指利用主观概率对各种预测意见进行集中整理，从而得出综合性预测结果的预测方法，它是对市场调查预测法、专家评估法的不同定量估计，进行集中整理的常用方法。

定性预测法是对预测目标的性质以及可能估计到的发展趋势做出分析。旅游市场定性预测法包括旅游者意见法、经理人员判断法、营销人员估计法和专家预测法。旅游者意见法，是通过对旅游者进行调查或征询，来进行旅游市场预测的一种方法。其具体做法是：当面询问、电话征询、写信、要求填写调查表、设立意见簿、召开座谈会等。经理人员判断法，旅游企业邀请企业内部各职能部门的主管人员根据各自的经验，对预测期的营业收入做出分析和估计，然后取其平均数作为预测估计数。此法简便易行、节省费用，对新企业是唯一可供选择的预测方法。营销人员估计法，是由企业内外的营销人员对市场做出预测。使用这种方法的企业，要求每个营销员对今后的销售做出估计，营销经理再与各个

营销员一起复审估计数字，并逐级上报预测数字和汇总。专家预测法，是由企业聘请社会上或企业内部的专家进行市场预测。

（二）定量预测法

定量预测法是用数学的方法来研究、推测未来事件的变化及发展趋势。用定量预测法预测旅游市场需求一般要使用多种统计方法和计量经济学方法。常用的方法有回归分析预测法和时间序列平滑预测法。回归分析预测法包括一元线性回归分析法和二元线性回归分析法等；时间序列平滑预测法包括简单平均法、移动平均法、指数平滑法、变动趋势预测法。

1. 回归分析预测法

回归分析预测法就是从各种经济现象之间的相互关系出发，通过对与预测对象有联系的现象变动趋势的分析，推算预测对象未来状态数量表现的一种预测法。所谓回归分析就是研究某一个随机变量（因变量）与其他一个或几个变量（自变量）之间的数量变动关系，由回归分析求出的关系式通常称为回归模型。

一元线性回归模型形式

$$y_i = a + bx_i + \varepsilon_i, \quad i = 1,2,\cdots,n$$

式中，y_i 称为因变量；x_i 称为自变量，代表对因变量的主要影响因素；ε_i 代表各种随机因素对因变量的影响总和。在实际应用中，通常假定 ε_i 服从正态分布，即 $\varepsilon_i \sim N(0,\sigma_i^2)$。$a$ 和 b 称为回归系数。

回归系数 a 和 b 的估计：在用一元线性回归模型进行预测时，首先必须对模型回归系数 a 和 b 进行估计。一般说来，估计的方法有多种，其中使用最广泛的是最小平方法（OLS估计法）。估计结果是

$$\hat{b} = \frac{n\sum x_i y_i - \sum x_i \sum y_i}{n\sum x_i^2 - \left(\sum x_i\right)^2}$$

$$\hat{a} = \frac{\sum y_i}{n} - \hat{b}\,\frac{\sum x_i}{n}$$

这里，x_i 和 $y_i (i = 1,2,\cdots,n)$ 均是我们已有的历史数据。

2. 时间序列平滑预测法

由于回归分析预测法必须要找到影响预测目标的主要因素。经济现象的复杂性使得有时难以找到影响预测目标的主要因素，或者即使找到了，也可能存在主要因素缺乏必要的统计资料。这时，回归分析预测法就不能使用，但可以使用时间序列平滑预测法。

时间序列平滑预测法，是将预测目标的历史数据按照时间顺序排列成时间序列，然后分析它随着时间的变化趋势，外推预测目标的未来值。时间序列平滑预测法可分为确定性时间序列预测法和随机时间序列预测法。

确定性时间序列预测法常用的方法有移动平均法、指数平滑法、差分指数平滑法、自适应过滤法、直线模型预测法、多项式模型预测法、指数曲线模型预测法、修正指数曲线模型预测法、成长曲线预测模型和季节变动预测法。

随机时间序列预测法是通过时间序列模型来预测。建立随机时间序列模型需要较深的数学知识和较多的历史数据，方法复杂，计算量大，但它在短期预测方面精度高，因此得到了愈来愈广泛的应用。

小案例

以后逛景点手机就能当“导游”

2014 年兰州市、敦煌市已率先开展全省智慧旅游城市创建试点工作，同时平凉崆峒山景区、敦煌鸣沙山月牙泉景区也将作为全省智慧旅游景区试点，这些都是甘肃省旅游局全面启动智慧旅游建设的内容，这意味着明年年底建成后，游客就可通过电子地图、手机导游设备等轻松实现自助游览。

兰州市、敦煌市 2016 年底前建成全省智慧旅游城市

从 2014 年起，甘肃省将开展全省智慧旅游城市试点，在兰州市、敦煌市开展全省智慧旅游城市试点工作，指导兰州市、敦煌市科学编制智慧旅游城市发展规划或行动计划，以构建智慧旅游服务、智慧旅游营销、智慧旅游管理三大体系为重点，以改善旅游发展环境、提高旅游服务质量、增强智能旅游功能与智慧城市基础设施配套为导向，突出区域的旅游特色与城市功能的协调性、统一性，积极探索各种运营合作机制，创建一批智慧景区、智慧饭店、智慧旅行社、智慧旅游服务商，于 2016 年年底前建成全省智慧旅游城市，为全省创造经验。

与此同时，计划指导列入全国智慧城市试点的白银、金昌、陇南三市及其他市州，将智慧旅游建设与智慧城市建设、数字城市建设和目的地建设有机结合起来，因地制宜地组织实施旅游信息触摸屏、旅游一卡通、市州手机端(APP)应用、景区电子导览、虚拟旅游等重点项目，为广大游客提供便捷性的智能服务。

景区内电子导览导游带你体验别样的游览乐趣

据省旅游局工作人员介绍，我省将在平凉崆峒山景区、敦煌鸣沙山月牙泉景区开展全省智慧旅游景区试点工作，指导平凉崆峒山景区、敦煌鸣沙山月牙泉景区明确年度推进任务，广泛应用新技术、加大网络宣传营销、提高电子商务水平，在游客安全保障、景区内电子导览导游、互动娱乐体验、电子门票和在线直分销等方面先行先试，于 2015 年 12 月底前建成全省智慧旅游景区。同时，提高旅游景区智能化管理水平，指导拟建的甘肃丝绸之路大景区及 4A 级以上旅游景区要结合实际，逐步建设或完善手机远程看景、手机购票、远程环境监测与发布、无线 LED 信息发布等游客服务系统，电子门票、游客统计、视频监控、GPS 车辆调度等内部管理系统，防火预警系统、地质灾害远程监测与预警等应急管理系统，不断创新景区管理模式。

学习效果检测

1. 请同学们通过实地调研或网络调研了解近年来备受关注的全域旅游、红色旅游和乡村旅游等在你所在地区的发展状况如何，谈谈你对这些旅游方式的认知。

2. 随着人民生活水平的提高出行旅游已成为生活方式的一部分，对于年轻的学子而言请分享一下你最向往的旅游目的地和出行方式，会对旅游产品有哪些基本要求？

项目小结

旅游市场调查是指针对某一个特定的旅游市场营销问题的决策，运用科学的方法和手段进行的收集、记录、整理、分析各种资料和信息，并得出可靠的、结论性依据的活动。旅游市场调查可分为试探性调查、描述性调查和因果调查三种类型。在确定了旅游市场调查的目的和内容之后，通过科学的方法和系统的调查程序，收集可靠的信息，为旅游企业的发展指明方向。

调查方法的选择和技巧的运用直接关系到旅游市场调查结果的可信度。按照旅游市场信息资料来源将旅游市场调查方法归为文案调查法和实地调查法两大类。问卷技术和抽样技术是所有调查方法中技术性最强的，也是旅游市场调查最常用的技术。网络调查方法在旅游企业中广泛使用，是旅游企业市场调查的新趋势。

旅游市场预测，就是在旅游市场调查获取的各种第一手资料和二手资料以及信息的基础上，运用科学方法，针对旅游企业的需要，对旅游市场未来一段时期内的发展趋势做出的分析与判断。旅游市场预测的内容包括旅游环境、容量、需求、价格及效益等，可以通过定性和定量两种方式进行预测并得出结论。

实训项目

有针对性进行市场调查

一、实训目的

1. 认识市场调查在企业营销管理中的重要性。
2. 学会如何针对实际工作中存在的问题，有目的地进行市场调查。

微课

目标市场选择的关键问题

二、实训组织

将学生分成若干小组，每组 5～8 人为宜，在教师指导下进行选题并分别收集不同的资料和数据，以小组为单位组织研讨，在充分讨论基础上，形成小组的课题报告。

三、实训内容

旅游企业在营销管理中会遇到怎样的一些问题？如何面对并加以解决？

1. 提出问题。
2. 有针对性的市场调查(明确调查的内容与方法)。
3. 提出解决方案，为了规避类似事件发生，在制度和管理方面应做好哪些工作？

拓展案例

对洲际集团成功经验调查

一、强化品牌运营管理

（一）品牌特许经营

洲际酒店集团不仅有自己新建的酒店，作为酒店管理集团，它还通过替业主（酒店投资人）提供管理经验、管理人员来经营酒店，然后根据协议分红。

在现代饭店业发展史上，凯蒙斯·威尔逊开创了饭店集团成长的一大历史时期——特许经营时期，20 世纪 50 年代，假日饭店公司共拥有汽车旅馆 7 个，售出特许经营权 18 个，通过特许经营建立饭店集团取得了较大的成功，并在日后洲际集团的发展中一直作为集团成长的主要方式。

（二）品牌产品延伸

洲际酒店集团在兼并的热潮时期也走上了多角化经营的道路，并十分注重饭店产品的层次性开发，针对客源市场的商务、休闲、度假旅游或者消费层次上的豪华、经济、大中型需求，洲际酒店集团开发了针对不同层次顾客的多样化酒店品牌，成立了针对不同目标市场的子集团，根据市场的多样化需求改变了传统的单一经营策略，从传统的洲际品牌出发，通过兼并收购、特许经营等多种方式，先后延伸出皇冠、假日饭店、假日快捷客栈、Staybridge Suites、Hotels Indigo、Candlewood Suites 等不同档次的饭店品牌以适应市场的需要，为各个细分市场提供了适合的产品。

（三）全球品牌扩张

洲际作为世界顶级高档酒店品牌之一，已有 50 余年的历史，通过“明白所需，满足所想”市场推广活动来提升品牌价值，并推出“迅速快捷服务”“环球链接”“24 小时不间断服务”和“让我们与众不同的细节”等新的服务措施，使下榻洲际酒店及度假村的客人感到更便捷；皇冠假日酒店是专为旅客提供高水准的设施与服务的酒店品牌，主要分布于世界的主要城市及二线城市，以商务旅客为目标市场，尤其关注于提供会议及相关服务，通过“The Place to Meet”的宣传活动以及“Meeting Success，Connection Village，Room to Relax and Make it Happen”等“The Keys”服务项目来提升品牌价值；假日酒店是洲际集团旗下提供全方位服务的中档酒店品牌，其入住率全美最高，在中国、美国和英国是最大的中档酒店品牌，通过调研和定义每个关键当地市场，推行“Hallmarks”服务措施来提升品牌价值。

（四）品牌宣传推广

在品牌宣传推广上，洲际酒店集团十分注重运用多种营销媒介与宣传推广活动塑造洲际酒店品牌的国际知名度。除了传统的营销媒介外，洲际酒店集团十分注重开发以互联网为核心的高科技营销手段推广饭店品牌。洲际酒店集团从 1965 年开始建立自己独立的电脑预定系统 Holidex Ⅰ，到 70 年代又开发了第二代预定系统 Holidex Ⅱ，1973 年为完善这一通信系统，集团铺设了约 48 万公里电缆并使用卫星传导信息。现在假日集团拥有的 Holidex Ⅲ是世界上最大规模的民用电子计算机网络，它同时拥有美国最大的私

用卫星图像接收网络。

2004年洲际酒店集团率先开通简体中文预订网站，客户可以通过网络浏览洲际在全球的促销资讯和最新的房价及酒店和客房信息；在线预订客房或更改信息；确定在线支付或离线付款方式，如现金、汇票或支票等；洲际酒店集团中文网站与环球预订系统全面整合，这意味着客户的奖励计划可以在一百个国家、地区使用。

先进的电脑预订系统与信息传输技术给假日饭店集团带来的回报体现在：高效、快捷的预订业务方便顾客购买，赢得了全球范围内的忠诚顾客群体；集团内部成员信息、资源共享，不仅降低了信息成本，而且扩大了集团整体客户网络，提高了整体赢利；饭店集团因为拥有先进的电脑预订系统与庞大的客户关系网，能够在全球范围内吸引更多的饭店加入集团，集团规模的进一步膨胀又扩大其市场网络，增强了其财政实力用于科技改进，于是使集团走上了一条良性循环的“科技兴店”之路。

在品牌营业推广方面，洲际酒店集团重视丰富多彩的营业推广活动对提升饭店品牌知名度的重要作用。例如，从2005年9月开始，洲际酒店集团开始了新一轮的全球品牌推广活动，以“您是否在享受跨洲际生活”为宣传口号，向顾客展示洲际酒店为顾客带来难忘且独特的经历；开展了一系列的宣传推广活动，包括在悉尼拍摄Spirit挑战快艇(1992年澳大利亚参加美洲杯帆船赛的快艇)电视广告。同时设计出版包括在印尼巴厘岛的海滩及当地市场所拍照片的印刷宣传品。电视广告在CNN、国际新闻网络以及英国航空、美国联合航空、美利坚航空、阿联酋航空以及新加坡航空的航班节目中播出。平面媒体的广告将刊登于《华尔街日报》《纽约时报》《新闻周刊》《时代杂志》《福布斯》《金融时报》《经济学家》《泰晤士报》《商业周刊》以及各大航空出版物。这极大地扩大了洲际酒店集团的品牌知名度，取得了良好的市场效果。

二、创新酒店服务管理

为顾客着想，使旅游者外出期间过得愉快，是洲际酒店集团的出发点；一切为顾客着想，不断创新服务，并实施标准化的管理，是洲际酒店集团的一贯服务经营准则。洲际酒店集团建立伊始，就把注重细节作为酒店的一个基本原则，对顾客的需求体贴入微，如每间饭店至少有一名医生和一名牙医，24小时随叫随到；每间客房必须放一本《圣经》，服务员每天还要为房客把《圣经》翻一新页；在欧洲的一些饭店里，每个饭店都有一位牧师，倾听客人的诉说，为客人排除心理上的困惑……。另外洲际酒店集团非常重视标准化的管理，在标准化的基础上再提供自己具有创新特色的高附加值的酒店服务，以保证服务质量，严格按照统一标准提供服务。严格的检查制度、奖惩分明的制度并严格执行使洲际酒店集团的服务质量和管理始终都处于领先水平。长期始终如一的高质量酒店服务和创新使酒店集团的形象得以树立，品质得到保障，这些都是后期洲际成功进行全球化扩张和特许经营管理的坚实基础。

三、实施营销成本控制

洲际酒店集团拥有强大的规模经济优势，规模经济作用使得洲际酒店集团有能力集聚巨资在全球范围内进行深入细致的市场调查与研究制订完善的促销计划，开展强大的市场营销攻势，进行集团的统一促销，并长期保持饭店品牌在公众中的特色形象。洲际酒

店集团旗下有大量具有相同品牌、经营模式、客源构成的成员饭店，集团通过为这些饭店提供一系列的支持性服务，主要包括管理人员培训、计算机系统开发、经营咨询、统一集团化采购等，不仅使成员饭店的服务设施和管理质量保持较高的水准，同时又能使整个系统运营成本降到最低。

洲际酒店集团同时还强调成本的控制，充分利用集团的规模优势，采用总公司供应部集中采购的方式大大降低采购成本费用；对集团所属饭店的改造，总公司为其提供从家具、地毯、窗帘、床单、床罩到墙纸、装饰物、带框的风景画等所需的一切，从而使其成本比单体饭店的改造要低得多。

四、重视人力资源开发

洲际饭店集团高度重视人力资源的开发和管理，它不仅拥有一套科学、合理、有效、系统的管理模式和一支职业化、训练有素的、理论与实践经验丰富的专业管理人员队伍，而且积极与院校联合，设立自己的管理学院和培训系统，培养和保留大批优秀人才。除此以外，集团还充分利用自己的规模优势，统筹规划对集团内部员工的教育、培训、考核、晋升和奖励等各项措施，尽可能地提高人力资本的质量，最终使集团内人力资源的生产率得到提高。

总而言之，洲际酒店集团的成功可归结于：正确的战略定位——高出一筹的硬件设施、高品质服务和较低的入住价格（两高一低）；创新的经营方式——将特许经营方式引入饭店业，实现迅速扩张；优秀的人才组织能力——支撑特许经营的人才、管理和服务体系；充分地利用饭店网络产生的巨大力量——酒店相互预定、战略联盟、规模经济性等；持续的企业创新精神——停车场、游泳池、特许经营、预定网络等引导全球酒店业的发展。

思考

1. 总结洲际酒店集团成功的主要经验有哪些。
2. 洲际集团的成功给国内酒店集团发展带来怎样的启示？

制定旅游市场营销战略与优化营销组合

【学习方向标】

同学们，在本项目中，我们要通过理解旅游市场战略、旅游营销组合策略概念，来辨识两者之间的关系。首先研究如何在宏观上制定和实施旅游企业的营销战略，继而在微观上讨论营销组合理论发展的基础上，学习怎样优化旅游企业营销组合。

【学习目标】

★ 知识目标

1. 了解旅游市场营销战略的特点、意义、制定和控制，了解旅游市场定位的含义和过程；
2. 理解旅游产品-市场战略的内涵；
3. 掌握旅游市场竞争战略的相关理论知识。

★ 技能目标

1. 具有旅游市场营销组合战略的实际运用能力；
2. 学会运用产品-市场战略矩阵制定和控制旅游市场营销战略；
3. 能通过市场调研，剖析旅游企业的 4Ps 和 4Cs 营销组合存在的问题和改进途径。

★ 素质目标

1. 培养学生具备良好的职业道德与行为规范；
2. 培养学生具备实事求是的科学精神和决策判断力；
3. 培养学生具备与时俱进的营销意识和创造性思维。

拓展阅读　科技助推旅游产业发展模式变革

近年来，"科技＋旅游"得到了广泛关注，它不但改变了人们旅游决策和旅游习惯，还影响着旅游产品结构与业态，为旅游产业高质量发展带来新动能。

(1)寻找美食、景点、酒店、民宿，买菜、买特产，预订门票、看资讯，旅游惠民卡......在南京市民秦小姐的眼中，"莫愁旅游"无所不能。作为城市和旅游充分融合发展的服务平台，南京全域旅游总入口"莫愁旅游"深入挖掘南京的历史文化，整合南京经典且具代表性的吃、住、行、游、购、娱等旅游要素，打造"最权威、最便利、最实惠"的深耕目的地的旅游营销平台。

(2)布达拉宫的首次直播，1 小时内吸引了 92 万人次观看，相当于其一年游客接待量的 60%。

科技支撑是旅游业发展的客观规律。大数据、云计算、物联网、5G 等新一代信息技术的快速发展与旅游市场本身正在发生的变化，给旅游业转型升级提供了新契机、新模式和新思维，科技与文化正在成为旅游业发展的主动能，新的旅游消费需求正在积聚，而"科技＋旅游"的融合创新成为强大的推进器，为旅游业走向现代化指明了方向。新技术的深度嵌入，商业模式的不断完善，特别是互联网平台科技企业，使用科技和大数据力量，驱动文化旅游产业相互渗透，促进产业融合发展，对企业进行精细化管理，丰富游客游览体验、为游客提供精准服务，充分满足游客的个性化需求。

(资料来源：文旅云资讯网，2020-12-17.)

https://www.ccmapp.cn/news/detail?id=7ab53acf-120b-4399-a252-8d0ecb33231e

思考

1. 请同学们思考科技创新对国民经济高质量发展的重要意义。
2. 请同学们上网查找科技促进旅游产业高质量发展的成功案例。

任务 1　制定旅游市场营销战略

任务提出及实施

微课

产品组合之 BCG 法

1. 认识战略和策略的区别和联系；
2. 理解旅游市场营销战略的意义；
3. 掌握旅游市场营销战略的制定与控制过程。

请同学们在教师的讲解和引导下，学习应用知识储备，查阅相关资料，分组讨论完成上述任务。

任务关键词

旅游市场营销战略

案例导入 白鹿原民俗文化村为何倒闭?

2016年影视剧《白鹿原》火爆全国,同年位于西安市蓝田县的白鹿原民俗文化村拔地而起。该景区占地1 200亩,投资额3.5亿元,集民俗文化体验、乡村精品休闲度假、生态农业观光和农事活动体验于一体。2016年5月1日开业当日即接待游客12万人次,当年的每个周末也能保持在四五万客流量的水平,可谓红极一时。但好景不长,仅仅一年多后,景区游客量便出现下滑的状况,2020年3月份更是爆出景区即将倒闭并拆除的消息,令人唏嘘不已。

究其原因,在于其决策者在景区营销战略方面存在着重大的失误,他们错误地认为只要有"白鹿原"这个知名IP背书,景区经营便不成问题。具体来说,失败原因中最关键的是以下两点:

第一,特色不足,定位不符。随着电视剧《白鹿原》的热播,老百姓对"白鹿原"这个陕北民俗文化的大IP非常感兴趣,各路资本看到了潜在的商机,于是白鹿原影视城、白鹿原生态文化观光园、白鹿古镇等等近十个"白鹿原"主题的景区开始扎堆而生。在景区之间白热化同质竞争状况下,白鹿原民俗文化村逐渐暴露其营销手段跟不上、缺乏文化特色的弊病,即"白鹿原没有鹿""民俗村没有民俗",等等。尽管号称投资3.5亿,但白鹿原民俗文化村却是顶着"文化"之名做着毫无内容价值的"小吃买卖"。开业初期,景区内曾举办汉服古礼麻将大赛、灯光节、风车节、锣鼓大赛等活动,但可以看到的是,这些活动项目与景区形象定位并不相符。在当前注重消费品质的休闲旅游度假时代,国内旅游市场见证了新消费主义的演进,旅游体验千篇一律的旧时代已经一去不复返。顶着IP的概念却没有实际落地,景区的下场只能是败退于江湖。

第二,不接地气,市场错位。这里指的是其过度的商业化和高昂的物价。首先,因为投资过大,投资方急于回本,于是急功近利大肆招商并收取高额租金,导致景区遍地是商铺,完全就是一条仿古商业街,而不是所谓的"民俗村"。其次,商户们为了弥补成本,并获得盈利,只能定高价,而景区的游客(客源市场)大部分是普通的工薪阶层,他们对价格较为敏感,在有多个相似主题的旅游景区可选的情况下,自然不会愿意再次光顾这个冒牌的"民俗村",同时一传十、十传百,老顾客的差评也影响了新顾客,致使景区游客越来越少,在恶性循环的情况下,景区倒闭关张也就成了早晚的事。

资料来源:新浪网,2020-04-11.

案例分析

1. 什么是旅游市场营销战略?
2. 制定旅游市场营销战略有什么意义?

应用知识储备

一、旅游市场营销战略的概念

“战略”一词，源于军事学，指“战争的方略”或“用兵的谋略”，它是与“战术”一词相对而言的。随着时代的推进，战略一词逐渐外延于经济、政治、外交、科技、教育等领域，其含义也随之丰富和发展。然而就其本意上讲，战略是指从全局考虑实现全局目标的谋划，而战术是实现战略的手段。

旅游市场营销战略有宏观、微观两个层次。在宏观层次上，是指立足于国家、地区、区域的角度，在现代市场营销观念的指导下，为实现发展旅游业的目标，把旅游业的发展纳入国民经济和社会发展之中，寻求旅游业发展同国民经济和社会发展的内在契合的一种有关市场营销发展的总体设想和谋略；在微观层次上，旅游企业为了谋求长期的生存与发展，根据外部环境和内部条件的变化，对企业如何适应变化的旅游市场所做的具有长期性、全局性的计划与谋略。

二、旅游市场营销战略的特点和意义

1.旅游市场营销战略的特点

(1)全局性。旅游市场营销战略是研究旅游企业带有全局性、整体性的重大问题，决定旅游企业经营中较长时期内营销活动的指导思想和行动方向，它不是局部的、零星的战术安排。它要达到的目标可形象地描述为“赢得一场战争而不是打赢一场战役”。全局性特征，要求旅游企业的决策者打破狭隘的眼界，从全局性和整体性出发，体现旅游企业发展的整体和长远要求，重视旅游市场营销中出现的局部问题，从局部与全局、部分与整体之间的相互关系中，对营销系统加以全面把握，使各个局部在营销战略整体中得到协同发展。

(2)长远性。旅游市场营销战略立足当前、放眼未来，对旅游企业经营将起到长期的指导作用。制定它是为了谋求企业长期的生存与发展，着眼点在未来，而不是眼前利益。有时旅游企业对某一客源市场开展声势浩大的市场促销活动，短期一年或两年内可能收效不大，而以后会有明显的成效，因而这些活动是具有长远性战略意义的。

(3)纲领性。旅游市场营销战略是在市场调查和预测基础上，经专家科学分析论证和企业决策部门研究制定的，具有权威指导作用，企业各部门要以战略为纲领指导，在此基础上通过展开、分解和落实等过程，充分发挥其作用，使之转化为具体的行动计划。

(4)系统性。旅游企业经营是一个系统性的有机整体，以整合的观点从系统的角度去考虑，会产生类似于 $1+1\geqslant 2$ 的系统效果。正确的市场营销战略也并非完全等同于成功，根据美国麦肯锡咨询公司的看法，战略只是管理企业的七大要素(7S)之一(图 5-1)。

这就要求旅游企业经营应从系统的角度出发，综合运用 7S 架构下各种资源，发挥各层次、各子系统的作用，达成统一的战略目标。

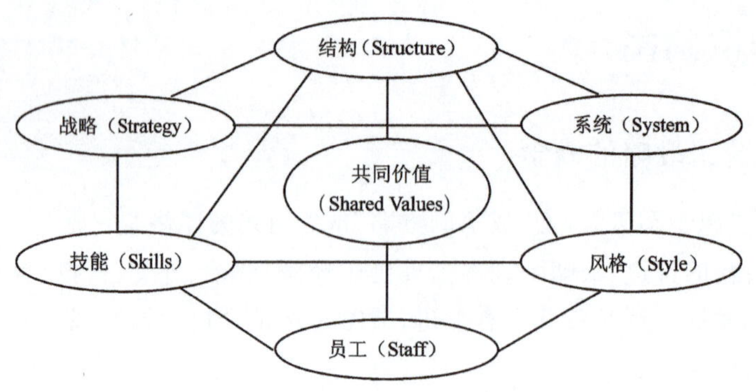

图 5-1　麦肯锡企业 7S 结构

(5)稳定性。市场营销策略是随着瞬息万变的市场而随时变化的，市场营销战略却不能轻易变动，但保持相对稳定不等于一成不变，因为旅游企业经营管理活动均受到外部环境和内部条件的共同作用和综合影响，有效的市场营销战略应对变化的环境做出正确的反应，特别是当市场营销环境发生较大变化时，企业应利用环境变化带来的市场机会，调整企业的经营战略。

(6)机遇性和风险性。旅游市场营销战略是对市场未来的预测性决策，如果抓住了市场的机会，将会给旅游企业带来新的发展机遇，但是旅游市场是在不断发展、不断变化的，常常会有意想不到的事情发生，这种变化的不确定性，可能会对旅游企业有负面的甚至灾难性后果，这就是旅游营销战略的风险性。

2. 旅游市场营销战略的意义

实施旅游市场营销战略有着重大意义。

(1)使旅游市场营销活动有统一规划。若没有统一规划，而是杂乱无章地开展零散的旅游市场营销活动，“东一榔头，西一棒槌”则无法达到总体营销效果。

(2)提高旅游企业经营的稳定性。旅游市场不断变化，旅游企业的具体营销活动也需相应不断变化。营销战略的制定就使营销策略在战略规划的约束下，通过灵活的战术、策略，实现全局的既定目标，减少盲目调整营销策略产生的混乱，使企业临变不惊、稳步前进。

(3)调动员工的积极性，增强旅游企业的营销实力。旅游市场营销战略是旅游企业的长远发展规划，体现了员工的意志，员工通过战略规划了解到企业发展的方向、领导的意图，就会创造性地主动贯彻上级要求，使企业组织产生极大的凝聚力和向心力，提高士气。

三、旅游市场营销战略的制定与控制过程

旅游市场营销战略的制定与控制过程如图 5-2 所示。

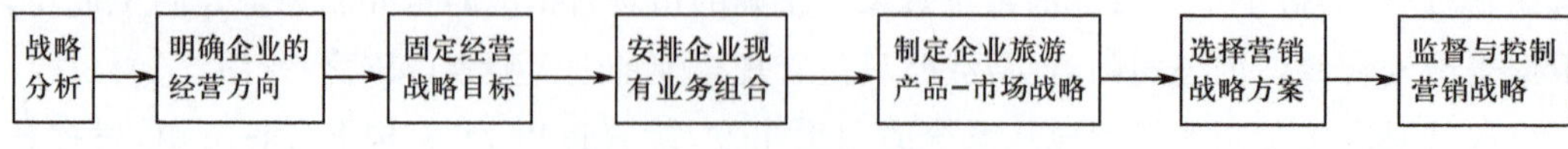

图 5-2　旅游市场营销战略的制定与控制过程

1. 战略分析

战略分析包括三方面内容：

(1)企业地位分析。在制定战略前首先对旅游企业的地位有正确的认识，一般根据旅游企业在某一特定的市场上所占的份额，将其地位划分为主导地位、挑战地位、追随地位和夹缝地位。

(2)企业环境分析。旅游企业市场营销环境各种因素的变化都会对旅游企业市场营销产生直接和间接的影响，旅游企业必须适应市场营销环境的要求，因此要作环境分析。旅游企业市场营销环境是一个多主体、多层次、发展变化的多维结构系统，在旅游企业面临的市场营销环境中，机会和挑战往往同时存在。

(3)企业能力分析。在对旅游企业的营销环境进行分析后，应对本企业的能力进行评价。旅游企业能力的分析包括：企业组织效能与管理现状分析、企业资源分析、企业产品市场营销能力分析、产品结构分析、产品价格分析、销售渠道及促销活动分析、营销能力分析等。

2. 明确企业的经营方向

明确旅游企业的经营方向，并向全体员工讲清楚，可以提高士气，调动全体员工的积极性。旅游企业的经营方向是一只无形的手，指引全体员工都朝着一个方向前进，使全体员工同心协力地工作。

(1)要考虑的因素。一是企业过去历史的突出特征，规定方向时就应尊重其过去的历史；二是企业高层的意图；三是企业周围环境的发展变化；四是企业的资源情况，这个因素决定企业可能经营什么业务；五是企业特有能力，企业在规定其经营方向时要扬长避短，这样才能干得出色，取得最好的经营效益。

(2)任务报告书。为了指引全体员工都朝着既定的方向前进，企业要制定一份正式的任务报告书，任务报告书应符合以下几个条件：第一，市场导向，要按照目标顾客的需要来规定和表述企业的任务；第二，切实可行，任务报告书要根据企业的资源的特长来规定和表述其业务范围，不要把业务范围规定得太狭窄或太宽泛，也不要说得太笼统；第三，富有鼓动性，在任务报告书中写入一些与未来光明前景和诱人回报相关的内容，能提高士气，鼓励全体员工为实现企业的任务而奋斗；第四，具体明确，在任务报告书中要规定明确的方向和指导路线，以缩小每个员工的自由处理权限和范围。

旅游企业的经营方向和任务由 5W 和 1H 组成，即 What(干什么)、Why(为什么)、Who(为谁服务)、When(何时满足其需求)、Where(何处满足其需求)、How(如何满足其需求)。

3. 确定经营战略目标

(1)制定营销战略目标。战略目标是指一个旅游目的地或旅游企业在未来某一时期内在其市场中所要占据的位置。通常是指未来的目标市场、产品范围、销售量、计划增长率、市场份额和利润额等方面的指标。

(2)旅游市场战略目标要求。旅游市场营销战略目标，是企业使命的具体化，对于不同的企业，其具体内容有很大不同，但从战略制定的角度出发，目标应符合以下要求：

①突出重点。企业必须确定一个重点的要求，使这成为目标，其他方面的要求服从这一目标的完成。

②可以测量。市场营销战略目标必须具体，可以有效测量并尽可能具体化、定量化，目标过于笼统或模糊，既无法判明战略执行情况，也会造成企业内部管理混乱。

③一致性。营销战略目标涉及旅游企业营销活动多方面的要求，必须互相协调一致，如果一方面的要求与另一方面的要求相互抵触，就无法完成目标。

④可行性。战略目标对企业管理人员和职工不仅应有一定的挑战性，而且要保证它的可行性，即企业及职工经过努力可以达到的目标。

4. 安排企业现有业务组合

在明确了企业的任务和目标基础上，要对现有各项战略业务单位进行分类，并做出哪些需要发展、扩大，哪些需要收缩、淘汰的安排，以便把有限的资源合理地分配给现状、前景并不相同的战略业务单位。每个业务单位，都是单独的或一组相关的业务，并可单独计划、考核其营销活动，它可以是一类产品或一种产品，也可以是一经营部门或单位。在制订旅游企业业务组合计划时，使用较多的方法是波士顿咨询集团法(BCG)。

波士顿咨询集团法(BCG)是用“市场增长率-相对市场占有率矩阵”(图 5-3)来分类和评估企业的战略业务单位。其内容是用纵坐标表示市场增长率，即产品销售额年增长率，以 10%为分界点，按得分高低分为两个部分，横坐标表示相对市场占有率，是与市场上最大竞争者的市场份额之比，以 1 为界，分高份额与低份额，0.1 表示相对市场份额为市场领先者的 10%，10 表示本企业的战略业务单位是市场领先者。

图 5-3 把所有战略业务分为：

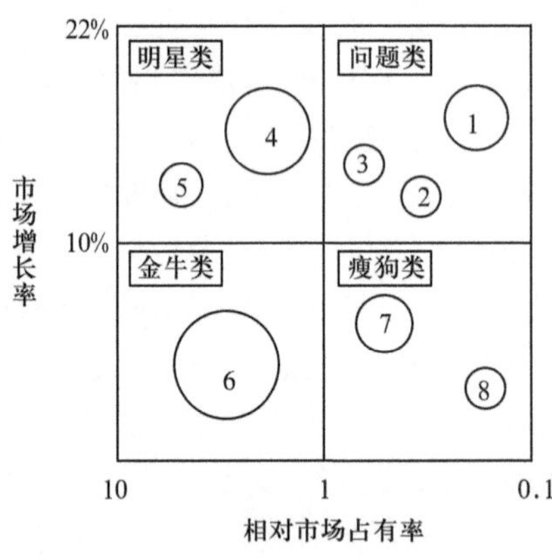

图 5-3　波士顿咨询集团市场增长率-相对市场占有率矩阵

(1)问题类业务。问题类业务指市场增长率高但相对市场占有率低的战略业务单位。大多数业务都是从问题类开始，此时市场上已有领军者。问题类业务需投入大量现金支持，以跟上市场成长的步伐。企业从事这类业务既要谨慎小心，还要考虑进入后若境况不好该如何摆脱出来。

(2)明星类业务。明星类业务指市场增长率高、相对市场占有率也高的战略业务单位。在问题类业务经营上取得成功后就会变成明星类业务，明星类业务单位是高速增长中的市场领导者，但它不能给企业带来大量现金。企业为支持其业务、维持市场成长率和抗击竞争者，还需大量的现金投入。明星类业务经常能带来可观的利益，进而成为今后的金牛类业务。

(3)金牛类业务。金牛类业务指市场增长率低、相对市场占有率高的战略业务单位。当市场年增长率低于 10%而本业务却继续保持较大市场份额时，明星类业务就会转为金牛类业务。之所以被称为金牛类业务是由于这类业务能给企业带来大量的现金收入。由于市场增长率低，企业不需要大量投资，又由于是市场领导者，具有规模效益优势，金牛类业务可带来大量现金流。

(4)瘦狗类业务。瘦狗类业务指市场增长率和相对市场占有率"双低"的战略业务单位。瘦狗类业务利润低,也可能亏损但损失一般不大。

旅游企业在上述分析的基础上,可确定四种不同的投资战略:一是拓展战略。旅游企业努力提高战略业务单位的相对市场占有率,必要时放弃部分短期利润。拓展战略对问题类业务较适合。二是维持战略。企业保持战略业务单位的相对市场占有率。这一战略适用于金牛类业务,目的是增加现金流量。三是收割战略。旅游企业的目的在于增加战略业务单位短期现金收入,这一战略适用于前景不妙的金牛类业务,以及没有发展前途的问题类和瘦狗类业务。四是放弃战略。旅游企业企图变卖或清理业务,以便把企业资源转向投入有利可图的领域。这一战略适用于无利可图的瘦狗类、问题类业务,当这类业务拖累企业时,应考虑战略性撤退和转移。具体见表 5-1。

表 5-1　针对不同类型的业务单位的处理

类别	特征	资金情况	处理情况
问题类	成长率高、市场份额低,所在市场已有市场领先者	占用大	不能太多,发展或放弃
明星类	问题类经营成功上升而成	占用大,但可能上升为金牛类而带来盈利	必须有至少两个
金牛类	成长率下降到 10%、市场份额大	占用少,盈利能力强	一个太少,维持(强大)、收获(处境不佳、前景暗淡)
瘦狗类	成长率低、市场份额少	利润低、需要资金支持	两个太多,放弃

5. 制定企业旅游产品-市场战略

公司不仅要评估当前的业务组合,更要进一步确定今后的业务和产品。考虑不同增长战略的常用工具有产品-市场扩展方格,具体见表 5-2。

表 5-2　产品-市场扩展方格

市场	已有产品	新产品
已有市场	市场渗透	产品开发
市场开发	市场开发	多元化

产品-市场扩展方格是一种用来确定增长机会的计划投资组合的工具,最先是由美国加利福尼亚州美国国际大学的战略管理教授安素夫提出来的。

①市场渗透(Market Penetration)。是指以现有的产品面对现有的顾客,以其目前的产品市场组合为发展焦点,力求增加产品的市场占有率。采取市场渗透的策略,借由促销或是提升服务品质等方式来说服消费者选用本企业的产品,或是说服消费者改变使用习惯、增加购买量等。

②市场开发(Market Development)。提供现有产品开拓新市场,企业必须在不同的

市场上找到具有相同产品需求的消费者，其中往往产品定位和销售方法会有所调整，但产品本身的核心技术不必改变。

③产品开发(Product Development)。推出新产品给现有消费者，采取产品延伸的策略，利用现有的消费者关系来借力使力。通常是以扩大现有产品的深度和广度，推出新一代或是相关的产品给现有的消费者，提高该企业产品在消费者荷包中的占有率。

④多元化(Diversification)。提供新产品给新市场，此处由于企业的既有专业知识能力可能派不上用场，因此是最冒险的多角化策略。其中成功的企业多半能在销售能力、分销渠道或产品技术等核心知识上具备某种特长，否则多元化的失败概率很高。

公司采取产品-市场扩展战略顺序：首先，公司应考虑现有市场上的现有产品能否得到更多的市场份额(市场渗透战略)；其次，公司应考虑现有市场上能否为其现有产品开发一些新市场(市场开发战略)；再次，公司应考虑能否为其现有市场发展若干有潜在利益的新产品(产品开发战略)；最后，公司还应考虑为新市场开发新产品的营销机会(多元化战略)。

6. 选择营销战略方案

选择营销战略方案的目的在于确定各个备选战略方案的有效性，比较各方案优缺点、风险及效果，以便从中选择。企业营销战略方案的选择应遵循以下原则：

(1)要考虑现行营销战略的继承性。

(2)要考虑企业对外部环境的依赖程度。

(3)要考虑企业领导人的价值观及对待风险的态度。

(4)要考虑时间因素。

(5)要考虑竞争对手的市场地位。

7. 监督与控制营销战略

营销战略的监督与控制主要包括营销审计、年度计划控制和盈利控制。营销审计是对旅游企业的营销环境、目标、战略和营销活动诸方面进行的独立的、系统的、综合的定期审查，以发现营销机会，找出问题所在，提出改善营销战略的行动计划和建议，以供旅游企业决策者参考。

年度计划控制主要是检查在营销战略指导下的营销活动是否达到年度营销计划的要求，并在必要时采取调整和纠正措施。盈利控制主要是确定旅游企业各产品、地区、顾客群、分销渠道等方面的获利能力，通过对财务报表和数据的一系列处理，把所获利润分摊到产品、地区、渠道、顾客等方面，从而衡量出每一因素对企业最终获利的贡献大小、获利能力如何。盈利能力分析的最终目的是找出妨碍获利的因素，以便采取相应措施排除或削弱这些不利因素的影响。

微课

产品组合之 GE 法

学习效果检测

1. 举例说明旅游市场营销战略的重要意义。

2. 调研分析本地旅游企业市场营销战略的不足之处。

任务2　优化旅游市场营销组合

任务提出及实施

1. 了解旅游市场营销组合的作用；
2. 掌握旅游市场营销组合的方式；
3. 通过网络资源查找新的营销组合理念，并撰写分析运用该理念而成功的企业案例。

请同学们在教师的讲解和引导下，学习应用知识储备，查阅相关资料，分组讨论完成上述任务。

任务关键词

旅游市场营销组合

案例导入　Z世代来临，抓住年轻消费群体的酒店营销创新该怎么做？

2021年3月21日，世界睡眠日当天，东呈国际旗下城市便捷酒店与气味博物馆联合跨界打造的以"睡好一点"+"香氛"为营销核心的"睡得香"活动，创造了属于城市便捷的"睡眠日"。经由线上线下多渠道联动，城市便捷酒店的主题客房与长沙超级文和友气味博物馆门店的线下活动吸引着一批又一批的年轻消费者前往体验。

如今的酒店早已不再是日常意义上的歇脚地，而是汇聚个人爱好、日常生活、社交氛围感的一个综合载体。当下，酒店不仅要被消费者看到，还要给予消费者超出预期的价值。当创意、年轻、气味、睡眠等这些与酒店相关的词碰撞在一起，其背后隐藏着年轻消费者哪些需求点，酒店又该如何捕捉并运用这些新风向？

一、以气味为切口，顺应年轻消费者的需求

在当今日益内卷化的互联网时代，年轻人"睡眠不足，睡眠质量差"成为一种常态。据中国医师协会睡眠医学专业委员会2018年发布的相关数据，"90后"平均睡眠时间为7.5小时，低于健康睡眠时间，六成以上觉得睡眠时间不足。以"世界睡眠日"为契机，抓住年轻人需求"风向"，是此次城市便捷与气味博物馆联合开展营销活动的动机所在。

酒店产品作为体验类产品，跨界营销也意味着品牌协同作战，要实现1+1>2的效果，首先要明晰消费者有哪些可以被调动的营销情绪。酒店不可或缺的是对消费者"五感六觉"体验的思虑。当中产阶级的消费水平不断上升，消费者对酒店的要求"再多一点"，也期待酒店的回应"更精准一点"，城市便捷酒店此次就以日益火热的"嗅觉经济"作为一个破圈点，满足消费者需求。这个破圈点，也与酒店本身有着关联性，是在"睡眠"上做加法。切入点为香氛助眠，从睡眠质量提升消费者的住宿价值，当然具备张力的房间设计亦是酒店触达年轻人的"标配"。

跨界营销除了明晰消费者营销需求点，还需要明确哪些消费者才是自己的目标人

群。城市便捷作为一个全民性的酒店品牌，不断拓展自己在更年轻、更下沉市场中的战略位置，此次城市便捷“睡得香”项目瞄准的正是经济价值和审美品位逐渐崛起的小镇青年。据《小镇青年消费研究报告》，预计到2030年，三、四线城市居民消费将达45万亿元人民币；并且小镇青年的消费审美逐渐向一、二线城市靠拢，“后浪”经济已成为越来越多品牌争抢的蓝海。

在这样的背景下，气味博物馆正巧符合了青年人追求新奇体验的特点。与气味博物馆跨界联名打开年轻人群市场，这与城市便捷的战略方向不谋而合。两大品牌因此联手，以“嗅觉”为抓手，以美好记忆的香味为触点，针对全民睡不好痛点，成功打造了一个“睡得香”的香氛爆款。借由“睡得香”香氛爆款的出圈，城市便捷“睡好一点”的品牌理念也达到了更外围、更年轻的圈层，以“气味”为触发点的营销也符合城市便捷“高端经济型”的品牌定位。

二、“后浪”追求社交价值，线上线下打造网红传播

要想在眼光挑剔的“后浪”里破局，就必须研究他们的价值追求。这批“后浪”不仅注重价格和功能，也注重背后带来的一种社交价值感以及产品是否符合自身的审美。为了满足Z世代的年轻群体对产品体验和颜值上的高要求，双方在酒店呈现的消费者产品体验和视觉设计上下足了功夫。

当大都市的生活节奏越来越快，城市便捷酒店推出的香型命名以及香型背后的故事，踩在了消费者追求“怀旧、温暖”的情感以及寻找慢生活的消费情绪上，用“外婆的蒲扇”“爷爷的笔墨香”“妈妈的晚安吻”“少年的白衬衫”“同桌的你”这充满回忆色彩的命名击中消费者心房。大色块简洁的包装设计、小清新的香氛成品、具象化的情景陈列将香氛体验展变成了一个个具有吸引力的网红打卡点。值得一提的是，其中的小亮点“同桌的你”属于春日限定款，切合年轻人追求稀缺性的思维，营造符合年轻人喜好的酒店品牌形象。

除了与年轻消费者产生共情，要抓住互联网原生住民的年轻群体的心智，新颖、有趣的玩法就成了必然。东呈设立了“集齐5款香氛换取免费酒店入住”的活动，且为增强交互性，提升社交裂变，引入了抽取、交换等高互动性的玩法。效果与反响亦是极佳，集卡小游戏，抽卡兑卡交换总次数超42万，兑换香氛次数过万。

当代年轻人渴求经由大量的交互形成社交氛围感，而营造出这样的氛围感，形成“网红”效应，亦是酒店制造出具备时代属性的产品的关键之一。集卡游戏是对现有的私域流量进行激活，“网红”效应更需借由社媒渠道进行裂变。城市便捷邀请了许多小红书和微博的KOL，以图文、短视频的形式进行打卡、种草。活动话题#睡得香的味道#在微博上引发了大量讨论，阅读量更是过千万，产出众多优质原创内容。这些高密度的传播不仅在短期内形成了“网红”效应，留存下来的内容亦可进行持续性的品牌传播。

由于酒店的特殊性，线下获客这个渠道从来都不容被忽视。酒店的本质是“人”，决定消费者决策的关键是线下的实际体验，只依赖线上运营的模式不足以完全激活消费者对酒店的消费欲望。在3月21日当天，东呈在长沙超级文和友气味博物馆门店率先开启线下体验活动，3月23日，城市便捷酒店·长沙高铁南站西广场店再次开启香氛

陈列试香体验，布置香氛主题房让消费者及各大平台的KOL进行现场体验，同时长沙和广州其他城市部分门店也推出限量主题房，在大堂设置免费试香区。

酒店只有突破自身渠道限制，才能为消费者提供基于场景的整体性搭配、多元化选择以及更加顺滑便捷的酒店体验。酒店行业本质上是线下的一种体验，通过丰富的营销玩法来汇聚流量，传递流量，将消费者导流到线下，提升酒店与消费者之间的联系与认知度，且酒店确切承接到线上消费者，这不失为一条清晰的酒店营销路径。

在定价方面，城市便捷充分考虑年轻群体的消费能力，根据酒店所在城市、区域的市场供求关系和市场竞争状况进行合理定价。同时，为破解酒店运营的"流量焦虑"，东呈国际集团打造营销中央化流量赋能体系，通过官渠运营、会员营销、OTA运营、大客户输客等多渠道，将自有中央流量逾4 200万付费会员、500万高频复购微信会员、1 500家合作企业大客户，源源不断输送至旗下门店，高达60%的中央输客率稳定持续为集团旗下各门店贡献订单。

资料来源：东呈国际集团官网

思考

1. 什么是旅游市场营销组合?
2. 分析总结城市便捷酒店的营销组合策略。

应用知识储备

一、旅游市场营销组合概念

(一)旅游市场营销组合的定义

旅游企业为增强竞争力，在选定的旅游目标市场上，综合运用旅游企业可以控制的各种因素(产品、价格、渠道、促销)并进行优化组合，使之协调配合、扬长避短、发挥优势，以满足旅游目标市场的需求，实现旅游企业的经营目标。

(二)旅游市场营销组合的特点

1. 可控性

旅游市场营销组合因素是旅游企业可以控制的因素，旅游企业具有充分的决策权。旅游企业可以根据所选定的旅游目标市场的需要制定相应的旅游市场营销组合策略，即企业可以根据市场需求来选择、确定、设计、生产旅游产品，制定具有竞争力的价格，选择最恰当的销售渠道和促销方案。但是，这种可控性并不是绝对的，因为旅游企业还会受到外部不可控制因素的影响，所以旅游企业制定市场组合策略时，既要有效地利用可控制因素，又要灵活地适应外部不可控制因素的变化。

2. 动态性

旅游营销组合的各种营销因素是不断发展变化的，同时各因素之间又相互作用、相互

影响，因此旅游市场营销组合是一个动态组合，只要其中的一个因素发生变化，就会出现一个新的组合，产生不同的效果。因此，旅游企业应根据可控制因素和外部不可控制因素的变化，来调整旅游市场营销组合策略，使其保持竞争力。

3. 整体性

旅游市场营销组合是由各种营销因素组合而成的，旅游市场营销组合的作用，不是其中每一个组成因素所产生的作用简单相加的结果，而是各个因素的相互配合和相互协调作用产生整体效能的结果。因此，旅游企业为了充分发挥旅游市场营销组合的整体作用，必须对各种营销因素进行有效的综合运用。

4. 多层次性

企业的市场营销组合既包括企业可控因素，即产品、价格、渠道、促销的总体组合，又包括每个可控因素内部的次组合。如旅游促销是旅游市场营销组合的一个可控制因素，但旅游促销因素本身又可形成旅游促销组合，它包含旅游广告、旅游人员推销、旅游营业推广、旅游公共关系、网络沟通等次组合，如图 5-5 所示。这种适应市场环境和消费需求的次组合，是企业最佳整体营销组合的基础。

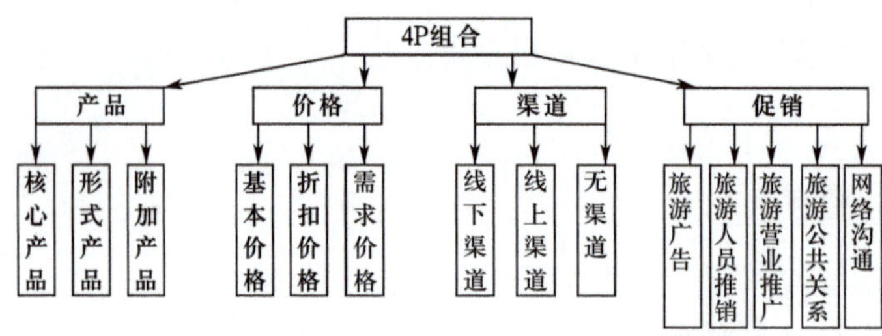

图 5-5　多层次的 4P 组合

（三）旅游市场营销组合的作用

1. 是旅游企业制定营销战略的基础

营销战略主要是由旅游企业的营销目标和旅游市场营销组合的各种营销因素协调组成的。旅游市场营销组合作为营销战略的基础，就是将各种营销因素综合运用，形成最佳的旅游市场营销组合策略，以保证旅游企业营销战略目标的实现。

2. 是协调旅游企业内部各部门工作的纽带

在旅游市场上，旅游者对旅游产品的需求是整体需求，旅游企业需向旅游者提供足够的信息，帮助旅游者在适当的时间、适当的地点，以适当的价格购买到旅游者期望的旅游产品，这就需要旅游企业的各个部门通力合作，进行整体营销，而联结各部门的纽带，就是旅游市场营销组合。所以实施旅游市场营销组合策略，不只是营销部门的职责，也是旅游企业的生产、财务、人事等各部门共同的职责。

3. 是旅游企业赢得市场竞争的有力手段

旅游企业在制定旅游市场营销组合策略时，必须认真分析自己的优势和劣势，以便扬

长避短，使自己在竞争中处于优势地位。随着旅游企业之间的竞争日趋激烈，旅游市场营销组合中非价格因素的竞争也日益显得重要，如产品因素、服务因素、促销因素等。因此，旅游企业在制定市场营销组合时，需要认真研究旅游市场的竞争状况，才能确切地找出应付竞争的有力手段。

二、旅游市场营销组合理论

（一）4P 营销组合理论

美国营销学家麦卡锡认为旅游企业的市场营销根本问题在于解决好四个基本要素：

（1）产品（Product）。它是旅游企业营销战略中的首要因素，产品策略是与旅游产品选择、开发、生产等有关的策略，合适的旅游产品是满足旅游消费者需求的关键所在。因此，旅游市场营销组合中产品是最重要的因素。

（2）价格（Price）。旅游产品价格影响着旅游消费者的购买行为，影响着旅游企业及产品的市场形象，并制约着旅游市场营销组合中其他因素的安排和旅游企业的生存与发展。因此，掌握旅游产品价格的形成过程与产品定价的方法，灵活运用各种定价策略，是旅游企业营销人员的关键任务。

（3）渠道（Place）。旅游市场营销渠道是旅游产品从生产者到旅游消费者所经过的通路。渠道策略包括渠道设计、中间商选择、渠道控制与管理等活动，它是旅游企业整体营销系统的重要组成部分。

（4）促销（Promotion）。促销是促进旅游产品销售的谋略和方法，它帮助旅游企业与旅游消费者进行沟通，通过广告、人员推销、营业推广和公共关系等活动的开展，以刺激旅游消费者的购买欲望，或启迪、诱导、激发旅游消费者的购买兴趣，或强化旅游企业、品牌、产品的良好形象以促进旅游消费者购买行为。

（二）4C 营销组合理论

20 世纪 80 年代，美国的罗伯特·劳特伯恩（Robert Lauterborn）在 4P 营销组合理论的基础上提出了 4C 营销组合理论，它可以看作是 4P 的一种更侧重于消费者角度的变化形式。以消费者为核心的 4C 理论包括：需求（Customer），成本（Cost）、便利性（Convenience）、沟通（Communication）四个要素。

（1）瞄准消费者需求。企业首先要了解、研究、分析消费者的需要与欲求，而不是先考虑企业能生产什么产品。

（2）考虑消费者所愿意支付的成本。了解消费者为了满足需要与欲求愿意付出多少钱（成本），而不是先给产品定价。

（3）为消费者提供便利。应考虑到如何方便消费者购买和使用产品。

（4）积极与消费者沟通。以消费者为中心实施营销沟通是十分重要的，通过互动、沟通等方式，将企业内外营销不断进行整合，把消费者和企业双方的利益无形地整合在一起。

4C 理论的重点是由生产者转向消费者，强调依据消费者的需求、欲望和支付能力来组织生产和销售，并强调一切为了消费者、方便消费者，同时加强与消费者的沟通，以便随

时改进。4C 理论是 4P 理论的转化和发展，其被动适应消费者需求的色彩较浓，企业需要从更高层次以更有效的方式在企业与消费者之间建立起有别于传统的新型的主动性关系。

但在市场竞争日益激烈的今天，企业不仅要看到消费者的需求，还要更多地注意到竞争对手、潜在的竞争对手、供应商等多种因素，冷静分析自身优劣并采取相应的策略，在竞争中求发展。

（三）**4R** 营销组合理论

针对 4C 理论存在的上述问题，近来，美国舒尔茨（Don E. Schultz）提出了 4R 营销组合理论。以竞争者为核心的 4R 理论包括与消费者建立关联（Relevancy）、提高市场反应速度（Reaction）、关系营销（Relation）和讲求回报（Return）四个要素。这次变革充分注意了关系营销，同时注意了服务方对市场需求的应变能力，力争以最少的投入取得最大的产出。可以说 4R 是新世纪营销理论的创新与发展，必将对营销实践产生积极而重要的影响。

（1）与消费者建立关联。通过某些有效的方式在业务、需求等方面与消费者建立关联，形成一种互助、互求、互需的关系，把消费者与企业联系在一起，这样就大大减少了消费者流失的可能性。

（2）提高市场反应速度。在今天的相互影响的市场中，对经营者来说最现实的问题不在于如何控制、制订和实施计划，而在于如何站在消费者的角度及时地倾听消费者的希望、渴望和需求，并及时答复和迅速做出反应，满足消费者的需求。当代先进企业已从过去的推测性商业模式，转移成高度反应需求的商业模式。面对迅速变化的市场，要满足消费者的需求，建立关联关系，企业必须把网络作为快速反应的重要手段和工具。

（3）关系营销。把企业与消费者之间由原来的交换关系变成了现在的依赖关系，把与竞争对手间的关系变成了现在的协同合作的关系。企业发展关系营销要掌握的原则是：必须优先与创造企业 75%～80%利润的 20%～30%的那部分重要的消费者建立牢固关系。若把大部分的营销费用花在那只创造公司 20%利润的 80%的消费者身上，不但效率低，而且是一种浪费。

（4）讲求回报。对企业来说，市场营销的真正价值在于其为企业带来短期或长期的收入和营利的能力。一方面，追求回报是营销发展的动力；另一方面，回报是维持市场关系的必要条件。企业要满足消费者需求，为消费者提供价值，但不能做消费者的“仆人”。因此，营销目标必须注重产出，注重企业在营销活动中的回报。一切营销活动都必须以为消费者及股东创造价值为目的。

4R 理论与 4C 理论的共同之处在于，它们都强调消费者在企业营销活动中的地位和作用。但 4R 理论同任何理论一样，也有其不足和缺陷。如与消费者建立关联、关系，要有一定的实力基础或某些特殊条件，并不是任何企业都可以轻易做到的。在科学技术高速发展的今天，企业要想立于不败之地，必须有自己的特色和新型的服务理念，基于此，有些营销学者又提出了新的营销组合理论。

（四）**4V** 营销组合理论

4V 营销组合理论（4V 理论）是随着以 IT 技术为代表的高科技产业迅速崛起而被提

出的，2001年我国中南大学教授吴金明将台湾学者罗文坤在1994年提出的4V理论加以发展提出。以培育企业核心竞争力为目的4V理论包括差异化（Variation）、功能化（Versatility）、附加价值化（Value）和共鸣（Vibration）四个要素。

（1）差异化。所谓差异化营销，就是企业凭借自身的技术优势和管理优势，生产出性能、质量优于市场上现有水平的产品，或是在销售方面，通过有特色的宣传活动、灵活的推销手段、周到的售后服务，在消费者心目中树立起不同一般的良好形象。

（2）功能化。功能化是指根据消费者消费要求的不同，提供不同功能的系列化产品，增加一些功能就变成豪华奢侈品或高档消费品，减掉一些功能就变成中、低档消费品。消费者根据自己的习惯与承受能力选择其具有相应功能的产品。

（3）附加价值化。附加价值化是从产品的价值构成来分析的，是指产品在生产销售过程中的物化劳动和活劳动的消耗在产品价值构成中的比重逐步下降，而高技术附加价值、品牌（名品、名人、名企）或企业文化附加价值与营销附加价值的比重却逐步上升。目前，在世界顶尖企业之间的产品竞争已不仅仅局限于核心产品与形式产品，竞争优势已明显地保持在产品的第三个层次——附加产品，即更强调产品的高附加价值。因而，当代营销新理念的重心在“附加价值化”。

（4）共鸣。共鸣是指企业持续占领市场并保持竞争力的价值创新给消费者带来的“价值最大化”，以及由此带来的企业的“利润极大化”。它强调的是将企业的创新能力与消费者所珍视的价值联系起来，通过为消费者提供价值创新使其获得最大限度的满足。只有实现企业经营活动中各个构成要素的价值创新，才能最终实现消费者的“效用价值最大化”，而当消费者能稳定地得到这种“价值最大化”的满足之后，将不可避免地成为该企业的终身顾客，从而使企业与消费者之间产生共鸣。

微课

有舍才有得，专业、专注、与众不同才会更有魅力

学习效果检测

1. 简要分析国内某家知名旅游企业的营销组合策略。
2. 探究4P、4V、4R营销组合理论的区别与联系。

项目小结

1. 旅游市场营销战略是指在调查研究和市场预测的基础上，根据市场环境并结合自身能力，对旅游企业营销发展方向和长远目标所做的全局性的定性安排。旅游市场战略的制定与控制过程包括企业战略分析、明确企业总任务、确定总目标、安排业务组合、决定资源在各业务单位的分配和制订各业务单位的营销计划。

2. 旅游企业制定旅游市场营销战略是为了实现自己的营销目标，适应不断变化的市场环境，并充分利用环境变化所带来的新市场机会，以保证企业的有效经营。从不同的角度考虑，可有众多的战略决策，最主要的有三种战略，即旅游产品-市场发展战略、市场竞争战略和旅游企业形象战略。

3.营销组合就是企业的综合营销方案，即企业对其可控制的各种营销因素的优化组合和综合运用，使之协调配合、扬长避短、发挥优势，以便更好地实现营销目标。企业可控制的营销因素是很多的，市场学有几种分类方法，其中麦卡锡分类法是最常用的一种分类方法，它把各种营销因素归纳为四大类：产品、价格、地点和促销，简称“4P”。所谓营销组合，也就是这4个“P”的适当组合与搭配，它体现着现代市场营销观念指导下的整体营销思想。

实训项目

营销组合策略方案

针对当地一家景区目前的经营状况，设计一个适合目标旅游市场需求的市场营销组合策略。

拓展案例

营销战略决策的成功案例——开元森泊

森泊是开元旅业集团经过审慎的市场分析和战略研判，针对近年来日益火爆的国内亲子休闲游和短期度假游市场需求，创新研发的全新“酒店＋乐园”一站式休闲度假综合体品牌，项目以“大自然”为卖点，主打“精品度假”和“奇趣游乐”。

2019年1月，森泊旗下第一个精品项目——杭州开元森泊度假乐园正式开门迎客，优秀的产品体验和精准的营销推广使它很快便成了“网红”，频频刷爆社交网络。经过笔者粗略统计，开业至今，抖音、微博、小红书等平台上关于“森泊打卡”的精华内容，平均每月就新增1 000篇。

当“网红”的同时，成绩单也是有目共睹的。在2019年双十一购物节中，开元森泊“网红度假屋套餐”1分钟内就成交了400套，第一天售卖套餐破5 000套，霸屏了亲子酒店排行、江浙沪度假村排行等所有双十一榜单，预售第2天就赶超了2018年双十一的销售总额，总成交量达到4 426万元人民币。这其中很多人购买的都是暂未开放的莫干山森泊二期、三期度假屋套餐，基于对开元森泊产品的认识与信任，他们愿意提前大半年预订2020年的“森泊超级假日”。

对比线上预售的“风风火火”，森泊乐园的线下收益也同样可观。以杭州开元森泊度假乐园为例，2019年1月运营至今，各项经营指标稳步提升，周末、节假日基本是一房难求，特色树屋、星空房等特色房型更是全年零空档，水乐园、儿童乐园等游乐单元也取得了良好的市场反馈。开业首年，杭州森泊整体收益大超预期，我们有理由相信接下来会有更好的市场表现。

要成为一个“网红”，不可否认需要一定的运气，但肯定不仅仅是运气。我们一起探索开元森泊一炮走红背后的规律。

一、森泊的成功秘诀

2016年，开元旅业集团推出了以开元芳草地为代表的自然生态乡村度假酒店，率先尝试特色小木屋、草屋、帐篷等创意度假住宿产品，配以相关的游乐配套设施，一经推出即受到了一、二线城市周边中产家庭及团队游客的极大青睐。芳草地的成功，让开元看到了国内休闲旅游市场的潜力，尤其是亲子游、周边游等细分市场的潜力，也为接下来打造“开元森泊度假乐园”项目积累了一定的经验。

森泊，顾名思义就是森林和湖泊，这个名字就是项目的核心，也就是很多人都在谈的“IP”。在开发生态乡村系列酒店的过程中，开元敏锐地认识到，“亲近自然”已逐步变成一种难得的度假体验，市场上虽有这类产品，但往往受困于交通可进入性差，基础设施落后等劣势。开元由此切入，在城市周边精心选取森林与湖泊的交汇点开发项目，不仅要在大自然中造一个酒店，更是将住宿、游玩、美食、休闲等版块都沉浸在自然中，把大自然变成一个最佳游乐场。

怎样将“亲近自然”的理念落地到产品，将这个“IP”做到极致？这就需要从选址、规划、建设、运营等各个环节着手，精心打磨。

(一)选址

一方面，森泊将其主要客群定位在核心城市及周边的都市人群，因此离城市不远(1～4小时车程内)、交通可进入性强是森泊选址的重要因素。另一方面，除了考虑目标区位的消费能力外，森泊最看重的还是地块的生态情况，必须是风光秀丽、有山有水的区域，森泊乐园90%的园区必须沉浸于大自然中，同时，森泊乐园对其园区负氧离子浓度、$PM_{2.5}$指数也都有着严格的区间要求。例如，已经落地的两个森泊项目所在区域，湘湖旅游度假区、莫干山下渚湖湿地景区，都是国家AAAA级生态度假区，本身就是稀缺而珍贵的旅游资源。

(二)规划

森泊乐园基础产品模型，总体分为“精品度假”与“奇趣游乐”两大核心板块，包括亲近自然度假屋、室内外水乐园、儿童乐园、美食、户外拓展等单元，能够一站式满足游客“住宿、美食、游乐、教育”等度假需求。

(三)建设

本着环保生态的开发理念，森泊项目在建设过程中更加“小心翼翼”。动工之初，森泊就对树木砍伐的数量进行了严格的规定，如果砍伐了树木，必须要马上进行移栽，因此，“宁可少建一栋度假屋，也要绕开一棵珍稀树木”是常有的事情；在施工过程中，所有客房的现场放样总经理都到场参与，房屋朝向、景观设计等每个细节都需要严格把关；为保护原生植被及天然水系，开挖基础、挑混凝土、扛钢架等环节全由人力完成，建筑物主体也大多采用了架空设计，虽然成本和施工时长都会增加很多，但十分值得；在度假屋的建造和室内材料上，森泊尽可能采用木材、藤艺等自然材料，有些景观、游步道则是就地取材，用原有的树木、石块打造；为了保护生物多样性，园区对项目的“原住民”也极其细心，鸟类很多的山林里，为其筑造了“鸟窝”；在一个山谷里施工人员发现有野猴经常出没，为了不打扰它们，直接删减了该部分的户外设施规划。

值得一提的是，在森泊的度假屋区域，是没有背景音乐的，虫鸣鸟叫就是和谐的背景音乐。在杭州森泊，原始地块的茶园、杨梅树都被完整地保留了下来，顾客从阳台伸出手就能摘到杨梅，工作人员常常遇到顾客询问：森泊开业几年了？树都长这么大了。茂盛的植被环境着实令他们感到意外，也感到惊喜。

（四）运营

1. 绿色环保的运营理念

森泊将绿色环保作为园区运营的核心理念。对内，森泊极其重视能耗管理，比如恒温水乐园的设计就是可开合的自然穹顶，夏秋季节可以直接采用太阳能，冬季的供暖使用的是节能环保的超低氮锅炉，节水节电、无纸化办公等节能措施也是实行已久。对外，森泊独家开展了以“环保可持续”为主题的系列活动，例如：与知名教育机构共同研发的自然课程，可以带领小朋友零距离亲近自然，认识动植物；以“完成环保任务、保护春光”为主题的公益活动，游客完成环保任务就可以赢取相应的礼品；还有以“保护生物多样性”为主题的森泊互动小剧场，游客可以亲身参与到垃圾分类、植物种植等趣味活动中，在潜移默化中成为环境保护的一分子。

2. 极致周到的匠心服务

在服务方面，森泊反复琢磨亲子细节，将“细心”做到极致。比如，专为二孩家庭规划的亲子房，其实在森泊设计之初是没有这个房型的，但是随着二孩政策的放开，两大两小的出行单元越来越多，将一部分房间全部改为亲子房，这样一个房间就能满足一家 4 口的住宿需求。事实上，亲子房并不是加一个上下铺这么简单，两张床的尺寸、上下铺扶梯的角度、房间台盆的高度、玩具的摆放，都需要经过反复的测量和推敲。不仅仅是亲子房，客房里的每一件物品都经过了多轮讨论、打样、调整，甚至在户外阳台区域的细节，也细心琢磨。比如，遮阳伞是自由收放的，春天或秋天时消费者可以将伞收起沐浴阳光，雨天和光照太强烈可以撑开，户外阳台的垫子都设置了配套的柜子，确保消费者随时使用都是干净的。

3. “寓教于乐”的亲子休闲体验

在森泊，奇趣的水乐园和儿童乐园都是孩子们的玩耍天地，与此同时，森泊还独创了以自然探索为核心的“森泊学院”，内容涵盖植物标本 DIY、野外求生、考古探秘等近百项课程。这其中最受好评的是寓教于乐的“幻想人生”系列活动，它脱胎于欧式教育，小朋友可以跟随专业的课程教师装扮成消防员或寻宝人员，在沉浸式的妙趣探索中锻炼智慧和勇气。这些趣味课程就像儿童俱乐部，已成为小朋友们结交新朋友的重要社交场景。

第一次出游选择是家长做的，但如果再来，那么这个决定可能就是孩子来做的。“抓”住孩子的心，让他们想来第二次、第三次，是森泊的美好设想，也是已经在实现的愿望。当然，家长也同样重要。80 后、90 后的家长不仅关注度假产品的质量，也更加“会玩”。很多亲子旅游项目中，家长只是“保姆”的角色，而森泊考虑到了家长群的诉求，数百项游乐项目不仅仅适合儿童，更有很多适合家长的项目，让一家人都能体会到游玩的乐趣，乐园各场所还设置了舒适的家长休息区，让他们在辛苦带娃的同时也能享受一杯咖啡的时光。

（五）高效精准的品牌推广

在营销推广方面，森泊经过反复的调研和分析，将打造江浙沪 No.1 首选亲子周边游度假产品定位为品牌推广的目标。与传统新品牌推广时铺天盖地的广告模式不同，森泊更擅长对目标客群的消费习惯进行分析，开元森泊的消费决策者多为 80 后、90 后，且多为女性，她们乐于分享，触媒渠道也更广泛。因此，打造“网红”成为开元森泊品牌推广的核心思路。树屋、星空房、恒温水乐园…开元森泊充分挖掘产品网红基因，以达人种草的模式率先引爆社交网络；与此同时，“粉色造浪池”“森泊夏日祭”“心动森泊七夕派对”……一个个好玩的网红活动也接连被体验过的网友争相“晒”出来，一时间，来森泊打卡成为一种度假时尚，比如，一位游客随手拍的住树屋视频仅在抖音平台就超过了 2 500 万的播放量。

二、森泊传承与突破

2019 年是森泊元年，年轻的森泊乐园在华东旅游市场激起了一阵不小的浪花，2020 年上半年，占地 1 800 亩的莫干山森泊三期、四期项目也会陆续开放，它体量更大，产品内容更丰富，更加符合对休闲度假目的地的设想，顾客的平均停留将会延长至 3 天及以上，也为收益提供了更多的增长空间。

（资料来源：搜狐网）

思考

请同学们仔细阅读案例后回答下列问题：

1. 开元森泊旅游度假项目满足了哪些顾客的何种需求？

2. 谈谈市场营销战略决策对旅游企业发展的重要性。

细分旅游市场与旅游市场定位

【学习方向标】

由于旅游消费需求多样性和市场竞争加剧，资源有限的企业可以通过市场细分和市场定位与竞争对手形成差异化，实现针对性营销。特色营销能有效避免恶性竞争，满足细分市场目标顾客需求，以获得竞争优势。

【学习目标】

★ 知识目标

1. 通过案例分析认识旅游市场细分的概念、意义及方法；
2. 结合实例分析影响旅游目标市场策略选择的因素，掌握旅游目标市场选择策略；
3. 明确旅游市场定位的内涵和市场定位的方法。

★ 技能目标

1. 提高利用多种市场细分的标准进行市场细分的能力；
2. 结合案例提高企业目标市场选择及市场定位的能力。

★ 素质目标

1. 培养学生在一定的环境条件下面对利益有所为有所不为的气量；
2. 提高学生了解市场、细分市场进而选择目标市场的魄力。

拓展阅读　构建和谐社会——国内老年旅游市场发展状况分析

一、我国老年旅游业的现状和发展趋势

目前，我国老年旅游市场需求巨大，2018 年老年游客的平均出游时间为 5 天，人均消费超过 3 600 元，老年旅游消费已经是一个约万亿元的市场。我国已经初步形成一批老年旅游目的地和线路产品，主要有旅居养老、医疗旅游、观光旅游、乡村旅游等旅游业态，也初步形成了一批专业的老年旅游指导机构和供给商。但总体上，我国老年旅游发展的主体规模不够，专业化水平总体不高，老年旅游品牌尚未形成，老年旅游市场竞争开始加剧，老年旅游业发展依然任重道远。

按照国内外相关经验和预测，我国在 2040 年左右将进入老年旅游稳定发展期，老年旅游将占全国旅游市场的 50%左右。预计到 2050 年，我国老年人口将突破 4.8 亿人，占总人口比重达到 36.5%，在旅游意愿与人均消费额不变的前提下，老年人口旅游消费总额将超 2.4 万亿元。未来我国积极的老年旅游消费观念将逐步形成，老年旅游的社会环境和政策环境将进一步改善，老年健康旅游和智慧旅游服务的需求将快速增长，老年旅游企业对市场的反应变得越来越敏捷，供给将呈现专业化、个性化、多样化、新型化和智能化。为此，我们应当积极营造老年友好型社会氛围，以支持老年旅游的发展，构建老年旅游制度体系、产品结构体系、品牌体系、市场体系、公共服务体系和专业人员体系，从增加闲暇时间、增强老年旅游经济收入和提高老年人社会保障水平等方面促进老年旅游业的全面健康发展。

二、老年旅游对推动“积极老龄化”的作用

预计到 2050 年，全球 60 岁以上的老年人口总数将近 20 亿，占总人口的 21%。历史证明，从老龄化社会过渡到老龄社会是加速度进行的，预计 2025 年我国老龄人口将达到 3 亿，将提前进入老龄社会，该趋势会持续到 2040 年，老龄化的峰值将在 2049 年左右出现。当前，我国老年旅游潜在市场规模已经超过 2 亿人次，2060 年会达到 4 亿人次的规模。人口老龄化的不断加剧不仅对旅游市场供需提出新的要求，也必然对产业结构产生重要的影响，并改变全球旅游业的竞争格局。

面对老龄化社会，健康是全人类永远的追求目标，更是老年人安享晚年的基础，对提高老年人晚年生活质量有着重要的意义。《“健康中国 2030”规划纲要》明确提出“全民健康是建设健康中国的根本目的”，要突出解决好老年人等重点人群的健康问题，要积极促进健康与养老、旅游、健身休闲融合，催生健康新产业、新业态和新模式。老年旅游不仅能够满足愉悦身心的需要，还能够促进身心健康，缓解和消除身心疲乏。老年旅游者的增多是生活幸福的重要标志，是老年人“老有所乐”的重要表现，是构建健康和谐老龄化社会的关键。老年人积极参与社会活动有助于延长寿命，保持较长时间的健康，并且能够提高其对经济生活和精神生活的满意度。

2002 年，世界卫生组织在《积极老龄化政策框架》中把积极老龄化界定为：积极老龄化是指在老年时为提高生活质量，使健康、参与和保障的机会尽可能获得最佳的过程。促进积极老龄化对社会融合、改善社会福祉并促进参与者的个人发展具有内在价

值。老年旅游在实现我国“积极老龄化”和促进实现全面小康社会，以及促进人口可持续发展方面将发挥巨大的积极推动作用。鼓励老年人尤其是低龄活力老年人旅游，是扩大健身方式和提高生活质量的有效途径，有助于实现“积极老龄化”。旅游是老年人重要的休闲方式，也是其基本的生活权利。健康的老年旅游文化氛围，是老年人精神文化需求和旅游需求的寄托，也是社会精神文明高度发展的重要形式和体现。

资料来源：中国旅游报，2021-01-07.

|思考|

1.老年旅游者的增多是构建幸福和谐社会的关键，尊老爱幼是中华民族的传统美德。如果你是旅游业的从业者当带老年团的时候，你会在产品设计及服务等方面如何体现出对老年朋友的尊重和爱护呢？

2.预计中国会在哪一年进入老龄社会？你对未来老年旅游这一细分市场的发展有怎样的认识？

3.我国已经初步形成的老年旅游目的地和线路产品有哪些？

任务1　细分旅游市场

任务提出及实施

1.明确旅游企业实施市场细分的客观基础，举例说明市场细分的作用；

2.理解旅游市场细分的方法和市场细分的基本原则。

请同学们在教师的讲解和引导下，学习应用知识储备，查阅相关资料，分组讨论完成上述任务。

任务关键词

市场细分的客观基础；细分的方法；细分的原则

案例导入　希尔顿集团发布高端经济型酒店品牌 Spark by Hilton

希尔顿集团2023年1月12日推出的全新酒店品牌——Spark by Hilton成为其旗下世界级品牌阵营中的新成员。基于对酒店细分市场和顾客群的深入调研，希尔顿集团推出的Spark by Hilton以全新的高端经济型住宿选择，填补行业在此细分领域的空白，从而满足那些更广大的、关注性价比和寻求一致性品质体验的顾客和业主的需求。Spark by Hilton以亲民的价位，致力于为每一位顾客提供简约、可靠、舒适的入住体验。

“希尔顿集团作为酒店业的先锋，通过一直以来不断丰富旗下品牌阵营，回应顾客和业主不断演变的需求”，希尔顿集团总裁兼首席执行官Chris Nassetta表示：“全新发

布的 Spark by Hilton 品牌，源于我们坚持打造世界级酒店品牌的传统，并且致力于在全世界的任何地方，都能为不同顾客的各类出行需求服务。”

Spark by Hilton 新品牌的推出，是基于希尔顿集团对市场进行的持续评估。希尔顿集团通过开发新品牌，来满足宾客和业主日益变化的需求，为每一位旅行者的每一次出行，都提供适宜的酒店停驻体验。在过去的 15 年间，希尔顿集团在全球范围内的酒店品牌数量和客房数量均实现翻倍增长，打造了多元且互补的品牌矩阵。

资料来源：迈点网　2023-01-12

| 案例分析 |

1. 请同学们查找资料了解希尔顿酒店集团主要有哪些品牌，其对应的目标群体有哪些。
2. 高端经济型酒店品牌 Spark by Hilton 主要满足了顾客哪些需求？

应用知识储备

旅游市场营销，面对的是一个十分复杂且瞬息万变的市场。在这个市场上需求具有多样性和无限性。任何一个旅游企业都不可能满足所有旅游者的需求，只能选择其中某一部分加以满足，为此旅游企业必须进行市场细分。市场细分是发现潜在市场机会的重要手段。通过市场细分，企业可以充分挖掘细分市场潜力，根据自身条件选择最有利可图的市场；在此基础上，找准旅游者群体，找到本企业和产品在市场上正确的位置。

一、旅游市场细分的概念

旅游市场细分是指企业根据旅游者特点及其需求的差异性，将一个整体市场划分为若干个具有类似需求特点的旅游者群体的活动过程。经过市场细分后，每一个具有相似需求特点的旅游者群体就是一个细分市场。

市场细分的原理和概念是美国市场营销学家温德尔・R. 史密斯(Wendell R. Smith)于 1956 年最先提出来的。市场细分这一原理提出的主要根据：旅游者所处的地理环境、文化、社会、个人行为和心理特征的不同，决定了旅游者之间的需求存在着广泛的差异。因此，企业可以根据旅游者特点及其需求的差异性将一个整体市场加以细分，即将其划分为具有不同需求、不同购买行为的旅游者群体，然后在这些不同的细分市场中选择目标市场，从产品计划、销售渠道、价格策略直至推销宣传，采取相应的一套市场营销策略，使企业生产和经营的产品更符合不同目标市场的旅游者需要，从而在各个细分市场上提高企业自身的竞争力，增加销售量，获取较大的市场份额。

市场细分概念从根本上改变了人们对市场的看法。过去人们把市场看作一个整体，认为所有的旅游者对产品的需求都是大致相同的，只需要单一品种、单一性能和单一包装的产品，认为企业占领市场的主要办法是保证产品质量、降低产品成本和产品价格。实际上，企业还可以通过有针对性地提供不同的产品去满足不同旅游者的需求来达到占领市场、提高市场占有率的目的。因此，市场细分概念一经提出，便受到旅游企业的重视，并迅速得到推广使用。

二、旅游市场细分的客观基础

在实际经营过程中，企业并不是在任何情况下都有必要或都可以进行市场细分的。企业进行市场细分必须具备以下两个前提条件：

(一)市场需求存在差异性

这是企业进行市场细分的依据。如果市场需求不存在差异性，即当市场是同质市场时，旅游者对产品的需求及企业的经营策略的反应相同或相似，则企业不必进行市场细分，只需向整体市场提供统一的标准化产品和服务就能满足所有旅游者的需求。例如，人们对食盐的需求基本上是相同的，食盐市场就属于同质市场，企业不需要对这个市场进行细分。

随着社会的进步，人们生活水平的提高，不同旅游者对同类产品需求的差异性越来越明显。因此，同质市场只局限于极少数产品。绝大多数的产品都属于异质市场，都需要进行市场细分。

(二)市场竞争日趋激烈

这是企业进行市场细分的动力。如果市场竞争不激烈，产品供不应求，则企业只需向整体市场提供单一的标准化的产品，通过增加产量、降低成本就可以获取较大的经济效益。在这种情况下，企业进行市场细分就没有必要。

三、旅游市场细分的重要性

由于旅游者需求的差异很大，旅游企业通常不可能为市场上的所有旅游者服务。例如，任何一家饭店或旅行社，不可能有足够的精力和实力面向整个国内甚至国际市场，满足所有旅游者的需要。为了充分利用自己的有限资源，发挥自己的优势，提供适合旅游者需要的产品和服务，大多数企业都会实行目标市场营销，即选择与本企业营销宗旨最相适应、销售潜力最大、获利最丰厚的那一部分作为自己争取的目标，然后采取相应的市场营销手段，打入或占领这个市场。有效地实行目标市场营销，企业必须相应地采取五个重要的步骤。

1. 企业情况分析

企业情况分析即弄清企业目前的地位、能力、目标和制约因素，并将其作为市场细分、选择目标市场和市场定位三大后续行动的根据。

2. 市场细分

市场细分即将整体旅游市场划分为若干个不同的旅游者群体，针对其不同需求，采用不同的市场营销手段。这一步骤的主要任务是：企业必须确定各种细分市场的方法，进行市场细分并了解这些有实际意义的细分市场的情况，最后衡量每个细分市场对企业的吸引力。

3. 选择目标市场

选择目标市场是指筛选出一个或几个细分市场作为企业经营的目标。

4. 市场定位

市场定位市场定位是指为本企业及其产品确定一个有利的市场竞争位置。

5. 制定相应的市场营销组合策略

针对产品的市场定位，在产品、价格、销售渠道和促销等方面制定相应的策略，以突出产品的差异性，强化产品的独特形象，满足特定市场需求。

在这五个步骤中，目标市场营销的核心是市场细分、选择目标市场和市场定位，第一和第五步骤只是这些核心活动的必要前提和支持。因此，一些西方市场营销专家把目标市场营销称为策略性营销的灵魂。

四、市场细分的意义

（一）有利于企业抓住最佳的市场机会

通过市场细分，可以发现尚未被满足的需求，从而找到对本企业最有利的市场营销机会。一个未被竞争者注意的较小的细分市场，可能会比有众多竞争者激烈争夺的大市场带来更多的效益，特别是对知名度不高或实力不强的小企业来说更有价值。这些小企业通过市场细分可能找到营销机会，在大企业的空隙中求得生存和发展。

（二）有利于按目标市场的需要改良现有产品和开发新产品

通过市场细分，旅游企业往往会发现旅游者需求的新变化，现有产品已难以满足其需要，必须对现有产品进行改良或开发新产品才能适销对路。例如，假日集团在市场细分的基础上，又推出了高档商务旅馆及低档的经济型旅馆，很好地满足了不同旅游者的需求。因此，假日集团生意兴隆、发展神速。

（三）有利于旅游企业集中使用资源

正像在战场上全面出击往往不如集中优势兵力打歼灭战一样，旅游企业在整体市场上到处开花，不如集中力量投入目标市场，发展特色产品，这样更能提高企业知名度和市场占有率，从而使企业得到发展和壮大。

在旅游市场上，一方面总会有一些尚未被满足的需求无人关注，另一方面大家却又争相经营某些热门产品。殊不知热门会变冷，而冷门有时却可能变热。其实每个企业都应根据自身的条件，选择合适的目标市场，不应一哄而起“赶浪潮”。20 世纪 80 年代末至 90 年代初，国内一些地方不顾市场条件盲目兴建高档宾馆而损失惨重的深刻教训值得吸取。近年来也有不少企业在运用市场细分策略和目标市场理论方面，取得了显著成效。例如，北京永安宾馆把目标市场定位于长住客市场，针对长住客的需求把宾馆建设成公寓式宾馆，很好地满足了长住客的需求，创造了良好的经济效益。

五、旅游市场细分的方法

旅游市场细分的依据是旅游者需求的差异性。从旅游业的具体情况来看，旅游者需求的差异性可以表现在很多方面。根据市场营销学的一般原理，可按照旅游者的特点、地理区域、心理因素及购买行为等四个方面对旅游者市场进行细分。

(一)按旅游者的特点进行市场细分

旅游者的特点可以表现在很多方面，如年龄、性别、收入、民族、职业及受教育程度等。这种细分方法较为常用，因为这些指标与旅游者的欲望、偏好、出游频率等直接相关，而且旅游者的特点比其他因素更容易测量。因此，对旅游企业而言，这些指标是非常重要的细分依据。

1. 按年龄细分市场

人们在不同年龄阶段，由于生理、性格、爱好的变化，对旅游产品的需求往往有很大的差别。所以，可按年龄范围细分出许多各具特色的旅游者市场，如儿童旅游市场、青年旅游市场、中年旅游市场、老年旅游市场等。

2. 按性别细分市场

在对产品的需求、购买行为、购买动机、购买角色方面，两性之间有很大的差别。如参加探险旅游的多为男性，而女性外出旅游时则更注重人身财产安全。公务旅游以男性为主，家庭旅游时间和旅游目的地的选择也一般由男性决定，在购物方面女性通常有较大的发言权。在购买旅游产品时，男性通常对价格反应较迟钝，而女性则较敏感。

3. 按收入细分市场

人们收入水平的不同，不仅决定其购买旅游产品的性质，还会影响其购买行为和购买习惯。如收入高的人往往喜欢到高档饭店消费，往往愿意选择豪华型旅游；收入低的人往往在普通饭店消费，更愿意选择经济型旅游。

4. 按民族细分市场

不同的民族有不同的传统习俗、生活方式，从而呈现出对旅游产品的不同需求。按民族进行细分，可以更好地满足不同民族的不同需求，进一步扩大旅游企业的产品市场。

5. 按职业及受教育程度细分市场

从事不同职业的人由于职业特点及收入的不同，其消费需求差异很大。旅游者受教育程度的不同，其兴趣、生活方式、文化素养、价值观念、审美偏好等方面都会有所不同，会产生对旅游产品的需求、购买行为及购买习惯的差异。

(二)按地理区域进行市场细分

所谓按地理区域进行市场细分，是指企业按照旅游者所在的地理位置来细分旅游市场，以便企业从地域的角度研究各细分市场的特征。如按区域、国家、地区、城市、乡村、气候、空间距离等，将旅游市场分为不同的细分市场。其主要理论依据是：处于不同地理位置的旅游者，对企业的产品各有不同的需要和偏好，对企业所采取的市场营销战略、市场营销策略也各有不同的反应。如我国北方人饮食口味偏重，而南方人口味偏清淡，餐饮企业应“因地而异”提供不同口味的产品。按地理区域进行市场细分有三种具体形式：

1. 按主要地区细分市场

世界旅游组织将国际旅游市场划分为六大区域，即欧洲区、美洲区、东亚及太平洋区、南亚区、中东区、非洲区。近 30 年来，旅游业发展和增长最快的区域是东亚及太平洋区。

2. 按国家(地区)细分市场

这是旅游业最常用的一个细分标准,把旅游者按其国别(地区)划分,有利于旅游地或旅游业了解主要客源国(地区)市场情况,从而针对特定客源国(地区)市场的需求特性,制定相应的市场营销策略,以收到良好的市场营销效果。

3. 按气候细分市场

各地气候不同会影响旅游产品的消费,影响旅游者的流向。如在冬季对于我国的国内旅游市场而言,南方旅游者外出旅游的热点常常是北京、哈尔滨等地,而许多北方旅游者则把海南、广西、云南等地作为外出旅游的首选。从国际旅游市场看,凡气候寒冷、缺少阳光地区的旅游者一般会趋向于到阳光充足的温暖地区旅游。这也是地中海地区、加勒比海地区旅游业发达的主要原因。

根据气候特点的不同,企业可以把旅游市场细分为热带旅游区、亚热带旅游区、温带旅游区、寒带旅游区等。

(三)按心理因素进行市场细分

按心理因素细分,就是按照旅游者的生活方式、态度、个性等因素来细分旅游市场。旅游者的欲望、需要和购买行为,不仅受人口的社会统计特征影响,而且受心理因素影响。企业可据此将旅游市场细分为不同的子市场。其细分方法主要有:

1. 按生活方式细分市场

生活方式是人们生活和花费时间及金钱的模式,是影响旅游者欲望和需要的一个重要因素。目前,越来越多的企业按照旅游者的不同生活方式来细分旅游市场,并且针对生活方式不同的旅游者群体设计不同的产品和市场营销组合。例如,家庭观念强的旅游者,外出旅行时更多是家庭旅游;事业心强的旅游者外出旅游则以公务旅游、修学旅游为主。

对于生活方式不同的旅游者群体,不仅设计的产品不同,产品价格、经销方式、广告宣传等也应有所不同。

企业可以通过“AIO 尺度”来测量旅游者的生活方式,即活动(Activities),如旅游者的工作、业余消遣、休假、购物、体育、款待客人等活动;兴趣(Interests),如旅游者对食品、娱乐、服装式样等的兴趣;意见(Opinions),如旅游者对自己、对社会问题的意见,及对相关政治、经济、产品、文化、教育、将来等问题的意见。

2. 按态度细分市场

它是指根据旅游者对企业及其产品的态度进行分类并采取相应的营销措施。如对待“我曾听说过某品牌,但我并不真正了解它”之类持中间态度的旅游者,应通过提供详细资料,大力开展有说服力的促销活动;对待“某品牌是市场上最好的产品”之类持积极态度的旅游者,应利用持续的促销活动和与旅游者签订合同的办法加以巩固;对“某品牌比另外某品牌差”之类持消极态度的旅游者,要改变其态度是较困难的,应把促销工作做细,并改进产品质量,提高企业形象。

(四)按购买行为进行市场细分

根据旅游者对产品的理解、态度、购买过程及方式等方面的不同,把整体旅游市场进

行细分，具体有下列分法：

1. 按购买目的细分市场

按一般旅游者外出旅游的目的来细分市场，大体上可划分为：度假旅游、观光旅游、公务会议旅游、奖励旅游、探亲访友、购物旅游、美食旅游、探险旅游、体育保健旅游等。这些细分市场，由于旅游者购买目的不同，对旅游产品的需求特点也有差异。

2. 按旅游者寻求的利益细分市场

一般来说，旅游者购买某种产品，都是在寻求某种特殊的利益，因此企业可以根据旅游者对所购产品追求的不同利益来细分市场。旅游企业在采用这种方法时，首先要确定旅游者对旅游产品所追求的主要利益是什么，追求这些利益的是什么类型的人，各种旅游产品提供了什么利益，然后根据这些信息来采取相应的市场营销策略。例如，一部分商务旅游者往往把豪华舒适的设备设施、周到完美的服务作为利益标准；而另一部分商务旅游者则把快捷高效的服务作为利益标准。只有了解旅游者寻求的核心利益，企业才能通过为旅游者提供最大的利益来实现营销目标。

3. 按经历情况细分市场

经历情况是指旅游者从前是否有消费某种产品或服务的经历。按这种标准，旅游市场可细分为潜在使用者市场、初次使用者市场和经常使用者市场。如从未光顾的客人、初次光顾的客人、饭店的回头客等。

4. 按购买过程及方式细分市场

按购买过程及方式细分市场即根据旅游者购买、使用产品的过程及方式的不同来细分市场。例如，旅游企业往往根据旅游者外出旅游的过程和方式把旅游者划分为团体游客和散客。在旅游接待中，团体游客和散客对旅游方式、旅游产品与服务等方面的要求有很大的差别。

5. 按购买时机细分市场

按购买时机细分市场是指按旅游者购买和使用产品的特定时机细分市场。例如，某些产品和服务项目主要适用于某个特定时机，诸如五一节、国庆节、春节、寒暑假等。企业可以把特定时机的市场需求作为服务目标，如旅行社可以专为某种时机提供某些旅游服务，餐厅可在某个特定时机推出特定的菜肴和服务，诸如春节年夜饭等。

6. 按旅游者忠诚程度细分市场

旅游者忠诚程度是指一个旅游者购买某一品牌产品的一种持续信仰和约束的程度。旅游企业发现并保持这类顾客是十分重要的，并应该为他们提供更好的服务。旅游企业通过给坚定的顾客某种形式的回报来鼓励培养旅游者对本企业的忠诚。不少饭店管理集团如凯悦国际集团、假日酒店集团、喜来登国际集团纷纷报出各种奖励项目。较为典型的一种形式是吸收那些多次购买本企业产品并忠于本企业的顾客为会员，按购买数量的多少给予不同程度的奖励，以增加客源的稳定性。

旅游市场细分的目的是要寻找那些忠于本企业产品、购买频率及规模程度都很高的顾客作为本企业的目标市场。

知识链接

关于米其林

米其林是历史悠久的专门评点餐饮行业的法国权威鉴定机构，1900 年米其林轮胎的创办人出版了一本供旅客在旅途中选择餐厅的指南，即《米其林红色宝典》。此后每年翻新推出的《米其林红色宝典》被"美食家"奉为至宝，被誉为欧洲的美食圣经，后来，它开始每年为法国的餐馆评定星级。

米其林的评审相当严谨公正，甚至近乎苛刻，以至全世界现今也只有 68 家米其林三星级餐厅。米其林星级评鉴分三级：一星级是"值得"去造访的餐厅，是同类饮食风格中特别优秀的餐厅；二星级餐厅的厨艺非常高明，是"值得绕远路"去造访的餐厅；三星级是"值得特别安排一趟旅行"去造访的餐厅，有着令人永志不忘的美味，据说值得打"飞的"专程前去用餐。

六、旅游市场细分的原则

为保证旅游市场细分工作的有效性，企业必须对市场细分的方法及细分后的市场进行评估，确保各细分市场具有以下特点：

（一）可衡量性

它是指市场细分的标准和细分后的市场是可以衡量的。如果某些细分标准或旅游者的特点和需求很难衡量，那么这个细分市场的大小就很难测定。一些带客观性的细分标准如年龄、性别、收入、受教育程度、地理位置、民族和种族等，往往易于确定，并且有关它们的信息和统计数据，通过统计部门是比较容易获得的。但是一些带主观性的细分标准，如心理因素，则较难断定。同时，经过细分后的市场范围、市场容量、市场潜力等也必须是可以衡量的，这样才有利于确定企业的目标市场，这样的细分方法对企业才有实际价值。

（二）规模性

它是指细分的市场必须具备一定的规模，达到值得单独营销的程度，即划分出来的细分市场必须是值得采取单独营销方案的最小单位。它的规模必须是能使企业从中获取一定的销售额，不但能保证企业的短期利润还要有一定的发展潜力，以保持较长时期的经济效益。例如，在内地一个普通的县城，如果要满足少数人喜欢西餐的要求而专门开设一个西餐厅，可能由于这个细分市场太小而得不偿失。

（三）可接近性

它是指对细分出来的市场，旅游企业可以利用现有的人力、物力和财力去占领，达到能进行有效促销和分销的程度。这些细分市场中的旅游者，必须在易于接触和沟通方面具有充分的相似之处，以便企业能较经济而有效地与这些潜在旅游者接触沟通。这些旅游者可能在地理上是比较集中的，也可能经常接触相同的广告媒体，这样企业便可通过采用相应的促销手段，经济而有效地向他们推销。

（四）独特性

它是指市场细分的结果应能凸显出各细分市场需求方面的特点。这些特点的差异将

使细分出来的市场对企业市场营销组合有独特的反应。即通过某种特定方法细分出来的各个细分市场,其成员对企业市场营销组合的反应必须是不同的。如果各个细分市场在需求方面不存在差异,它们对市场营销组合的反应都是相同的那就没有必要、也不存在要在不同的细分市场中实施不同的市场营销组合,只要采用大量营销方法就可以了。如我国早期的餐饮业,由于当时人们对食品的需求基本相同,因此当时没有必要进行市场细分。后来,随着人们生活水平的提高,人们外出用餐有了较大的差异,这时才有必要和可能将餐饮客源市场细分为高档餐饮、中档餐饮和大众餐饮等细分市场。

学习效果检测

1. 举例说明市场细分的客观基础有哪些。

2. 请以你熟悉的酒店集团为例说明其旗下的品牌是如何进行市场细分的?(市场细分的方法)

3. 举例说明市场细分的基本原则。

任务 2 选择目标旅游市场

任务提出及实施

1. 结合实例理解旅游企业目标市场策略的内涵及其适用范围;

2. 了解影响旅游企业目标市场策略的因素以及旅游企业选择目标市场的一般过程。

请同学们在教师的讲解和引导下,学习应用知识储备,查阅相关资料,分组讨论完成上述任务。

任务关键词

目标市场策略的类型;如何选择目标市场策略

案例导入 喆啡酒店把握年轻一代消费者,打造引领全新生活方式酒店品牌

随着中国的中产阶级人数跃升为全球首位,80 后、90 后也逐渐成为消费的中坚力量。他们追求时尚,彰显个性化,品牌认同感强,更易被个性化、主题化和场景化的消费形式吸引。作为推出市场已经将近 8 年的中端酒店品牌,喆啡酒店将复古格调与咖啡馆文化相结合,创造了全新的 coffetel 的品类,精准把握年轻化的消费趋势,传递精致有品位的生活方式。

喆啡 3.0,更加“年轻多元”的复古格调

喆啡 3.0 是喆啡酒店抓住消费新趋势,打磨产品,升级服务后的又一次全新升级。喆啡 3.0 延续咖啡馆主题文化,将年轻化、多元化的元素与复古品牌调性相结合,聚焦

在消费者的内心满足，在原有色彩和材质的基础上，添加了更多充满格调的元素，创造出品质化的复古沉浸式体验。

喆啡3.0令每个入住的客人步入大堂，就仿佛经历了时光穿梭，来到了充满复古气息的咖啡馆。融入丰富社交空间与情景体验的喆啡3.0，在为消费者创造一个能够慢下来，感受内心空间的同时，也在繁忙旅途中，创造真正令客人满足的"啡"凡旅途体验。

锐品elite，把握"凡尔赛式"的消费转型

锐品elite作为喆啡推出的星级酒店产品，同样从消费趋势的转型出发，把握"凡尔赛式"消费需求的崛起，将20世纪初黄金年代的自由、浪漫与喆啡特色深度结合，融入爵士、红酒、雪茄等高品位元素，打造出高艺术层次与高品质感的酒店产品。

除此之外，锐品还将舒适睡眠、休闲café、威士忌&红酒&爵士餐吧、运动健身房等特色融入酒店，形成八大差异化卖点，真正为商务精英人士，打造富有格调和情怀的休闲生活空间，让他们在路上也能在潜移默化中提升艺术气质和修养。

喆啡品牌矩阵，扎实运营助力投资加盟

在消费升级的大环境下，喆啡酒店已实现了阶段性的全方位布局。目前，喆啡酒店构建出包含喆啡3.0、锐品elite、憬黎、喆啡馆、JJclub在内的丰富品牌矩阵。不仅给消费者提供更加多元化、个性化的新体验，也为投资人开发出定位更精准、更细分的产品，以及更专业的选择。喆啡酒店独特的商业地产思维、"一店一策划"的专属顾问式服务，扎实的酒店运营实力，能够为投资人全面重塑资产价值，助力投资加盟。

喆啡酒店自2013年7月创立至今，在中端酒店市场，创造了一个百店级规模的酒店品类。截至目前，喆啡开业门店580家，累计签约达870家，覆盖城市200余个。未来，将会有更多喆啡在全国与消费者见面，喆啡酒店也将继续在品牌影响力和酒店运营管理上持续发力，与投资人携手共赢。

资料来源：锦江酒店（中国区），2021-06.

| 案例分析 |

1. 在消费升级的大环境下，喆啡酒店近年来又有哪些细分品牌？

2. 喆啡酒店旗下的细分品牌定位特色如何？由此给消费者和投资人带来了怎样的好处？

应用知识储备

一、目标市场策略

市场细分是旅游企业选择目标市场的依据。所谓目标市场是指旅游企业作为服务目标的旅游者群体。目标市场策略则是指旅游企业在市场细分化的基础上，决定和选择目标市场的方法和策略。旅游企业经过环境分析，发现了适合自身发展的市场机会和不利于自身发展的市场威胁以后就应该具体研究进入什么样的市场，即选择目标市场。旅游

企业在选择目标市场时可应用的策略一般有三种:无差异性市场策略、差异性市场策略、密集性市场策略。

(一)无差异性市场策略

无差异性市场策略是指旅游企业将整体旅游市场看作一个大的目标市场,以一种产品组合、一种营销组合去满足所有旅游者需求的策略。该策略的优点在于产品标准统一,易于管理,便于规模化生产,能降低成本。而事实上,旅游者的需求是不可能完全统一的,所以,旅游企业提供旅游产品时应该给旅游者以更多的选择空间。在企业经营过程中任何产品都不可能在市场上长期地为所有旅游者所接受,而且旅游需求的差异性相对于其他产品更为明显。例如,20 世纪 70 年代末在我国一些旅游城市兴建的第一批合资饭店中,所有的房间基本上都是一种没有差异的统一标准间,较为适应当时以团队客人为主的入境游市场;当入境游散客市场日渐兴旺,且游客越来越倾向于选择单人房时,这种统一标准间就不再符合市场潮流了。

运用这种策略最成功的例子是早期的美国可口可乐公司。在相当长的时间里,可口可乐公司拥有世界性的专利。该公司仅生产一种口味、一种大小瓶装的可口可乐,连广告字句也仅有一种。这种无差异市场策略,在新产品处于产品市场寿命期中的导入期与成长期阶段,或者在产品供不应求、市场上还无竞争对手时,或者在竞争不激烈的时期,是一种经常采用的策略。无差异市场策略,有利于运用各种媒体统一宣传,节省广告费用开支,并能迅速提高产品的知名度,达到创牌目标。但是,这一策略针对性不强,不能针对不同的目标市场开发产品,因而采用此策略也越来越少。

(二)差异性市场策略

差异性市场策略是指旅游企业在市场细分的基础上,针对每一个细分市场的需求特点和环境形势,进行不同的市场经营组合,以差异性的产品分别满足差异性市场需求的策略。例如,酒店向客人提供从单人间、标准间、普通套房、豪华套房以至总统套房等不同规格、设施、价格的客房体系;旅行社向市场推出同一线路的三日游、五日游、七日游,适应假期长短不一、支付能力不同、兴趣各异的顾客群。由于满足了各个不同市场面的需求,整个企业的销售额必然增加,而且会提高企业的知名度,增强顾客对本企业的信任感。但实行差异性策略必然要增加产品的品种、型号和规格,导致生产费用、推销费用、研究开发费用及行政管理费用的增加,要求相当规模的人、财、物等资源力量的投入。许多企业由于资源有限,是无法办到的。

可口可乐是世界上最畅销的软饮料之一,自 1886 年问世以来,一直奉行无差异市场策略,其广告语“请喝可口可乐”使用至今。百事可乐公司的创建比可口可乐公司晚 12 年,为了争夺市场份额,百事可乐公司进行了激烈的挑战。除了强调便宜(其广告语是“一样的价格,可饮两倍量”),争取年轻人(广告歌“今天生龙活虎的人们一致同意,年轻人就喝百事可乐”)外,还执行了差异化战略,即推出七喜汽水,争取“非可乐”细分市场,开展一场“无咖啡因”广告运动,对可口可乐造成巨大冲击。可口可乐在此打击下,不得不放弃无差异市场策略,也推出雪碧、芬达等各种风格和口味的饮料,以满足不同市场需要。

(三)密集性市场策略

密集性市场策略是指旅游企业把其全部资源力量集中投入在某一个或少数几个细分

市场上，实行专业化的生产和经营的策略。无差异性市场策略和差异性市场策略都是以整体市场为目标，而密集性市场策略只是以某一个或少数几个市场为目标市场，在有限范围的目标市场上集中力量以求拥有尽可能大的市场占有率。实施该策略的优势在于：一方面可以使旅游企业充分运用其有限的资源，“集中优势兵力打歼灭战”，使资源发挥尽可能大的作用；另一方面也是扬长避短，充分发挥自己优势的有效方法。在适当时机该策略还有可能创造出意想不到的超额效益。正是由于具有上述明显的优势，该策略使许多新企业战胜了老企业，小企业战胜了大企业。

例如，上海的海港宾馆在市场细分的基础上，把目标市场定位于商务旅游者，针对商务旅游者的需求巧妙设计客房，并与上海旅游协会合作，开办了上海第一个商务信息电脑库，较好地满足了商务旅游者的需求。在高档宾馆林立、酒店业竞争极其激烈的情况下，海港宾馆常年保持很高的住房率，实现了良好的经济效益。又如“锦江之星”和“如家快捷”是目前国内排名第一、第二的经济型酒店品牌。由于消费水平在100～260元的顾客群规模庞大，使得经济型酒店近几年在我国发展异常迅猛。

然而，密集性市场策略如果市场范围过窄其风险就较大。由于目标市场比较单一和窄小，一旦市场出现不利于企业的情况，企业有可能会立即陷入困境。为了减少密集性市场策略的风险，许多旅游企业会尽量把目标市场分散到不同的市场面。

二、影响目标市场策略选择的因素

目标市场策略的选择，是在对内外环境周密、审慎、准确分析和预测的基础上，考虑市场需求、自身实力、产品特点及竞争者等诸多因素进行的。这些因素主要包括：

(1)企业的实力，包括企业的财力、生产能力、销售能力和管理能力；

(2)市场同质性，各细分市场的相似程度；

(3)产品同质性，旅游者对产品特征感觉的相似程度；

(4)产品市场生命周期阶段，产品市场生命周期所处的阶段；

(5)竞争状况，包括竞争者的数量、竞争者的目标市场策略及竞争的激烈程度。

三、旅游企业选择目标市场的一般过程

选择目标市场就是要确定企业要选择多少类细分市场以及要选择哪些细分市场作为自己重点营销的目标市场。旅游企业往往要根据自身的条件确定一个或几个细分市场作为自己的目标市场，以便将自己有限的资源集中在招徕最能增加经济效益的旅游者群体上。

因此，对旅游企业而言，选择目标市场就必须在市场细分的基础上，对各个细分市场进行充分的评估，了解哪些细分市场值得花大力气去招徕，哪些细分市场的经营条件尚不成熟，企业应该考虑放弃；同时，对那些值得大力招徕的细分市场，企业是否有足够的招徕能力，是否有足够的竞争优势。围绕这些问题，旅游企业选择目标市场一般要经过以下步骤。

(一)评估各类细分市场的销售量及其发展趋势

值得企业大力招徕的细分市场必须具有足够的销售量。旅游企业对各类细分市场销售量的评估可包括以下两个方面。

1. 本地区各类细分市场的销售量及其发展趋势

这就要求旅游企业注意收集历年来本地区的各类细分市场的销售情况，如接待人数、天数、入住房间数、销售额等。然后，以历史统计数据为依据预测各细分市场未来的需求量及发展趋势，以区分哪些是增长型的细分市场，哪些是衰落型的细分市场。由于利用现有需求比创造需求往往更为有效，企业的目标市场一般应选择增长型的细分市场。

2. 本企业各类细分市场的销售量及其发展趋势

企业根据自己过去积累的经营资料，对过去的销售情况进行统计，分析了解各类细分市场的接待人数、天数、入住房间数、客房利用率、该细分市场接待数占接待总数的百分比等。为保证企业经营的平稳性，企业一般会考虑把目前业务量比例最高的细分市场作为短期内优先开发的重点。

(二)评估各细分市场的盈利能力

企业应该选择能给自己带来最大利润的细分市场作为目标市场。能为企业带来较大利润的细分市场一般需求量比较大，比如说接待人数较多、入住率较高等。有些细分市场虽然需求量很大，但如果价格偏低时，就不会给企业带来很大的销售额。如果细分市场的经营费用较高，也不会给企业带来理想的利润。因此，旅游企业在选择目标市场时，还要分析各类细分市场的平均价格和销售额，分析各类细分市场所需要的经营费用。重点分析在企业产品生产中，哪些费用是变动费用，哪些费用是固定费用。通过分析各类细分市场的变动成本率、固定费用率、利润率，确定哪些细分市场能获取最大利润，应该花费较大的精力去争取；哪些细分市场招徕费用及接待过程中的变动成本不算太大，当企业接待能力有剩余时，应该努力争取，以支付旅游企业庞大的固定成本。

(三)评估各类细分市场需求的季节变化模式

旅游活动具有很强的季节性，在旅游市场上，各个细分市场在不同的季节和时间里，需求的季节变化模式不同。绝大多数的旅游企业在一年中有旺季、平季和淡季之分。旺季的需求量很大，企业不需要做大量的市场营销和推销工作，接待旅游者的人数很多，企业的接待能力可以较充分地利用；平季需求量比旺季小，但能达到一定规模；淡季需求量则很小。因此，企业要分析旅游者需求的旺、平、淡季，把营销精力放在能充分利用旅游企业接待能力的细分市场上。

企业市场营销的主要精力应放在不经努力需求量容易下降或经过努力需求量容易增加的那些细分市场上。如果在旺季对细分市场投入很大的精力，由于受企业接待能力的限制，销售额不会有很大的提高。在平季时，各竞争者的接待能力都有剩余，如果企业对细分市场不下大精力去招徕，这些细分市场将会被竞争对手夺去。对于淡季应做具体分析，若当此时的某一细分市场需求的绝对数量很小，即使企业下很大精力招徕、推销也不会使销售额有很大的提高，就不值得企业过多地花费财力和精力；但是，若此时某些细分市场具有一定的需求量，或者是企业通过市场细分可以开发新的细分市场，则应考虑投入一定的精力去招徕。例如饭店在淡季组织各种特殊活动来吸引本地居民使用饭店设施，以提高设施的利用率。

评估各类细分市场需求的季节变化模式，其重点是分析哪些细分市场可以让企业充分发挥其平季和淡季的接待能力。首先应列出在没有经过积极推销的情况下本企业在这段时间主要接待了哪些类型的旅游者，他们购买本企业产品的目的是什么，对产品和服务有什么要求和需要。这些细分市场在淡、平季各月份需求量有多少，经过积极推销能否增加销售量。同时，还要分析有哪些新的细分市场经过特殊推销能被企业用来在平季及淡季招徕旅游者。

从外部分析，要密切注意竞争者在这些季节吸引哪些细分市场，为什么一些旅游者愿意选择竞争者的产品，本企业是否有能力去争取这些细分市场。

（四）分析本企业对各类细分市场的招徕能力

企业选择目标市场时，除了考虑各细分市场是否值得招徕外还必须分析自己是否具有足够的招徕能力。因此，旅游企业必须分析自己的产品特色、设备设施情况及服务质量等，以明确本企业是否有条件招徕各类细分市场上的旅游者。首先要详细地研究各细分市场的具体需求，研究旅游者对同类产品和服务要求的最重要的因素是什么。例如，对酒店产品，旅游者最关心的是地理位置、清洁卫生或是豪华舒适；对旅行社产品，旅游者最关心的是导游服务、方便舒适、价格公道合理，等等。分析本企业现有产品和服务在这些因素方面能否满足旅游者的需要和要求，有哪些没有满足，能否改变产品和服务去适应这些需求。

（五）分析竞争对手对细分市场的招徕能力

除了企业自身的条件外，竞争对手的情况也是影响企业对各类细分市场招徕能力的一个重要因素。因此，在选择目标市场时，还必须分析在各细分市场上企业有哪些竞争对手；在满足各类细分市场的需求方面，竞争对手与本企业相比有哪些优势和弱点，竞争对手在强于本企业的这些方面，本企业能否赶上甚至超越他们；竞争对手是否在大力招徕这些细分市场，竞争对手的产品能否满足这些细分市场的各种需求。

如果某些细分市场虽然有一定的潜力，但各企业都在大力招徕这些细分市场，而且接待能力已经超过这些细分市场的需求量，若此时企业还进入该细分市场就会造成很大的浪费，甚至会导致企业间的恶性竞争。这是企业经营应该注意避免的。

同时，企业还应该分析本地区旅游业是否存在一些没有得到满足的新市场或新需求。例如，某些地区酒店的设备和服务质量不够好，不能满足商务旅游者的需求；有些地区酒店客房价格太高，不能满足度假旅游者的需求；而有些地区以观光旅游为主，不能满足旅游者多样化的要求。对这些细分市场，企业是否有能力去满足。

知识链接

“三孩生育政策来了”——中国迎来亲子游经济

旅游新时代，人们的消费方式正在发生巨大变化。在亲子游市场中，家长为了宝宝们，更舍得为好玩、有趣、有品质的消费买单。为了一家安享团聚时光、满足与孩子的乐趣生活，家长们更倾向去选择亲子主题类的酒店。这其中的奥秘就是，这种主题

酒店能满足年轻父母对亲子游的品质和内容需求，给孩子提供适合其年龄特点的休闲、教育、娱乐项目，并同时兼顾家庭其他成员的度假需求。

"旅行宝宝"已经是酒店旅游中的一个关键词，品质化、多样化的亲子游已成为刚需，亲子酒店也常常建在热门出游主题的附近，如主题乐园、动物园、海洋馆、博物馆、科技馆等旅游目的地。最近公布的第七次全国人口普查主要数据结果显示，我国 0 岁至 14 岁人口为 25 338 万人，占总人口的 17.95%，亲子游日益成为一个庞大的细分市场。据新华社报道，中共中央政治局 5 月 31 日召开会议，会议指出，进一步优化生育政策，实施一对夫妻可以生育三个子女政策及配套支持措施，这将进一步助推亲子游市场的未来发展预期。

资料来源：首旅如家酒店集团，2021-05.

学习效果检测

1. 举例说明旅游企业目标市场选择的方法，三种目标市场策略各有何优缺点。
2. 举例说明影响目标市场策略选择的因素有哪些。
3. 请了解目前亲子酒店有哪些品牌，你认为亲子酒店未来发展前景如何。

任务 3　明确旅游市场定位

任务提出及实施

1. 结合实例理解旅游企业市场定位的内涵，举例说明市场定位的作用；
2. 理解旅游市场定位的方法和市场定位的基本过程；
3. 了解 CIS 定位在旅游企业市场营销中的应用。

请同学们在教师的讲解和引导下，学习应用知识储备，查阅相关资料，分组讨论完成上述任务。

任务关键词

市场定位；市场定位的方法；市场定位的过程

案例导入　电竞时代已经来临，电竞酒店能否突围？

3 年间，从 400 家到 1.5 万家。

"毕业后宿舍（成员）就没聚过，聚也只是某个室友结婚。（舍友们）想着《英雄联盟》总决赛了，就决定一起去电竞酒店。"江某告诉南都周刊记者。

多家电竞酒店在采访中表示，决赛当天正值周末，酒店全部满房。

根据同程旅行提供的数据，《英雄联盟》S11 决赛当日前往电竞酒店观赛的人群年

龄段主要集中在18岁至35岁之间，相比常规酒店，比赛日入住电竞酒店的玩家们更倾向选择多人间，和朋友们共同体验赛事乐趣。

对江某而言，《英雄联盟》代表的"都是青春啊"。这是江某和舍友们在大学宿舍里唯一的团体游戏——现在能与舍友们一起在电竞酒店里见证EDG夺冠，很有重回大学宿舍的感觉。

S11决赛的播出推高了电竞酒店的热度，同程旅行数据显示，11月7日，在同程平台上，国内电竞酒店搜索热度环比上涨115%。

电竞酒店热了。

国内最早的电竞酒店热出现在2018年，电竞被列入雅加达亚运会表演赛项目。根据"今日电竞"统计，2018年7月，全国的电竞酒店数量在400家以上，并且每月以50家以上的速度在增长。同年11月，来自中国LPL赛区的IG战队在《英雄联盟》S8赛事中首次夺冠也为电竞酒店的兴起造势。此后，国内电竞酒店数量不断增长。

疫情也对电竞酒店起了催化作用，网吧、KTV等娱乐场所受疫情冲击较大，电竞酒店因私密性较强、聚集风险相对较低，又兼具娱乐性，不少网吧、酒店为了自救，纷纷转型为电竞酒店。

根据同程研究院7月发布的《中国电竞酒店市场研究报告2021》，预计2021年全国电竞酒店的存量将达到1.5万家，到2023年将突破2万家。

资料来源：南方都市报，2021-11.

案例分析

1. 电竞酒店目标顾客群主要是谁？
2. 请你谈谈电竞酒店市场定位的主要竞争优势表现在哪些方面？

应用知识储备

一、旅游企业市场定位的定义

当企业选定某一细分市场作为目标市场后，便应考虑为本企业的产品在目标市场上进行有效定位的问题。因为在这些市场中往往都会有一些捷足先登的竞争对手，甚至有的竞争企业在这个市场中已占据了"地盘"，树立了独特的形象。这样，新来的企业便有一个如何使自己的产品与现存的竞争对手产品在市场形象上相区别的问题，这就是市场定位问题。

所谓市场定位，是指企业为其产品即品牌确定市场地位，即塑造特定品牌在目标市场（目标顾客）心目中的形象，使产品具有一定特色，适合一定顾客的需求和偏好，并与竞争对手的产品有所区别。因此，市场定位的实质就是差异化，即有计划地树立本企业产品具有某种与竞争者产品不同的理想形象，以便国际和国内市场了解和接受本企业所宣称的与竞争对手不同的特点。

我国酒店业目前尚处于发展阶段，这表现在档次梯度结构不合理、产品形式单调缺乏个性等方面，无论是经营者还是消费者对酒店行业都不同程度地存在一些误解。近年来各类专业型平价酒馆蓬勃发展的势头从另一个侧面为我们展示了酒店业发展的本来面目。

二、旅游企业市场定位的作用

(一)便于企业建立竞争优势并方便旅游者选择购买

在知识经济已经到来的当今社会，同类产品的竞争越来越激烈，旅游市场的产品信息日新月异、目不暇接，过量的信息会干扰旅游者的购买决策，旅游者不可能在每次购买前都对产品做重新评价。为了简化购买决策，旅游者往往会将产品加以归类，即将产品和服务在他们心目中"定个位置"，这种产品位置就是旅游者将某种产品与竞争产品相比较后得出的一组复杂的感觉或印象。企业为了使自己的品牌获得有利的认知和普遍的认同，使品牌形象深入人心、持久不忘，需要准确地为自己的产品即品牌定位。对产品进行有效的定位，会使旅游者产生深刻、独特的印象和好感，对该产品和品牌形成习惯性购买，从而使企业的市场不断巩固和发展。

因此，企业进行市场定位，通过确定产品或品牌的竞争优势，着重推出与竞争产品和其他品牌不同的产品以满足旅游者利益，可以更有效地吸引该细分市场中的旅游者，增强其购买信心，有利于他们迅速做出购买决策，重复购买本企业的产品。

(二)避免企业间的恶性竞争

如果企业不愿意或不能进行有效的市场定位、不搞差异化，不仅不利于旅游者充分行使选择权、不能满足旅游者多样化的需求，而且还会由于众多企业都以同样的产品和服务角逐同一市场有限的旅游者，使得各企业的市场严重分流，达不到理想的规模经济效益。同时，由于大家都想争夺有限的客源，必然会进一步加剧市场竞争，甚至会出现恶性竞争的局面。由于没有进行有效的市场定位，企业产品雷同，在产品品种、服务、人员、形象等方面没有明显的差异，企业间的竞争就会更多地反映在价格上。价格竞争又会进一步降低企业的利润使企业缺乏技术改造和扩大生产的资金，最终影响企业甚至整个行业的发展。

三、旅游企业市场定位的方法

一种新旅游产品或新品牌在目标市场上如何定位，如何塑造形象，即根据什么标准来定位，是市场定位工作中首先遇到的问题。市场定位的方法很多，大致可概括为以下两种类型。

(一)与竞争对手定位相同市场以争取更多的市场份额

这一策略又称迎头定位。这是一种与在市场上占据支配地位的竞争对手"对着干"的定位方法，即旅游企业选择与竞争对手重合的市场位置，争取同样的目标旅游者，彼此在产品、价格、分销、供销等方面少有区别。采用迎头定位，企业必须做到知己知彼，自己是

否拥有比竞争者更多的资源和能力，是不是可以比竞争对手做得更好。若不是，迎头定位可能会成为一种非常危险的战术，会将企业引入歧途。

旅游业是一种容易进入的富有竞争性的产业。大多数企业产品之间的差别都很小，吸引的是同一细分市场的旅游者，因此它们在许多情况下采用的是与竞争对手定位相同市场，争取更多的市场份额的方法。这一方法的要点是：拥有每一家竞争对手的优势，再加上自己的优势，如企业在产品（服务）质量、价格、功能等方面的特色，从而使自己处于领先地位。

（二）定位在需求尚未被满足的新市场去获得创新利润

这一策略又称避强定位。这是一种避开强有力的竞争对手的市场定位模式。企业不与对手直接对抗，将自己定位于某个市场“空隙”，发展目前市场上没有的特色产品，开拓新的市场领域。这种定位的优点是：能够迅速地在市场上站稳脚跟，并在消费者心目中尽快树立起一定形象。这种定位方式市场风险小，成功率较高。

实际上，以上两种定位方法往往被结合起来使用。

四、旅游企业市场定位的过程

（一）明确企业的竞争对手

旅游企业的竞争对手，也就是本企业产品的替代者，包括企业面对的现实的竞争对手以及潜在的竞争对手。一般来说，企业的竞争对手应符合以下几个条件：

（1）地理位置相近；

（2）目标市场一致；

（3）产品和服务相同，产品档次相同或类似；

（4）价格相差一般不超过20％。

微课

产品定位的几个关键问题

（二）对竞争对手产品进行分析

在确定竞争对手后，企业必须从静态和动态两个方面了解、分析和比较竞争对手的情况，特别是竞争对手的产品种类、设备设施状况、服务质量及价格等情况，以了解企业产品的优势及不足。

（三）确立产品特色

确立产品特色是市场定位的出发点。首先，要了解市场上竞争对手的定位情况，了解其产品有何特色。其次，要研究旅游者对产品各属性的重视程度，并在市场定位时突出强调旅游者所关心的产品属性。最后要考虑企业自身的条件。有些产品属性虽然是旅游者比较重视的，但如果企业力所不及，也不应成为市场定位的目标。综合考虑这几方面的因素，企业可以明确自己所要确立的产品特色。

（四）树立市场形象

企业确立的产品特色是其有效参与市场竞争的优势，但这些优势不会自动地在市场上显示出来。要使这些优势发挥作用，影响旅游者的购买决策，需要以产品特色为基础树

立鲜明的市场形象，通过积极主动而又巧妙地与旅游者沟通，引起旅游者的注意和兴趣，求得旅游者的认同。

有效的市场定位并不取决于企业是怎么想的，关键在于旅游者是怎么看的。市场定位的成功直接反映在旅游者对企业及其产品所持的态度和看法上。

(五)巩固市场形象

旅游者对企业的认识不是一成不变的。由于竞争者的干扰或沟通不畅，会导致市场形象模糊，旅游者对企业的理解出现偏差，态度发生反转等。所以建立市场形象后，企业还应不断向旅游者提供新的论据和观点，及时矫正与市场定位不一致的行为，以巩固市场形象，维持和强化旅游者对企业的看法和认识。

学习效果检测

1. 女性宾客对酒店产品有哪些特别的需求？请调查希岸酒店是如何进行市场地位的，目前该酒店的发展状况如何。

2. 市场定位的作用？举例说明市场地位的基本过程。

项目小结

旅游市场细分是指企业根据旅游者特点及其需求的差异性，将一个整体市场划分为若干个具有类似需求特点的旅游者群体的活动过程。旅游市场细分有利于企业发展最佳的市场机会，有利于按目标市场的需求改良现有产品和开发新产品，有利于旅游企业集中使用资源。旅游企业只有通过科学的市场细分程序，才能划分出合适的细分市场。

旅游企业选择的目标市场必须具有适当规模和发展潜力、有较强的吸引力和竞争力，与企业战略和能力一致。企业的资源条件不同，所采取的目标市场策略也不同。目标市场策略归纳起来有三种：无差异目标市场策略、差异目标市场策略和集中型目标市场策略，每一种策略各有其适用的范围和优缺点。

市场定位是指企业为其产品即品牌确定市场地位，即塑造特定品牌在目标市场(目标顾客)心目中的形象，使产品具有一定特色，适合一定顾客的需求和偏好，并与竞争对手的产品有所区别。旅游企业可根据产品特色、顾客利益及有别于竞争者的属性进行定位。

模拟训练

目标市场策略

一、实训目的

1. 通过实例分析加深对市场细分、市场定位内涵的理解；

2. 通过对比分析，增强对市场定位重要性的理解。

二、实训组织

将学生分成若干小组，每组 5～8 人为宜，在教师指导下进行选题并分别采集不同的资料和数据，以小组为单位组织研讨，在充分讨论的基础上形成小组的课题报告。

三、实训内容

请同学们深入了解当地经济型酒店状况，都有哪些品牌，选择几家较强的竞争对手，分析它们是如何进行市场定位的，各自有怎样的差异化的竞争优势。

社交型酒店聚焦细分市场

如何触及 Z 世代，将他们花费时间与金钱最多的地方融入酒店展开活动，又将会掀起一场酒店行业新的革命和探索！不被档次所定义的社交型酒店——借助酒店的开放性和连通性，强化其社交功能的一种生活方式酒店。通过空间设计、功能打造以及主题活动，吸引客人走出房间，在公共空间享受社交的乐趣，同时也吸引本地居民将其作为社交的场所。

这几年，首旅如家旗下的逸扉、YUNIK HOTEL，锦江旗下的 IU、世茂喜达旗下的凡象以及万达与京东联合打造的宁波万达美华酒店、周大福集团首推的同派酒店等，几乎都具有社交属性。

既不向中端靠拢，又不向经济型下沉，只精准聚焦年轻人需求和喜好是 IU 的品牌特性。作为国内社交型酒店的代表品牌，IU 不仅打破酒店行业对档次的定义及划分，抛开了传统酒店打造思维，仅以与目标群体需求高度契合的品牌定位，成为酒店营收的一匹黑马。

自 IU 品牌诞生之初，年轻化及社交属性的基因就深入其品牌肌理，与时俱进、大胆创新已经成为 IU 运营的基本底色，为了提升年轻消费者对于 IU 这个酒店品牌的认知效率以及品牌黏性，IU 的创新及探索一直围绕着年轻人关注的热点，从早期的互联网思维到如今的社交、泛娱乐，等等，IU 永远跟着年轻人的趋势走——早期的酒店“互联网＋”延伸的 360°极速 Wi-Fi、再到酷玩文化下的社交游戏体验等，以及目前所推行的“IU＋X”模式，都是基于 IU 对年轻消费群体兴趣爱好的洞察研究，也体现了 IU 酒店的核心竞争力。

让酒店不止于“住”，通过多种形式的跨界创新，IU 将酒店张力发挥到极致，并找到社交型酒店与单体酒店融合的最佳适配之法，也为单体酒店找到盈利最大公约数的方法论。

如今，随着 Z 世代（1995～2009 年间出生，又称网络世代）的人口数量已超越千禧一代（1984～1995 年间出生），占据全球人口的三分之一，成为人口数量最多的一代。如何触及 Z 世代，将他们花费时间与金钱最多的地方融入酒店展开活动，又将会掀起一场酒店行业新的革命和探索，社交型酒店无疑是中流砥柱，而垂直于社交领域向更多细分探索的社交型酒店则更具有品牌张力，势将成为这场革命和探索中的先锋。

资料来源：迈点网，2020-11-25.

思考

1. IU 酒店的主要目标顾客群是哪一年龄段的群体?

2. 请调查 IU 酒店品牌有别于一般精品酒店的定位特色有哪些,市场细分发挥的作用。

策划旅游产品与制定价格策略

【学习方向标】

在这个项目里，我们从了解旅游产品开始，掌握旅游产品的价格构成，最终做到能够熟练应用价格策略进行多种多样的营销战术活动。

【学习目标】

★ 知识目标

1. 了解旅游产品的定义；
2. 理解旅游产品的价格构成；
3. 掌握旅游产品的价格策略。

★ 技能目标

1. 能熟练运用旅游产品组合策略；
2. 能针对旅行社当前情况进行营销策划；
3. 能针对情况选择合适的价格策略。

★ 素质目标

1. 培养学生的自主学习观念，价格策略不是一成不变的，需要根据内外部环境的变化随时调整；
2. 培养学生各方面的协调能力。

拓展阅读 | 红色旅游贵在创新

不忘初心、牢记使命，大力发展红色旅游是一项关系长远的政治工程、凝魂聚气的民心工程、造福百姓的富民工程。江西素有“红色土地”之称，拥有丰富的高品位红色旅游资源，是红色旅游大省。在江西这块红土地上，有中国革命摇篮——井冈山，人民军队摇篮——南昌，共和国摇篮——瑞金，工人运动摇篮——安源，还有改革开放思想发源地——小平小道，秋收起义策源地——萍乡，闽浙赣革命根据地“红色省会”所在地——葛源，苏区模范县——兴国，二万五千里长征出发地——于都，上饶集中营、永新县“三湾改编”、铜鼓县的“伟人福地”等一大批得天独厚、保存完好的红色资源，为发展红色旅游提供了重要条件。

近年来，江西依托丰富的红色旅游资源，紧紧围绕打造“中国红色旅游首选地”和红色旅游强省这一目标，创新载体，创新形式，创新业态，创新营销，切实增强红色旅游的吸引力、感染力、冲击力、震撼力和可持续发展能力，取得了显著成效。近几年，江西红色旅游接待人数和旅游收入连续保持 20%以上增速，2016 年，红色旅游接待人数达到 1.43 亿人次，综合收入 1 157 亿元。

创新形式和载体，让红色教育“火起来”。依托红色资源优势，挖掘红色文化内涵，把红色旅游与思想教育结合起来，以喜闻乐见的形式呈现在大众面前。比如，通过充分挖掘井冈山红色文化资源，设计内容新颖、寓教于乐、寓学于游的红色培训系列课程，推出的“吃一顿红米饭，唱一首红军歌，走一趟红军路，读一本红军书，听一堂传统课，扫一次红军墓”的“六个一”活动，使旅游过程动静结合、劳逸结合，有体验、有思考，受到广大游客特别是青少年的欢迎。目前，井冈山有培训机构 20 多家，参加红色培训人数突破百万人次，开创了红色培训的“井冈模式”。再比如，瑞金先后推出“十送红军”等 19 个与游客互动的情景剧表演，让游客穿红军装，扮演成各种革命角色，经历红色革命情景，让历史活跃起来，让文化深入人心。

大力开发“红色旅游＋”产品，提升红色旅游吸引力。面对游客日益多元化的需求，近年来，我们将红色旅游与绿色、古色相融合，打造复合型旅游产品、线路。比如，赣南一些县市在做好“寻访红色故都”“重走万里长征”的同时，充分利用红色旅游带来的“人气”，整合和提升当地客家文化旅游资源和其他特色旅游资源，开发了客家民俗风情游、赣南脐橙文化节等旅游活动，有效丰富了游客的选择。井冈山市提出“在红色景点中最绿”的口号，相继投资改造井冈明珠——挹翠湖，开发出龙潭、主峰、笔架山、大峡谷等生态景区，让游客在接受红色文化熏陶的同时，感受江西独特的绿色风景。

创新宣传营销模式，扩大红色旅游影响力。在全国首创推出“江西风景独好”旅游特卖会的全新营销模式，并前往北京、福州、厦门、上海、西安等 60 多个城市举办特卖活动，让利热卖旅游线路和产品，实现了旅游品牌推广与旅游产品营销的结合。组织推进全省旅游推广“四个一”工程，即各市区和重点旅游景区推出一句旅游宣传口号、一本旅游宣传画册、一部旅游宣传片、一首旅游歌曲，营造浓郁的红色旅游发展氛围。

着力改善旅游配套设施，筑造一批红色经典景区。持续加大对旅游公路、游步道、游客服务中心、旅游厕所等红色旅游设施的投入，近五年来江西共完成 20 余条红色旅

游公路建设，总里程300多公里，大大增强了红色旅游景区的可进入性。同时，一大批红色经典景区完成了改造升级，瑞金“共和国摇篮”景区成功升格为国家5A级景区，上饶集中营、南昌新四军军部旧址、安源路矿工人运动纪念馆等红色经典景区也正以全新姿态迎接八方游客的到来。

深度推进区域旅游合作，实现红色旅游地互利共赢发展。作为红色旅游的主要倡导者和推动者，在红色旅游发展初期，江西就率先打破省内、省际的行政区域壁垒，积极推动“线路互通、游客互送、资源共享、共同发展”，首开红色旅游合作先河。与贵州、陕西等省红色景区共同签署了《共同发展红色旅游井冈山行动纲领》，今年又牵头与20多个省市成立“中国红色旅游推广联盟”并举办大规模的中国(江西)红色旅游博览会，被业界评价为推广红色旅游的创新之举，实质性地推动红色旅游向深层次、可持续发展。

通过江西红色旅游的探索和实践，若想成功开发红色旅游，应做到如下几点：

(1)红色旅游必须走主题化道路。要结合现实工作的需要，深入挖掘红色旅游内涵，明确活动主题，开展红色旅游。如学习贯彻党的十九大精神、开展“两学一做”“三会一课”学习教育等，到“三湾改编”“朱毛挑粮小道”“三大纪律、八项注意”发源地、“红井”等景区景点培训讲解，目击为证，不忘初心。

(2)红色旅游必须走生活化道路。针对许多红色旅游产品缺少吸引力，项目内涵空乏、展陈方式单一、表现手段落后，不适合现代审美观念和旅游者消费取向的问题，发展红色旅游必须在保证思想性的前提下，贴近实际、贴近生活、贴近群众，融知识性、科学性、娱乐性于一体，真正达到寓教于游、以游促教的目的。

(3)红色旅游必须走品牌化道路。以品牌树立形象，以品牌开拓市场，是江西推动红色旅游健康快速发展的重要经验之一。一方面，应加大对基础设施、旅游服务设施、公共服务设施的建设，精心打造红色精品景区，完善红色旅游目的地体系，推出红色精品线路。另一方面，应充分利用媒体宣传、活动推广如举办杜鹃花节、大型实景演出《井冈山》等多种方式，对红色旅游品牌进行宣传推广，运用红色文化元素，打造红色旅游商品，增强红色旅游的市场竞争力。

(4)红色旅游必须走融合化道路。旅游产业天生就具有与其他产业融合的特性，红色旅游尤其需要走融合发展的道路。应推进产业内融合，加强与绿色、古色等其他旅游资源融合，形成以红色为主导的多彩旅游产品；推进产业间融合，大力发展“红色旅游＋体育健身”“红色旅游＋户外拓展”“红色旅游＋文化教育”等新型旅游业态；推进景区间融合，以各自不同的特色，形成主题性、复合性线路，满足旅游者的多元需求。

(5)红色旅游必须走合作化道路。红色旅游不能孤立发展。一方面，应深化国内区域合作。积极开展跨区域、跨省际红色旅游的联合协作发展，如重走长征路，非多省合作难以完成。另一方面，应积极推动红色旅游国际化合作。红色精神是人类的共同财富，国外有很多非常有名的红色景区景点，如在英国的马克思墓、在俄罗斯的中共六大会址等，我们要开展国家之间的合作，鼓励发展民间红色旅游，让红色精神传播久远。

资料来源：搜狐旅游网.

|思考|

1. 为什么要打造红色旅游产品？红色旅游产品对于后人有什么意义？
2. 旅行社在打造红色旅游产品时有什么注意事项？

任务1　认识旅游产品及定价因素

任务提出及实施

1. 了解旅游产品的内涵；
2. 理解影响旅游产品定价的因素；
3. 掌握旅游产品的定价方法。

请同学们在教师的讲解和引导下，学习应用知识储备，查阅相关资料，分组讨论完成上述任务。

任务关键词

旅游产品；定价目标

案例导入　西北赏花热度猛增，机票降价带动春季赏花游价格下跌

随着近期全国大部分地区气温升高，各地逐渐进入赏花季，樱花、油菜花、桃花等竞相开放，人们的春游踏青热情升温。携程数据显示，2月底"赏花"关键词在携程平台的搜索量环比增长280%，近期在携程预订赏花景区的人数相比2019年同期增长115%。途牛表示，随着全国各地花海逐渐进入最佳观赏期，平台上的赏花线路咨询预订量大幅增长。6人游方面对新京报记者表示，赏花目的地中，除了往年咨询较多的云南、贵州、江西之外，西藏、新疆咨询量增长较多，这两年无法出境游，定制客人更愿意选择一些国内相对小众的目的地。从携程门店的报名情况来看，西藏桃花、新疆杏花之旅最受欢迎，其中不乏"随心飞"去看花的游客，当前预订西藏桃花节期间产品的人数相比2019年同期增长80%。

具体到赏花地点，携程发布的元宵节之后赏花目的地访问数据显示，无锡鼋头渚、南京梅花山、苏州香雪海、江西婺源风景区、北京颐和园、成都漫花庄园、武汉大学、湖南省森林植物园、重庆南山植物园和广州宝墨园，是近期人气上升最快的国内热门赏花目的地。

同时，随着疫情防控形势向好，周边游率先复苏，城市周边的赏花游热度迅速飙升。途牛表示，从当前用户预订偏好来看，行程相对短的周边游受到较多用户的喜爱。近期，北京市文化和旅游局也推出了12条赏花游主题线路，线路及目的地涵盖北海公园、中山公园、景山公园、明城墙遗址公园、颐和园等。

赏花游产品价格与往年持平或略有降低

在赏花游产品的价格方面，众信旅游表示，与之前国内赏花游产品价格基本持平，未出现明显涨价情况。6人游则表示，今年春季的旅游价格比2019年稍低(2020年不做比较)，主要是因为机票和酒店价格有所降低。春节后机票降价为赏花踏青旅游增添了动力。携程的数据显示，2021年3月经济舱不含税机票均价为503元，相较于2019年同期下降约20%。其中，广州—南京下降幅度为45%、北京—成都下降幅度为43%、上海—昆明下降幅度为33%、北京—昆明下降幅度为28%。

而在赏花游产品设计上，各旅游企业也推出了不同价格和类型的线路产品，不拘泥于步行赏花，而是涵盖游船、空中俯瞰等多种方式，同时增加了当地文化体验、跟拍等服务。比如鸿鹄逸游推出的高端赏花游产品——无锡樱花游，除了海陆空多角度观赏，还增加了古宅老院品茶煮酒、专业摄影师樱花跟拍、体验非遗手作等行程。众信旅游方面也表示，赏花游团队配置摆脱了以往30～40人的大型团队规模，在产品体验上，藏装拍照、篝火晚会、民间表演等丰富了产品的体验。随着体验增加，产品游览整体多偏中长线，能够一次性更加深入地游览整个目的地。

资料来源：新京报，2021-03-10.

| 案例分析 |

1. 赏花旅游产品与常规旅游线路相比，有何不同？
2. 试分析该产品的反响。

应用知识储备

一、旅游产品概述

(一)旅游产品的定义

旅游产品不仅包括有形的实物产品，还包括无形的服务产品。从旅游供给的角度说，旅游产品是指旅游经营者借助一定的旅游资源和旅游设施，为旅游者提供满足其在旅游过程中综合需要的服务。从旅游需求的角度看，旅游产品就是旅游者通过向旅游产品供应商购买的全部产品和服务的总和。

(二)旅游产品的构成

从旅游产品形式上看，旅游产品可以理解为核心产品、形式产品和附加产品三个层次的组合。核心产品是指旅游产品的使用价值，是提供给旅游者的核心利益；形式产品是指旅游产品的外在表现形式，包括旅游产品的价格、形态、商标、品牌、质量、类型等；附加产品是指旅游产品的延伸部分，是给旅游者的附加利益。

从旅游产品的内容上看，旅游产品由旅游资源、旅游设施和旅游服务三部分构成。旅游资源是吸引旅游者的主要因素；旅游设施是旅游产品的基础，为旅游者提供必需的物质条件；旅游服务是旅游产品的主线，贯穿在整个旅游过程中。

(三)旅游产品的生命周期

旅游产品的生命周期是指某种旅游产品从进入市场开始,经过成长期、成熟期到最后被淘汰出市场的整个过程。旅游产品生命周期,理论上可分为导入期、成长期、成熟期和衰退期四个阶段。

二、旅游产品价格

(一)旅游产品价格的含义

旅游产品价格是旅游产品价值的货币表现,是由旅游产品的内在价值和消费者附着在旅游产品上的心理价值综合决定的。旅游产品价格的形成,不仅受定价目标的制约和引导,还受其他诸多因素的影响。

(二)影响旅游产品定价的因素

1. 旅游产品成本

旅游产品成本是由旅游产品的生产过程和流通过程所消耗的物质和支付的劳动报酬所形成的。旅游企业在确定旅游产品的价格时,要使总成本得到补偿并获取利润,旅游产品的价格就要超过旅游产品的成本。

2. 旅游产品供求关系

当旅游产品的供求关系发生变化时,旅游产品的价格也要发生变化。一般来说,在旅游旺季,旅游产品的价格呈现上涨趋势;而在旅游淡季,旅游产品的价格呈现下降趋势。

3. 旅游市场竞争状况

旅游市场的竞争越激烈,对旅游产品定价的影响就越大。

4. 旅游市场需求

旅游市场需求对旅游产品价格的制定有着重要的影响。一般来说,旅游景点产品、旅游购物、旅游娱乐的需求弹性相对较高,旅游企业可用降价来刺激旅游者的需求,扩大销售;而旅游餐饮、旅游住宿、旅游交通的需求弹性相对较低,价格的变动对旅游者的需求变化无太大影响。

5. 旅游企业营销目标

旅游企业在市场营销中总是根据不断变化的旅游市场需求和自身实力状况,并出于短期或长期的发展考虑,确定旅游企业的营销目标和旅游产品价格的。

6. 汇率变动

汇率变动的影响主要通过旅游产品的报价形式反映出来。若外国货币升值对海外旅游者有利,有利于促进海外旅游者人数的增加;若旅游目的地国家或地区的货币升值,就有可能造成入境旅游者减少。

7. 通货膨胀

旅游目的地的通货膨胀会造成单位货币的购买力下降,使旅游企业产品的生产成本、经营费用增加,从而迫使旅游企业提高旅游产品的价格,并且,只有使价格的提升幅度大

于通货膨胀率，才能保证旅游企业不致亏损。

8. 政府宏观管理

政府对旅游产品价格的宏观管理，主要通过行政、法律手段来进行调节。为维护市场秩序、规范市场行为，限制旅游企业不正当竞争或牟取暴利，政府以行政、法律手段制定旅游产品的最高和最低限价，维护旅游企业和旅游者的利益。

（三）旅游产品定价目标

旅游产品定价目标是指旅游企业在制定旅游产品价格时所要达到的目的。旅游产品定价目标是旅游企业营销目标的基础，也是旅游企业选择定价方法和制定价格策略的依据。由于旅游企业的营销目标有各种选择，所以旅游产品的定价目标有多种形式。

1. 以追求利润最大化为目标

旅游企业期望通过制定较高的价格，迅速获取最大利润。这种定价目标适用于旅游企业的旅游产品在旅游市场上享有很高的声誉、在旅游市场竞争中处于绝对有利的地位的情况。但旅游企业以取得最大利润为定价目标并不意味着旅游企业的价格最大化。旅游企业选用这种定价目标，必须对旅游产品成本与市场需求做出精确的预测，并据此制定适当的价格，以吸引旅游者、扩大销售规模，从而获取最大的利润。通常情况下，旅游企业以取得最大利润为定价目标制定旅游产品价格，应着眼于旅游企业取得长期的最大利润，而不是短期的最大利润。

2. 以实现预期投资收益率为目标

预期投资收益率是指预期的收益占投资额的百分比。实现预期投资收益率是旅游企业常采用的一种旅游产品定价目标。在这种定价目标下，旅游企业在制定旅游产品价格时就必须考虑旅游产品的投资总额，并估算怎样的旅游产品价格才能在预定期内收回成本并获得一定的利润。在其他条件不变的情况下，旅游产品价格的高低取决于旅游企业确定的投资收益率的高低。如果旅游企业投资为银行借贷资金，那么预期投资收益率要高于银行贷款利率；如果投资为旅游企业的自有资金，那么预期投资收益率要高于银行存款利率；对竞争者较少的旅游产品，预期投资收益率可定得高些，反之则应定得低些。

3. 以维持企业生存为目标

当企业遇到经营困难时，为维持业务、等待市场转机以让企业度过生存危机，旅游企业管理人员一般会采取低价策略，即以低价吸引旅游者。旅游企业在市场低迷时可以求生存为目标，待旅游市场情况好转后再从求生存转变为谋发展。

4. 以提高市场占有率为目标

市场占有率是指旅游企业某种旅游产品销售额占旅游市场同类旅游产品销售额的比例。旅游企业以提高市场占有率为定价目标，主要目的是维持和扩大旅游产品的市场销售量，并为提高旅游企业利润提供可靠的保证。

5. 以适应竞争为目标

为适应竞争，旅游企业往往以对旅游市场有决定影响的竞争对手的旅游产品定价为参照，来制定旅游产品的价格。实力较弱的旅游企业，主要采用与竞争者价格相同或略低

于竞争者的价格销售旅游产品；实力雄厚的旅游企业，主要采用低于竞争者的价格销售旅游产品，以防止竞争对手抢占份额。

(四)旅游产品定价方法

旅游企业进行旅游产品定价时，一般遵循旅游产品成本是旅游产品价格的下限，竞争者与替代产品的价格是旅游产品定价的出发点，旅游者对旅游产品特有的评价是旅游产品价格的上限的原则。因此就形成了成本导向、需求导向、竞争导向三种基本的定价方法。

1. 成本导向定价法

(1)成本加成定价法。成本加成定价法是指在单位旅游产品成本的基础上，加上预期利润而制定的旅游产品价格。用公式表示为

$$\text{旅游产品价格}=\text{单位产品成本}\times(1+\text{加成率})$$

公式中，单位产品成本是单位产品变动成本与平均分摊的固定成本之和，加成率是单位产品的预期利润率。

成本加成定价法的优点是计算简单、简便易行；缺点是未考虑旅游市场的需求和竞争因素，缺乏灵活性。成本加成定价法主要应用于制定旅行社产品、饭店餐饮产品方面的价格。

(2)目标利润定价法。目标利润定价法是指旅游企业根据估算的总成本和预计的总销售量，确定应达到的目标利润，从而制定的旅游产品价格。用公式表示为

$$\text{旅游产品价格}=(\text{总成本}+\text{目标利润})\div\text{预计销售量}$$

或

$$QP=M+F_v+QC_v+QPf$$

公式中，M 为目标利润；Q 为实际销售量；F_v 为固定成本；C_v 为单位变动成本；f 为营业税率。

目标利润定价法的优点是，如果旅游企业预计的销售量和估算的总成本都比较准确，则能实现预期的目标利润。缺点是此方法是以预计销售量来制定价格的，而价格是对销售量起决定性作用的因素，所以目标利润定价法计算出来的价格，难以保证销售量的必然实现，尤其是当旅游产品的需求弹性较大时，这个问题更为突出。因此，只有经营垄断性旅游产品或具有很高市场占有率的旅游企业才有可能采用目标利润定价法进行定价。

2. 需求导向定价法

需求导向定价法是根据旅游者的需求强度、需求特点以及旅游者对旅游产品价值的认识和理解来制定价格的。常用的需求导向定价法主要有以下两种：

(1)需求差别定价法。即根据需求的差异确定旅游产品价格，强调适应消费者的不同特性。它往往对同一产品制定两个或两个以上的价格，或使不同产品价格之间的差额大于其成本之间的差额。

(2)理解价值定价法。即以消费者对产品价值的认识及理解作为定价的基本依据来制定产品价格。把买方的价值判断与卖方的成本费用相比较，定价时更应侧重考虑前者，因此正确估计购买者所承认的价值是旅游企业采用此法的关键。

3. 竞争导向定价法

竞争导向定价法是指旅游企业以旅游市场竞争对手的价格为基础的定价方法。它以旅游市场竞争为中心，结合旅游企业的自身实力状况、发展战略等因素来制定价格。竞争导向定价法主要有以下两种：

（1）率先定价法。率先定价法是一种主动竞争的定价方法。旅游企业根据自身旅游产品的实际情况以及与竞争对手旅游产品的差异状况率先制定出符合市场行情的价格，以便在竞争中处于主动地位。

（2）随行就市定价法。随行就市定价法是指旅游企业以旅游市场上同类旅游产品的平均价格水平为基础来确定旅游产品价格的定价方法。

学习效果检测

1. 请分析旅游产品的构成。
2. 请分析影响旅游产品定价的因素。
3. 请简述旅游产品的定价目标。

任务 2　策划旅游产品与产品组合

任务提出及实施

1. 了解产品组合的作用；
2. 掌握旅游产品组合策略。

请同学们在教师的讲解和引导下，学习应用知识储备，查阅相关资料，分组讨论完成上述任务。

任务关键词

旅游产品策划；旅游产品组合

案例导入　同程航旅推出“空铁联运红色旅游”项目

为促进红色旅游高质量发展，近日，同程航旅协同旗下同程旅游、湖南航空，在湖南省机场管理集团等单位支持下，率先打造了“空铁联运红色旅游”项目，发挥“航空＋旅游”产业平台优势，推动湖南“航空＋旅游”产业融合。

同程旅游“游中华，感受百年荣耀”红色主题首发团从江苏无锡搭乘湖南航空精心布置的红色主题航班抵达湖南长沙后，通过空铁联运方式，乘坐高铁专列前往湖南韶山。“游中华，感受百年荣耀”红色主题首发团将重点打卡韶山、橘子洲头等湖南省内红

色旅游核心景区以及张家界、凤凰古城等著名景区。同程旅游和湖南航空将分别在旅游产品策划、线上线下运营收客以及航线运营、接驳协调等方面发力，为游客提供玩、吃、住、行全面升级的"一站式"出游服务。目前，红色旅游正在成为中国国内旅游经济的新热点。此次，同程旅游推出的"游中华，感受百年荣耀"红色主题游打造了由百条红色线路组成的红色旅游产品矩阵，在旅游产品策划及服务上，为游客提供定制化、更舒适的出游体验。一场行程中，游客可同时体验到机场快速通道、包机、空铁联运等流畅的交通体验。湖南航空主题航班机舱内的红色文化氛围布置以及长沙至韶山高铁专列上的趣味党史知识互动和唱红歌活动，都让游客生动地感受了红色精神。

据悉，"游中华，感受百年荣耀"主题游将持续贯穿2021年全年，3月至6月开展形式丰富的"重走革命老区"公益活动，7月至9月将有"红色游学""红色走进校园""回忆峥嵘岁月"等活动，可覆盖学生、白领、中老年等不同人群需求。除红色旅游以外，同程旅游也将着手打造红色好物直播节，以旅游新玩法助力惠农文旅产品传播。

资料来源：文旅中国，2021-04-23.

| 案例分析 |

1. 红色旅游策划还需要考虑什么问题？
2. 关于红色旅游的旅游产品策划你还有什么思路？

应用知识储备

一、旅游产品策划

（一）旅游产品策划的含义

旅游产品策划是旅游业发展的基本性策划，没有旅游产品策划，旅游业发展无从谈起。自然资源、文化资源、经济市场、道路交通，都是旅游产品策划凭借的旅游资源基础和旅游发展环境条件。旅游产品策划分为宏观和微观两个部分。本书侧重于微观产品策划部分。

微观旅游产品策划包括三个方面：第一方面是旅游产品主体策划，由旅游产品项目策划、旅游产品定位策划、游憩方式策划、旅游景观策划、旅游产品整合策划等构成；第二方面是辅助性旅游产品策划，由旅游功能分区策划、旅游空间布局策划、旅游交通与旅游步道策划、旅游设施与配套策划、旅游环境保护策划等构成；第三方面是拓展性旅游产品策划，由旅游产品盈利模式策划、旅游产品核心吸引力策划、旅游产品投入产出策划、旅游产品营销策划、旅游产品融资策划等构成。

（二）旅游产品策划的要求

成功的旅游产品策划的四条标准：定位准确、核心吸引力凸显、游玩方式适应旅游者需求、投入产出合理。

二、旅游产品组合

旅游企业要提高在市场上的适应能力和应变能力以及对风险的承受能力，仅靠单一的旅游产品是无法实现的。旅游企业应依据市场竞争状况，对企业营销的各类产品进行组合，并制定成有效的产品组合策略。

（一）旅游产品组合的相关概念

旅游企业提供给目标市场的不是单一的产品，而是产品组合。从旅游市场营销学角度，所谓旅游产品组合是指旅游企业经营的全部旅游产品系列（旅游产品线）和旅游产品项目的组合或搭配。而旅游产品如何组合或搭配是由旅游产品线以及旅游产品组合的广度、长度、深度和关联性决定的。

1. 旅游产品线

旅游产品线是指密切相关、能满足同一类需求的一组产品，即我国通常所指的旅游产品大类。

2. 旅游产品组合的广度

旅游产品组合的广度是指旅游企业生产和经营旅游产品线的数量。企业的旅游产品线多则为宽产品线；反之，则为窄产品线。宽产品线的组合，可以从多方面满足旅游需求，拓宽市场面，增加销售额，提高经济效益，充分利用旅游企业的人、财、物，发挥潜力，适应竞争状况，减少旅游市场变化带来的风险，提高企业自身的应变能力。而窄产品线的产品组合，可使企业集中力量，提高旅游产品的质量，便于提高专业化水平，降低旅游企业经营成本。

3. 旅游产品组合的长度

旅游产品组合的长度即产品组合中所包括的产品项目的多少。产品项目是指旅游产品大类中各种不同品种、规格、质量和价格的特定产品。

4. 旅游产品组合的深度

旅游产品组合的深度是指旅游企业产品线中每种产品所提供的花色、规格的多少。通过计算每种产品所提供的差异性，就可算出企业产品组合的平均深度。深的旅游产品组合能在旅游市场细分化的基础上扩大旅游市场，满足不同旅游消费者，提高市场占有率，在生产上实现批量少、品种多，有利于企业经济效益的提高。而较浅的旅游产品组合，便于企业集中力量发挥专长，创名牌产品，吸引旅游消费者，增加旅游产品销售量，可进行批量生产以求得规模效益，降低企业成本。

5. 旅游产品组合的关联性

旅游产品组合的关联性指旅游企业的各个产品线在最终使用、生产条件、分销渠道或其他方面的关联程度。相关性大，可使企业精于专业，提高旅游企业与产品的市场地位，有利于经营管理水平的提高。

旅游企业产品组合的广度、长度、深度越多，组合出来的局部产品就越多，但不一定经

济效益就高。产品越多，意味着成本越高，投入的服务也越多，质量也就越难保证。因此，旅游企业应根据实际情况，结合自身条件来确定产品组合。

（二）旅游产品组合的作用

旅游产品组合对企业市场营销具有以下几个方面的作用：

1. 更好地满足旅游消费者的需求

旅游产品生产出来的目的是满足旅游消费者的需求。旅游企业通过产品组合可以推出不同类别、不同档次、不同数量、不同特色的旅游产品，这些产品能够有效地满足旅游消费者的多样化需求。但不同企业应根据各自的实际情况，对产品进行科学合理的组合，在满足消费者需求的同时确保企业市场营销的成功。

2. 树立旅游企业和产品形象

不同的旅游产品组合可以树立不同的产品的整体形象。在产品组合策略中，旅游企业应利用主导产品来强化企业和产品的形象。在主导产品的经营上，可配以一定数量、一定档次的副产品，来完善产品组合。

3. 实现良好的经济效益

科学合理的旅游产品组合能分散企业投资风险，使产品适销对路，在市场上具有较强的竞争力，从而获得良好的经济效益。倘若产品组合适应不了市场需求的变化，即便是高质量的新产品，也不能在短期内进入市场，企业需要花费较大的人力、物力和财力，开展较多的营销工作，其结果往往事倍功半。

（三）旅游产品组合策略

旅游产品组合策略实质上是旅游企业为了满足目标市场的需求，对旅游产品线的长度、广度、深度和关联性进行的选择、决策，以使组合最优。

一般而言，旅游企业进行旅游产品组合策略，一般包括以下几种：

1. 旅游产品组合扩展策略

即旅游企业扩大产品组合的广度，增加现有产品线，经营多种旅游产品，满足多个目标市场需要。这一策略有利于旅游企业扩大经营范围，实现多元化经营，充分利用资源，提高经济效益。旅游企业采用这一策略的条件是：旅游产品系列之间的关联度要强，否则会加大旅游企业的经营风险。旅游企业应明确和突出主导旅游产品的优势，有步骤、分阶段地加宽旅游产品组合的广度。否则，会造成资金、资源紧张。

2. 旅游产品组合削减策略

即旅游企业缩小旅游产品组合广度，使之成为较窄的产品组合的策略。这一策略可以减少旅游企业资金占用，提高资金利用率，实现旅游生产的专业化，淘汰已经过时的旅游线路。旅游企业采用这一策略的条件是：旅游企业产品处于饱和或激烈的市场竞争状态。旅游企业为有效地利用资源，可以放弃获利较小的产品系列；追求专业化经营，以集中人力、物力、财力等，突出企业经营优势。

3. 旅游产品组合改进策略

即旅游企业改进现有产品，向旅游产品组合的深度发展的策略。这一策略可以增加细分市场，吸引更多的旅游者，提高旅游产品的质量，改变旅游参与方式，扩大旅游者的参与，使产品以新的形式出现在市场上。在实践中，旅游企业应根据市场变化不断调整旅游产品组合结构，使旅游产品组合深度保持在合理的范围内。

4. 旅游产品组合价格策略

即旅游企业在原有旅游产品组合的基础上依据旅游者需求增加相应的价格较高的精品旅游产品组合和价格较低的普通旅游产品组合的策略。较高价格的精品旅游产品是旅游企业的主推产品，但不一定是高价产品。相对应地，普通产品则是利用精品旅游产品的声誉吸引消费能力有限的旅游者，使旅游产品大众化。旅游产品的这种价格策略容易使名牌产品失去信誉，因此旅游企业应谨慎使用。

由于市场环境的不断变化，旅游产品组合中的每一个因素也会随着形势的变化而不断变化。旅游企业必须经常分析自己产品组合的状况和结构，根据市场环境变化调整产品组合，在变动的形势中寻求产品组合的最优化。

衡量旅游产品组合的优劣通常是以各项经济技术指标来显示的，主要有组合中各产品项目的产品销售率、企业利润率和市场占有率，以此判断各产品项目的发展潜力和趋势，开发新产品、淘汰疲软产品，调整企业的产品组合。

学习效果检测

1. 请简述微观旅游产品策划的内容。
2. 请说明旅游产品组合的作用。
3. 请简述旅游产品组合的策略。

任务3　制定旅游产品价格策略

任务提出及实施

1. 掌握旅游产品定价策略；
2. 通过查阅资料、旅游企业调研等方式，完成旅游企业的产品定价分析。

请同学们在教师的讲解和引导下，学习应用知识储备，查阅相关资料，分组讨论完成上述任务。

任务关键词

新产品定价策略；心理定价策略；折扣定价策略

案例导入 案例导入：哪天最值？北京环球度假区门票价，定了！

2021年9月1日，北京环球度假区正式宣布，将于9月14日起正式向公众发售包括北京环球影城指定单日门票在内的多种票务产品。同时，度假区内两家度假酒店——环球影城大酒店及诺金度假酒店也将同步开启预订。

据了解，北京环球影城指定单日门票将采用四级票价结构，推出淡季日、平季日、旺季日和特定日门票。淡季日门票价格为人民币418元；平季日门票价格为人民币528元；旺季日门票价格为人民币638元；特定日门票价格为人民币748元。

除北京环球影城指定单日门票—标准票以外，北京环球影城主题公园还将为特殊群体提供优惠：儿童（购票当日3至11周岁，含3周岁和11周岁）、老年人（购票当日65周岁及以上，含65周岁）、残障人士（需提供有效残障人士证件）均可享受当日单人门票价约七五折优惠。年龄在3周岁以下的婴幼儿（同行游客购票当日）可以免票进入北京环球影城主题公园。

与此同时，北京商报记者还了解到，北京环球影城主题公园目前所售门票均为单日限定日期门票，仅限所选日期使用，一经售出只限绑定有效身份证件者本人使用，不得转让或转售。同时，北京环球度假区将提供90天滚动价格日历，以方便游客提前规划行程。

除了票价，在园区内一天的人均消费是多少，也是不少游客关注的。北京商报记者在北京环球度假区内随机采访了游客陈女士，陈女士表示，一家四口到北京环球度假区体验，一天下来，园内餐饮方面的人均消费在100～200元左右。此前，北京商报记者也来到北京环球度假区体验，其中，在园区内的“哈利·波特的魔法世界”的“三把扫帚”餐厅内，一份烤鸡拼盘价格为98元，一份烤鸡排骨套餐仅为118元，且有游客还表示，套餐分量很足，甚至一个成年人都吃不下。此外，在北京环球度假区的商店内，北京商报记者也看到了一些深受游客们喜爱的纪念品。其中，像哈利·波特互动魔法棒，售价为349元，而像哈利·波特影迷喜爱的魔法袍，售价为849元。北京商报记者还查询到，日本大阪环球影城中哈利·波特的魔法袍价格为14 500日元，约合人民币853元（按当前汇率），相比之下，北京环球影城售卖的魔法袍价格甚至还要略微便宜一些。

随着北京环球度假区门票价格尘埃落定，到底北京环球度假区门票价格在全球范围内处于什

么水平，北京商报记者也登录了全球各大环球影城的网站，为大家一探究竟。据了解，位于佛罗里达州的奥兰多环球影城（一园票）成人票价为109美元（约合707元人民币），3～9岁的儿童门票为104美元（约合674元人民币）。与此同时，好莱坞环球影城的票价与奥兰多环球影城票价持平。好莱坞环球影城的成人票价为109美元（约合707元人民币）。另一边，票价与北京环球度假区最为接近的就是日本大阪环球影城了。北京商报记者了解到，成人一日票为8 900日元（约合524元人民币），4～11岁的儿童票为6 200日元（约合365元人民币），65岁以上的老人票价则是8 000日元（约合471元人民币）。不过，相比之下，北京环球影城的面积却大得多。据了解，北京环球影

城的面积为1.2平方千米，而日本大阪环球影城面积则仅为0.54平方千米。目前，新加坡环球影城的票价是全球最低的，不过也与其园区小有着很大关系。据悉，新加坡环球影城(1日票)成人票为81新币(约合387元人民币)，4—12岁的儿童票价为61新币(约合292元人民币)，乐龄人士(60岁或以上)票价为43新币(约合206元人民币)。不过，新加坡环球影城的面积仅为0.2平方千米。由此可见，在全球范围内，北京环球度假区的票价还是处于适中的位置，单日票价比日本以及美国的环球影城都要低。

在尚游汇文旅董事长看来，北京环球度假区的票价合理，在全球5个环球影城中票价仍属偏低水平，对于大众游客还是可以接受的。除此之外，北京环球度假区内还具有多个IP，所以这个价格并不算贵。

资料来源：北京商报 2021/09/02

案例分析

1. 为何北京环球度假区要制定四级票价结构？
2. 度假区内餐饮产品和纪念品定价采用了什么样的定价策略？

应用知识储备

旅游企业在确定了基本定价的方法后，由于竞争和旅游者的需要，旅游企业还必须运用一定的定价策略和技巧，灵活地运用价格手段，使其适应旅游市场的不同情况，从而实现旅游企业的营销目标。

一、新产品定价策略

旅游新产品定价是旅游产品定价策略中一个非常重要的问题，它关系到旅游新产品顺利地进入旅游目标市场，并为以后占领旅游目标市场打下基础。旅游新产品定价策略主要有撇脂定价策略、渗透定价策略、满意定价策略。

(一)撇脂定价策略

撇脂定价策略是一种高价格策略，即在旅游新产品进入市场初期定高价，以求在短期内获取较高的利润。这种价格策略犹如从鲜奶中撇取奶油，因而被称作撇脂定价策略。

撇脂定价策略，有利于旅游企业在短期内取得高额利润，尽快收回投资；而且这种定价策略降价空间较大，可以在竞争加剧时采取降价手段，既可限制竞争者的加入，又符合旅游者对价格从高到低的客观心理反应。缺点是：旅游新产品有可能因高价抑制旅游市场需求，影响市场开拓，导致销售量减少，不一定带来高额利润；此外，高价会刺激更多竞争者进入市场，使旅游新产品的价格下降，缩短旅游新产品的高额利润时期。这种定价策略一般适用具有独特技术、不易仿制、生产能力不能迅速扩大等特点的旅游新产品。

(二)渗透定价策略

渗透定价策略是一种低价策略，即旅游企业在旅游新产品投入市场时，以低价吸引旅游者，以便迅速占领旅游目标市场。其优点是：实行低价策略，有利于迅速打开旅游新产

品的销路,扩大市场销售量,还能阻止竞争对手加入,减少旅游企业的竞争压力。缺点是:它会导致投资回收期延长,旅游新产品若不能迅速打开市场或在遇到强劲的竞争对手时,会遭受重大损失。这种定价策略适用于能尽快大批量生产、特点不突出、技术简单的旅游新产品,如旅行社的观光旅游产品、低星级饭店的客房产品等。

(三)满意定价策略

满意定价策略是一种折中价格策略,它是介于撇脂定价与渗透定价之间的一种价格策略,即旅游企业所制定的旅游新产品的价格比撇脂定价低,比渗透定价高,旅游企业与旅游者都能接受的价格。其优点是:有利于吸引旅游者,促进旅游新产品的销售,保证旅游企业取得一定的利润。缺点是:很难制定出买卖双方都感到满意的价格,难以适应复杂多变的旅游者的需求或竞争激烈的旅游市场营销环境。

二、心理定价策略

心理定价策略是指旅游企业运用心理学原理,根据不同类型旅游者在购买旅游产品时的不同购买心理对旅游产品进行定价,以诱导旅游者购买的一种策略。

(一)尾数定价策略

尾数定价策略也称非整数定价策略,即旅游企业给旅游产品制定一个以零头数结尾的非整数价格,从而使旅游者产生经过精确计算的最低价格的心理。同时,旅游者会觉得旅游企业定价认真,对旅游者负责。尾数定价策略给旅游者便宜感。如某旅游产品99元,虽然仅比100元差一元钱,但看起来却更具有吸引力。这种定价策略一般适用于价格低的旅游产品。

(二)整数定价策略

整数定价策略是指旅游企业把旅游产品的价格定为整数的一种策略,如将旅游景点门票的价格定为100元。在旅游市场上,旅游者难以了解旅游产品的性能和质量,往往只能凭借旅游产品的价格来认识,旅游企业采用整数定价,可以提高旅游产品本身的价值,使旅游者产生“一分钱一分货”的心理效应,从而促进旅游产品的销售,提高旅游企业的经济效益。这种定价策略适用于高档、名牌旅游产品。例如,旅游产品中的工艺品、高星级饭店的客房价格。

(三)声望定价策略

声望定价策略是指旅游企业针对旅游者“价高质必优”的心理,对在旅游者心目中有较高信誉的旅游产品制定较高价格的一种策略。旅游企业采用声望定价不仅能获得单位旅游产品的最高利润,而且有利于提高旅游产品的形象,进一步提高旅游企业的声望,同时也满足了旅游者购买旅游产品提高社会地位的心理。这种定价策略适用于知名品牌的旅游产品。

(四)招徕定价策略

招徕定价策略是指旅游企业有意将某一种或某几种旅游产品的价格定得很低,甚至低于成本,以价格低廉迎合旅游者的求廉心理而招徕旅游者,借机带动和扩大其他旅游产

品的销售。如饭店为招徕旅游者，每天都有特价菜，以吸引旅游者来就餐。一般情况下，采取招徕定价策略应与相应的广告宣传相配合。

三、折扣定价策略

折扣定价策略是指旅游企业为了吸引旅游者，扩大旅游产品的销售，或为了加强与旅游中间商的合作关系，在既定的旅游产品价格基础上，对旅游者或旅游中间商实行折扣价格的一种策略。

（一）数量折扣策略

数量折扣策略是指旅游企业为了鼓励旅游者或旅游中间商大量购买旅游产品，对达到一定购买数量的给予一定价格折扣的优惠策略。一般来说，购买数量越多，价格折扣就越大。数量折扣又分为累计数量折扣和非累计数量折扣两种形式，前者指在一定时间内，按购买者购买总量或总金额给予不同价格折扣；后者是按购买者每次购买总量或总金额给予相应的价格折扣。

（二）季节折扣策略

季节折扣策略是指旅游企业在旅游产品销售淡季时，为鼓励旅游者购买旅游产品而给予一定价格折扣的优惠策略。在旅游淡季，旅游企业客源不足、服务设施闲置，为吸引旅游者，旅游企业就制定低于旺季时的旅游产品价格以刺激旅游者的消费欲望。

（三）现金折扣策略

现金折扣策略是指旅游企业为鼓励旅游者或旅游中间商以现金付款或按期付款而给予旅游产品购买者一定价格折扣的优惠策略。如旅游企业在交易合同中的付款方式上经常有这类的字样“2/10 净价 30”，这就表示付款期为 30 天，如买方在 10 天内付款，给予 2%的折扣。旅游企业采取现金折扣策略的目的是鼓励旅游产品购买者提前付款，加速旅游企业的资金周转，从而扩大再生产。

（四）交易折扣策略

交易折扣策略也称功能性折扣策略，即旅游企业根据各类旅游中间商在旅游市场营销中所担任的不同职责给予不同的价格折扣。一般来说，旅游企业给予旅游批发商的折扣较大，而给予旅游零售商的折扣较小。旅游企业实行交易折扣策略的目的在于鼓励各类旅游中间商销售本企业的旅游产品，充分发挥各自组织旅游市场营销活动的功能。

四、差别定价策略

差别定价策略是指旅游企业根据旅游者对旅游产品的需求强度和需求弹性的差别，对相同的旅游产品以不同的价格销售的策略。

（一）游客差别定价策略

同一种旅游产品，旅游企业对不同的旅游者制定不同的价格。采用这种定价策略，可以稳定客源，维持旅游企业的基本销售收入。有时为了开拓新市场，增加销售收入也常采用此策略。

（二）产品形式差别定价策略

旅游企业对不同形式的同类旅游产品制定不同的价格。采用这种定价策略，可以满足不同旅游者的需求，使旅游产品更具有针对性。

（三）位置差别定价策略

旅游企业销售相同的旅游产品，可根据不同位置所造成的需求强度差异来制定不同价格。

（四）时间差别定价策略

在不同的时间，旅游者对同一种旅游产品的需求有明显的差别，因而旅游企业对同一种旅游产品在不同的时间应制定不同的价格。

学习效果检测

1. 旅游企业新产品定价策略都有哪些？
2. 旅游企业心理定价策略都有哪些？
3. 旅游企业折扣定价策略都有哪些？

项目小结

旅游产品价格是旅游者购买的旅游产品所支付的货币量，是旅游产品价值的货币表现。旅游产品价格制定是否合理及其策略运用得恰当与否，直接关系到旅游企业市场营销组合的科学性、合理性，进而影响到旅游企业市场营销的成败。影响旅游产品价格因素较多，既有旅游企业可控因素，又有不可控因素。旅游企业要使产品的价格决策更具有科学性，应建立一套科学的决策机制，按规范的程序运作这些程序：确定价格目标、测定需求量、量本利分析、分析竞争者价格与产品、选择定价方法和确定最终价格。

不同的旅游产品定价目标决定了不同的旅游产品定价方法，体现出旅游企业不同定价策略的运用。常见定价策略有新产品定价策略、心理定价策略、折扣定价策略、差别定价策略，每种定价策略各有优缺点和适用条件。另外，旅游企业经营者时常要根据经营实际对旅游产品价格进行调整，以适应市场变化。

实训项目

旅游产品定价

一、实训目的

1. 能够熟练应用旅游产品组合策略。
2. 掌握影响旅游产品定价的因素。
3. 熟练掌握旅游产品定价的策略和方法。

二、实训组织

将班级学生分组，每组 4～5 人，小组中要合理分工，并由专人负责期限的制定和提醒，在教师指导下收集资料和数据；以小组为单位进行研讨，在充分讨论的基础上，形成小组的报告并展示。

三、实训内容

1. 认识旅游产品组合策略

(1)收集本市 3～4 个旅行社的同一条路线的产品资料并分析这些旅行社的产品组合策略。

(2)根据上文中收集到的资料分析各旅行社相同的线路但不同价的原因，并通过这些原因推测各旅行社的定价策略。

2. 旅游产品策划

(1)选择一条当前的热点线路，收集各旅行社曾经设计过的线路，在这个基础上，对它进行重新设计。

(2)应用学过的原理，对该产品进行微观策划。

拓展案例

旅行社组织旅游者价格是否必须统一？

徐先生在旅游途中发现，同一个团队中他交纳的旅游团款最高，有些旅游者比他的价格低了 900 元，徐先生在整个旅游期间特别郁闷，在行程中就要求导游退还差价。导游要他返回后和组团社交涉，因为收费的是组团社，和地接社没有关系。行程结束后徐先生立即找到组团社，但组团社拒绝了他退还差价的要求。旅行社是否有权拒绝旅游者退还差价的要求？

徐先生的投诉，是旅游主管部门经常遇到的旅游投诉之一。旅游者要求组团社退还“差价”的理由是，在和其他旅游者交流后得知，唯独他的旅游价格最高，旅游者认为在这个行程中，面对同样的团队、同样的线路，旅游价格就必须统一，而且他也没有得到旅行社特殊的服务，不能接受所谓的同团不同价，所以要求组团社退还差价。有些旅行社有时迫于压力，极不情愿地退了款，有些旅行社不愿退款，但又说不出理由。因此，是否必须退款成了旅行社的争议所在。这样的差价到底是否需要退还，需要从以下几个方面看：

第一，旅游者的感受。旅游者参加旅游时，面对同样的线路、同样的服务，本能地认为服务价格应当是一致的。而当得知自己交纳的旅游团款较高时，旅游者心理不平衡也可以理解。但可以理解，并不代表合理。只要旅游者稍作思考就能明白，在日常生活中，同样的产品、同样的服务，支付不同价格的现象比比皆是，只不过是旅游者在这些消费过程中没有比较的机会，未被发现而已。旅游者以此为由要求商家退还所谓的差价基本属于合情不合理。

第二，同团不同价的原因。同团不同价存在于组团社组的团队中，散客拼团更是如

此。让旅游者产生退款念头的原因,一方面是旅行社的经营特点,因为旅行社的服务价格属于市场调节价,旅行社可以根据经营状况确定服务价格;另一方面旅游者是计划经济的影响和简单的比较。虽然改革开放已有四十余年了,但整齐划一的计划经济影响仍在,许多旅游者,特别是老年旅游者本能地认为旅行社的价格应当一致,当同样产品和服务价格不一致时,旅游者就不能接受。同时,简单的比较直接促成纠纷的产生,可以说是比较惹的祸。

第三,相关法律的规定。《中华人民共和国价格法》规定经营者必须明码标价,只要旅行社在旅游者报名参团时,明确地告知旅游价格和服务构成,旅行社的收费行为就不违法。至于旅行社如何定价、定价多少,旅行社可以自行确定。从法律规定看,只要旅行社的服务价格符合三个规定,①旅行社的收费没有高于广告价;②旅行社在收费时事先告知,明码标价;③旅行社的收费没有强迫旅游者。旅行社就不必退换还所谓的差价。如果旅行社愿意退还,那是旅行社自愿放弃收费的权利。

第四,不能有年龄、职业的价格歧视。现在还是有一些旅行社,对于一些特殊群体要额外加价,如老年人参团,就要在广告价格外再收取费用,所谓收取老年费等。这是旅行社年龄歧视的具体表现,应当受到旅游主管部门的查处。当然,如果旅行社给予老年旅游者特殊服务,旅行社可以与老年旅游者就服务费用进行协商,如为老年旅游者提供轮椅,只要双方协商,旅行社可以额外收费。

第五,理想的模式。虽然只要旅行社的服务符合法律规定,旅行社就不必退还所谓的差价,但毕竟这样的现象给旅游者造成不适,也为投诉的产生埋下伏笔。因此,作为组团社,最为理想的收费方式,还是尽可能保持团队收费的一致性,尤其是组团社委托其他旅行社收客时,对于代理社的收费要适当控制,不能任由其随意定价,防止价格差异过于悬殊。这既是收费问题,也是管理问题。

资料来源:搜狐旅游频道, 浙江省旅游局黄恢月,2021-01-22.

思考

1. 结合案例分析为何会存在这种现象。

2. 请同学们谈谈新版《中华人民共和国旅游法》施行后旅行社定价应该注意哪些方面问题。

项目八 旅游营销渠道建设

【学习方向标】

同学们，营销管理界常说，得渠道者得天下。本项目从认知旅游营销渠道开始，讨论旅游营销渠道的不同类型，如何选择和维护旅游营销中间商，训练在不同情况下怎样制定选择、建设和管理旅游营销渠道。

【学习目标】

★ 知识目标

1. 了解并掌握旅游营销渠道的概念、作用与类型等知识；
2. 掌握旅游中间商的选择、维护策略知识；
3. 了解营销渠道选择决策原理；
4. 掌握旅游网络营销的发展趋势。

★ 技能目标

1. 学会制定旅游企业产品营销渠道策略；
2. 掌握旅游中间商寻找与审查、选择与管理技能；
3. 熟悉旅游中间商的类型，并学会如何对中间商进行管理。

★ 素质目标

1. 培养学生树立营销观念，运用营销理论知识来设计、调整和管理营销渠道；
2. 培养学生树立高尚的职业道德，提高学生社会沟通与团队协作能力。

拓展阅读 珠海大横琴泛旅游公司营销创新案例

2022 年 6 月 9 日晚，由珠海大横琴泛旅游公司发起的“星乐度带你玩转横琴”年中直播活动火热开场。本次活动自预热起全网便覆盖包括小红书、大众、抖音在内的六大线上平台，收到行业大咖、达人、本地大 V 的广泛关注，获得全网 170 万曝光。活动当天从晚上 19:30 起累计直播 4 小时，关注人数超 2.3 万，点赞量 22 万，最高同时在线人数 1478 人，开播 10 分钟便登顶视频号直播推荐、日常生活、同城三榜榜首。通过此次活动，大横琴泛旅游公司的 300 套星乐度派对房车套餐与首次上线直播的大横琴高级人才酒店产品全部售罄，在当前文旅产业不断复苏的形势下取得不俗成绩。

积极拓宽销售渠道、创新营销方式，是大横琴泛旅游公司应对疫情常态化防控特殊时期的“灵丹妙药”。大横琴泛旅游公司抓住短途休闲度假这一出行趋势，开展了一系列品牌营销工作，坚定对外传达品牌理念，在微信公众号、微信视频号、微博、抖音、小红书、携程旅拍等多个新媒体平台的自媒体矩阵稳定更新；直播、创意视频、海报等各类创意内容层出不穷，持续对外输出“希望、健康、幸福”的品牌主张。在这一过程中，大横琴泛旅游公司注重“品效合一”，在结合热点、传播正能量的同时，大横琴泛旅游公司也十分务实地将传播内容与产品紧密结合，大大地提升了营销数据，从而以“品牌＋销售”促进复苏。

资料来源：珠海大横琴集团有限公司官网，2022-06-13.

思考

1. 请同学们列举大横琴泛旅游公司使用到的新媒体营销平台。
2. 请同学们查找资料，从营销角度分析上述营销平台的优缺点。

任务 1 认识旅游营销渠道

任务提出及实施

1. 理解旅游产品营销渠道的基本概念与功能，了解旅游产品分销渠道的特征。
2. 掌握旅游企业营销渠道的结构、类型及发展趋势。
3. 掌握旅游企业是如何选择分销渠道的。

请同学们在教师的讲解和引导下，学习应用知识储备，查阅相关资料，分组讨论完成上述任务。

任务关键词

营销渠道；营销渠道功能、影响和特征；营销渠道类型

案例导入　安吉的美景与旅游营销

地处浙江省西北部的安吉县，因其山清水秀、环境优美、人文荟萃，被誉为长三角的后花园。近年来，安吉县依托丰富的旅游资源，实施正确的旅游营销战略，把资源优势转化为产业优势，走出了一条以旅游业为龙头带动县域经济发展的成功之路。

一、品牌营销

全球化经济时代是品牌业竞争的时代，现代旅游业竞争的实质就是品牌的竞争。一切旅游策划和营销策略的实施，其根本目的就是打造独具魅力的旅游品牌形象。鉴于此，安吉县旅游主管部门在充分考虑当地资源环境、文化脉络和产业发展的基础上，通过大量的市场调研和精心论证，策划推出了“中国亲子旅游第一县”“国际乡村生活示范地”两大旅游品牌。围绕上述品牌定位，安吉县精心打造了休闲农园、精品村庄、主题民宿、特色农家乐和主题乐园等各类串联式的旅游精品景区。

二、整合营销

旅游市场竞争日趋激烈，旅游营销策略日益创新，传统的、老一套的、单一的旅游促销手段在现代旅游时代已难以奏效。整合营销作为一种全新的营销策略，不仅是市场营销变革的大趋势，更是旅游市场竞争的“核武器”。所谓“整合营销”就是广告宣传、公共关系、人员推销和营业推广等促销要素的综合运用，是概念炒作、事件活动、软硬广告、节事节庆、展销推介等多种营销形式的整合利用。

首先，安吉县通过建设智慧旅游“123 工程”(一个数据中心、两项基础配套、三大功能平台)，借助热力图、信息分析、消费结构、热门路线、网络舆情等数据分析，加强与携程网、同程网等大型 OTA 平台合作，针对长三角重点城市进行广场、社区、高校等线下推介活动，并在电视、广播、网络、电梯横媒体、公交车、高铁站、城市大屏、电影院线等各类宣传媒介上进行集中宣传。

其次，安吉县充分发挥微博、微信、APP 等新兴媒体的线上营销作用，开展“一月一城市”杭州主题月、长三角重点院线、“直播游戏＋旅游”营销等系列活动，以线上线下“同频共振”的方式，全面展示安吉旅游品牌形象。同时，为“巩固一级市场、开发二级市场、瞄准三级市场”，以品牌活动聚人气，安吉县开展了分层分类分批活动营销。第一，派出营销人员赴上海、江苏、安徽等省市开展旅游展销和宣传推介活动；第二，举办“年味在安吉”“舌尖上的安吉”“中国亲子旅游节”“中国美丽乡村走遍长三角”“中国美丽乡村嘉年华”五大主题节庆和品牌营销活动，等等。

随着上述整合营销活动的开展，安吉县打响了品牌，赢得了市场的关注和青睐。据统计，2017 年安吉县共接待游客 2 237.52 万人次，实现旅游总收入 282.69 亿元，同比分别增长 16％和 21.25％，人的统计数据显示出，安吉已发展成为长三角乃至全国县域旅游经济中的一颗耀眼“明珠”。

资料来源：国家旅游局信息中心.

| 案例分析 |

1. 安吉县在推广当地旅游资源与产品时采用了哪些途径和方式？
2. 试思考在网络信息技术日新月异的当下，安吉县旅游营销还可以进行怎样的创新？

应用知识储备

一、旅游市场营销渠道概念

旅游市场营销渠道是指旅游产品所有权从旅游生产企业向旅游消费者转移过程中经过的一切组织或个人所构成的通道。旅游市场营销渠道包括三层含义：

认识营销渠道

(1)营销渠道是旅游产品所有权转移的通道。旅游产品在从生产者到消费者的流通过程中涉及旅游产品所有权的转移，在现代市场经济中旅游产品往往要通过各种中介机构，产生产品所有权的多次转移。

(2)营销渠道表明了旅游产品的流通过程。该过程的起点是旅游产品的生产者，终点是旅游消费者，旅游代理商、旅游批发商、旅游零售商及其他中介组织或个人构成了它的中间环节。

(3)营销渠道各成员之间相互联系、相互制约，在共同促进旅游产品及其所有权转移的过程中承担各自的营销职能。

二、旅游营销渠道功能、影响和特征

(一)旅游营销渠道的功能

首先，能够拓展远离旅游产品生产者的销售点的数量；其次，能在旅游产品生产之前实现购买。具体来说，旅游营销渠道的成员应具有以下主要功能：

(1)提供销售点和便利的消费者可达性。其中包括为临时购买或提前预订做准备。

(2)信息功能。一方面分发旅游产品信息以供消费者选择；另一方面收集关于旅游营销环境的市场调研和情报信息。

(3)促销功能。建立与消费者的沟通交流渠道，自主完成或协助旅游产品生产者开展促销活动。

(4)接触功能。搜寻旅游产品的预期消费者并与其沟通，为其提供建议和购买帮助，如提供旅游产品知识介绍。

(5)匹配功能。适当改变旅游产品以使其更加符合消费者的需求，如提供定制和组团等功能。

(6)协商功能。通过与消费者协商，在价格和产品买卖等其他方面达成共识从而达成产品所有权的转移。

(7)财务功能。接收销售收入并将其转移给旅游产品经营主体。这一过程包括获取和利用资金来弥补渠道成本。

(8)辅助性服务功能。这是指有时需提供的保险、护照办理等辅助性服务。

(9)反馈功能。接收和协助处理消费者投诉等。

(10)风险职能。即营销渠道成员尤其是旅游经销商承担开展营销活动的部分风险。

(二)旅游营销渠道的影响

旅游营销渠道往往由多个组织或个人构成，并表现为一个相对完整、稳定的体系。该

体系运作的好坏，对旅游企业营销计划执行的效果甚至是整个旅游产品的流通过程都有重要的影响：

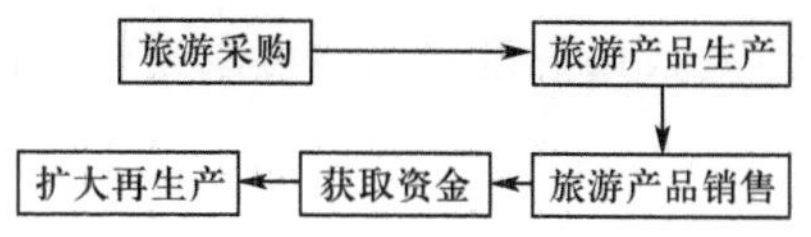

图 8-1　旅游企业经营活动循环图

(1)营销渠道是旅游企业经营活动得以开展的必要条件。与大多数企业一样，旅游企业的生存和发展有赖于其自身经营活动的循环(图 8-1)。

五个环节中，任何一环出现问题都会直接影响旅游企业的整体经营活动乃至生存和发展。旅游企业在旅游采购、旅游产品生产及获取资金三个方面可控制能力相对较强，而对销售环节则可控制因素较少。因为，旅游产品的销售状况除了产品自身能否满足旅游需求外，还取决于营销渠道能否及时地完成旅游产品所有权的转移。如果营销渠道不合理，即使旅游产品优质对路，也难以产生价值。

(2)合理选择营销渠道能增强旅游企业的营销实力，扩大营销效果。在实际经济活动中，仅依靠企业自身有限的力量往往难以取得良好的营销效果，通过合理选择营销渠道，旅游企业可以建立由多个组织或个人构成的“利益共同体”，集聚营销力量，为一个共同的营销目标服务。而且，营销渠道一经确立就不会轻易改变，各营销组织可以在长期合作中密切配合、协调发展，积极拓展“利益共同体”营销活动的外延和内涵。

(3)科学的营销渠道模式有利于旅游企业扩大销售收入，树立良好的市场形象。一方面，合理选择营销渠道可以提高旅游产品的销售量，加快旅游产品的流通速度，加速资金的周转，从而使旅游企业获得更大的经济效益；另一方面，健全的营销渠道体系能形成单个企业营销活动难以产生的规模效应，扩大营销活动的市场覆盖面，从而在更大范围的公众心目中树立旅游企业的整体形象，迅速提高企业的知名度和美誉度。

微课

营销渠道管理涉及的几个关键问题

(三)旅游营销渠道的特征

良好的旅游产品销营销道系统应具有以下特征：

1.连续性

所选择的旅游营销渠道应能够保证旅游产品连续不断地从生产领域，经流通领域，最终进入消费领域。在此期间旅游中间商应尽可能避免脱节、阻塞和不必要的停滞现象，否则不仅中间商要产生损失，旅游企业也会失去良机甚至信誉。连续性是良好旅游营销渠道的首要特征。例如，在我国连续的几次“五一”“十一”假日旅游中出现的由于组团社与地接社承诺的严重脱节而引发的高投诉现象，不仅损害了旅游者的切身利益，而且使旅游市场受到了重创，严重损害了旅游企业甚至是整个旅游目的地的信誉和形象。

2.辐射性

旅游营销渠道的辐射性直接影响着旅游企业产品的市场覆盖面和渗透程度。旅游企业选择中间商的多少，以及中间商的辐射和经营能力的强弱都影响旅游企业产品的市场

覆盖面的大小和市场渗透力的强弱。如果旅游中间商多且有次级中间商支持,那么旅游企业的市场机会就会明显增加。但由于旅游企业的性质不同、规模不一、营销目标不同等,使得即便同一种旅游产品,对市场的覆盖也不可能完全一样。

3. 配套性

旅游产品的组合性,要求旅游营销渠道同时兼有营销活动所需要的各种配套功能。旅游中间商除具有旅游产品买卖交易能力外,还应具有促销、运输、开发市场等配套功能,这样才能保证旅游产品顺利地完成由生产领域、流通领域向消费领域的转移,才能更有针对性地满足旅游消费者的需要,实现旅游企业的营销目标。

4. 效益性

旅游企业在选择、确定销售渠道时,应当尽可能以较少的耗费获得较高的收益,实现理想的经济效益。这要求旅游企业谨慎选择适量的中间环节和中间商为交易对象,以便加快企业资金周转次数,提高资金的周转效率,追求综合效益的最优化。

三、旅游市场营销渠道类型

在经营过程中,由于目标市场、产品特点等的差异,旅游企业必须采取相应的营销策略,从而使营销渠道表现出不同的状态或类型。一般来说,旅游市场营销渠道的类型可分为以下几种:

(一)直接渠道和间接渠道

根据旅游企业是否通过中间商进行销售活动,可以把旅游市场营销渠道分为直接渠道和间接渠道。

1. 直接渠道

直接渠道又称零级营销渠道,即旅游企业不经过任何一个中间商,直接将旅游产品销售给消费者(图 8-2)。

旅游企业 ——→ 旅游者

图 8-2　直接渠道

这种营销渠道适用于时效性较强、直接销售量较大的旅游产品以及消费者购买力相对稳定的情况,如餐饮业。采用直接渠道,旅游企业可以省去与中间商合作而支出的费用,并能及时获得消费者需求变化等第一手信息,有利于旅游企业对营销活动做出相应调整,其不足之处在于销售渠道结构单一,营销活动缺乏外延与活力,营销辐射范围完全取决于自身的实力,不利于扩大市场份额。

直接渠道主要包括三种形式:

(1)在生产者现场直接向消费者销售旅游产品。即旅游企业处于生产现场,向上门的消费者直接出售其产品的传统方式。在这种方式中,旅游企业充当零售商的角色。比如,饭店、旅游景点、旅游餐饮店、娱乐场所等旅游企业等客上门,依靠自身特色宣传促销,从而招徕消费者的销售方式都属于此种方式。

(2)消费者通过旅游企业自有的 PC 端、移动端网络平台、电话呼叫中心等方式预订和购买旅游企业产品的方式。随着现代信息技术的迅猛发展,旅游企业直销方式也在不断更新。旅游企业借助互联网,开设旅游景点、饭店预订等业务,不仅大大降低企业营销和消费者的购买成本,也提高了双方的效益。目前,网络渠道的标准化程度已经很高,可

以实时查询旅游企业的产品类型及数量。通过网络预订旅游产品的消费者将越来越多，因为网络营销符合消费者导向原则、成本低廉、使用便利、沟通充分的需求。此外，互联网能使企业更好地满足消费者多样化、个性化、定制化的需求。

(3)旅游企业通过自设的线下门市网点直接向消费者销售其产品的方式。一些规模比较大、有条件的企业在许多大中城市设立自己的门市部、销售网点或销售代表，向目标市场消费者直接销售产品。由于这些网点是企业自建，自己经营管理，所以属于直销的范畴。

2. 间接渠道

间接渠道是指旅游企业通过不少于一个的中间商将旅游产品销售给消费者，它是目前旅游产品的主要销售方式。按中间环节的多少，间接渠道又可分为一级渠道、二级渠道、三级渠道等类型。其中，有两个或两个以上中间商层级构成的营销渠道统称为多级营销渠道(图 8-3)。

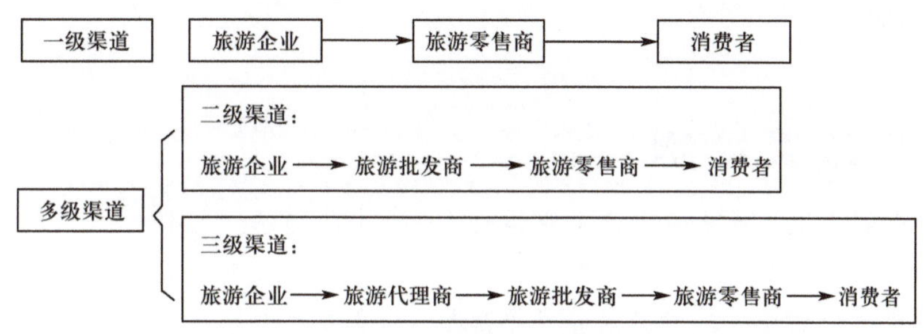

图 8-3　间接渠道

(二)长渠道和短渠道

根据旅游产品所有权在转移过程中所经过环节的多少，可将营销渠道分为长渠道和短渠道，所经过环节越多，渠道越长，反之则越短(图 8-4)。例如，在一级、二级、三级渠道中旅游产品分别经过了一个、二个、三个环节。这里的渠道长短只是一个相对概念。营销渠道短，旅游生产者从事的营销活动多，对渠道的控制能力较强，旅游产品流通快，信息传递及时、清晰；营销渠道长，信息传递慢，生产者对渠道的控制能力较弱，但营销活动的市场辐射范围更大。

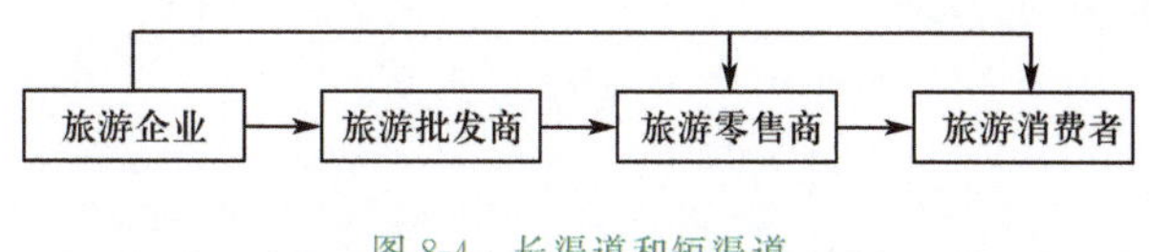

图 8-4　长渠道和短渠道

(三)宽渠道和窄渠道

按营销渠道中每一环节使用同类型中间商的数目，可将营销渠道分为宽渠道和窄渠道。某一环节使用同类型中间商的数目越多，渠道越宽，反之则越窄(图 8-5)。

宽渠道适用于一般化、大众性的旅游产品，如观光型、度假型旅游产品，而窄渠道一般

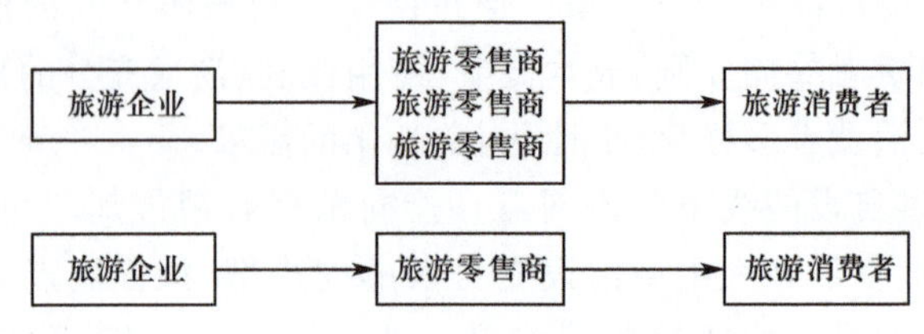

图 8-5　宽渠道和窄渠道

适用于销售专业性较强的旅游产品，如探险游、修学游、高端定制游、文化深度游等。

（四）单渠道和多渠道

按旅游企业所采用的渠道类型的多少，可将营销渠道分为单渠道和多渠道。单渠道指旅游企业只通过一条营销渠道将产品送达目标市场，如只采用一条零级渠道（全部自己销售，即直销）或一条一级渠道。多渠道则指企业通过两条或两条以上的营销渠道将产品送达目标市场。

学习效果检测

1. 旅游营销渠道包括旅游生产企业和旅游消费者（　）。

A. 对　　B. 错

2. 旅游生产企业通过携程向旅游消费者进行销售的行为称为（　）。

A. 直销　　B. 分销　　C. 一级营销渠道　　D. 二级营销渠道

3. 下列旅游营销平台中，不属于旅游企业直接营销渠道的是（　）

A. 官方网站　　B. 官方 APP　　C. 官方微信公众号　　D. 呼叫中心

E. 在线旅行代理商　　F. 全球分销系统

任务 2　准确选择旅游中间商

任务提出及实施

1. 旅游营销中间商有什么作用？可分成哪些类型？
2. 选择旅游中间商的原则有哪些？不同旅游企业的中间商选择有什么差别？
3. 调查本地旅游企业与中间商的合作方式和关系状况。

请同学们在教师的讲解和引导下，学习应用知识储备，查阅相关资料，分组讨论完成上述任务。

任务关键词

旅游中间商；在线旅行代理商；全球分销系统

案例导入　上海春秋国旅的营销渠道策略

上海春秋国际旅行社集团有限公司(以下简称春秋国旅)成立于1981年,目前已拥有四千余名员工和导游,年营业收入六十亿元,业务涉及旅游、航空、酒店预订、机票、会议、展览、商务、因私出入境、体育赛事等行业,是中国第一家全资创办航空公司的旅行社。1994年起年年获国家旅游局排名的国内旅游第一。是国内连锁经营、最多全资子公司、最具规模的旅游批发商和包机批发商。拥有"贵族之旅"纯玩团、春之旅(中外宾客同车游)、自游人、爸妈之旅等多种特色旅游产品。

上海春秋国旅采用了投资全资子公司、设立门市部、发展代理商、布点大卖场、重点运营网络平台等方式开展营销渠道建设。

1. 全资子公司。春秋国旅在境外投资了几家子公司,分别为春秋国旅美国、加拿大、泰国、韩国、中国香港分公司;在境内投资成立了34家全资子公司,主要分布于北京、广州、西安、沈阳和三亚等34个国内大中城市。

2. 设立门市部。春秋国旅的每个全资公司大都有2至10个连锁店门市部,在上海有50个连锁店门市部,具体负责当地的市场销售与服务。

3. 发展代理商。从20世纪90年代初期开始,为了扩大市场销售渠道,春秋国旅开始在各地发展旅游代理商。目前春秋国旅在江浙地区有四百余个、全国有四千余个旅游代理商成员,逐渐形成一个覆盖全国的旅游代理商网络。他们使用春秋国旅自行研发的"春秋广域网"软件系统销售春秋旅游产品,使旅游代理商与春秋国旅之间实现信息的实时沟通。能够做到统一日期发团、统一标准接待、统一价格营销、统一优质服务的散客即时预订服务,真正实现"散客天天发,一个人也能游天下"。

4. 布点大卖场。为了方便散客,春秋国旅在好又多、华联超市等大卖场布设销售网点,进一步扩大销售渠道。

5. 重点运营网络平台。2000年开始,春秋国旅尝试电子商务运作模式,专门成立新的电子商务部门操作网上业务,精心打造了自己的旅游预订网站——"春秋旅游网",旨在为消费者提供足不出户、从预订到支付的"一站式"在线预订服务。近年来,随着移动互联网时代的到来,消费者越来越多地使用手机进行消费,尤其是微信的普及,其庞大的用户数、超高的使用频率受到春秋国旅的高度重视。为了应对旅游市场消费行为的变化,春秋国旅陆续推出了官方旅游APP——"春秋旅游APP",以及各地子公司的微信公众号,让消费者可以在手机APP、微信公众号上浏览参与优惠活动、查询预订产品,在线咨询等。

资料来源:浅析春秋国际旅行社的经营策略,南京广播电视大学学报,2009年第2期

案例分析

1. 上海春秋国旅的渠道建设取得哪些竞争优势?

2. 上海春秋国旅与代理商的合作,为什么会成功?

应用知识储备

一、旅游中间商的概念

旅游中间商是指介于旅游生产者和消费者之间，专门从事旅游产品或服务市场营销，促使交易行为发生，并具有法人资格的中介组织或个人。旅游产品销售链如图 8-6 所示。

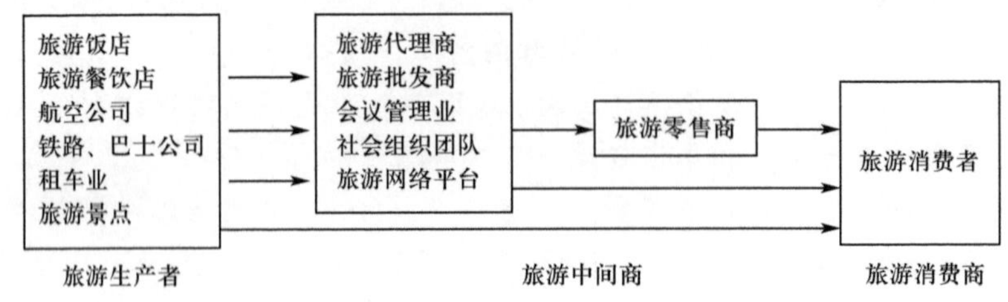

图 8-6 旅游产品销售链

二、旅游中间商的类型

（一）旅游经销商

旅游经销商是指买进旅游产品后再转卖出去的旅游中间商，其显著特点是旅游产品所有权在买卖双方的转移。旅游经销商通过购买而取得旅游产品所有权，其收入来自旅游产品购进价和售出价之间的差额。旅游经销商由于取得了旅游产品的所有权，所以产品再转卖的所有利益风险都由其独立享受和承担。旅游经销商主要分为旅游批发商和旅游零售商两类。

1. 旅游批发商

旅游批发商即以批量购进和销售旅游产品为主要业务的经销商，其销售对象是下一级的旅游零售商。旅游批发商通常指经营包价旅游批发业务的旅行社，其包价旅游产品主要面向休闲旅游市场。旅游批发商的业务是先批量购进交通、住宿、餐饮、景点等旅游企业的产品，并享受批量折扣，然后把它们组合成多种时间和旅游目的地的包价旅游产品，再以一定批量、批发价销售给旅游零售商，最后由零售商转卖给最终消费者（游客）。旅游批发商对旅游观光度假等旅游目的地的选择具有强有力的影响。

有的旅游批发商很有实力，销售网络遍布世界各地，而有的旅游批发商规模较小，只经营特定旅游市场的专项旅游产品，如修学旅游、探险旅游、体育旅游、高端定制旅游等，网点较少。

与零售商相比，旅游批发商有五个特点：批量购进、批量销售；交易产品一般不直接进入最终消费领域；交易地域范围广；交易关系较为稳定；多分布在大型经济中心城市或地区。

2. 旅游零售商

旅游零售商是指从事旅游产品零售业务的旅游中间商，其特征是从旅游产品生产企业或旅游批发商处批量购进旅游产品，再以零售价格出售给消费者。旅游零售商是旅游产品分销渠道的最终环节，它们与消费者联系最密切。它们销售机票、车票、旅游景区的门票、酒店的床位等单项旅游产品，或旅游批发商的组合旅游产品，并以购进和售出的差价作为收益。

旅游零售商熟悉多种旅游产品的优劣、价格和日程安排，与各类旅游企业保持良好的联系，并能根据旅游市场及消费者的需要相应地调整服务。有些旅游零售商也出售自己组合的包价旅游产品。

旅游零售商在营销渠道中承担着两项重要职能：一是通过销售和服务使旅游产品转化为货币，从而实现旅游产品的价值；二是向生产者和批发商反馈消费者需求、支付水平等信息，以便他们对旅游产品及营销活动做出相应的调整。

旅游零售商与旅游批发商相比有以下这些特点：每次交易量小，但交易频率高；交易进入最终消费领域；在旅游产品销售中伴随着相关服务；交易随机性大，交易活动较分散；交易的旅游产品类型丰富多样。

（二）旅游代理商

旅游代理商是指接受旅游产品生产者或提供者的委托，在一定时间、一定地区内代理销售其产品的中间商。它是独立的企业，它与旅游产品生产者订立代理协议进行销售，在扣除自己应得的佣金后，将销售收入交还企业。旅游代理商在消费者选择旅游产品、旅游企业、旅游目的地的决策中起到重要作用。如在线旅游市场上占据主导地位的OTA（在线旅行代理商），如携程、艺龙等，即属此类。这里需要注意的是，OTA有时也会出于市场竞争和扩大利润考虑，先行购买旅游资源供应商的旅游产品再向消费者转卖。

旅游代理商有两个主要特点：一是它不拥有产品的所有权；二是它为委托人和消费者提供服务，从中获取的佣金是其收入的主要来源。由于不取得产品所有权，旅游代理商承担的风险要小得多。

（三）其他旅游中间商

1. 专业媒介者

专业媒介者包括旅游经纪人、奖励旅游公司、会议计划者、协会执行人、公司旅游办公室和旅游咨询者等。旅游经纪人是一种特殊的旅游中间商，他们不拥有旅游产品的所有权，不控制产品的价格和销售条件，也不参与交易实务，只为双方牵线搭桥，成交后，旅游企业付给其佣金。奖励旅游公司为企业雇员或分销商提供奖励旅游，作为企业对其雇员工作努力的一种报酬。由于奖励旅游经常在度假旅游区域进行，所以对度假旅游胜地和一些旅游目的地来说，奖励旅游公司是一种有效的分销渠道。

2. 销售代表

销售代表负责在某一特定市场区域内销售旅游产品，他们直接收取佣金或佣金加薪金。如旅游景点企业在重要目标市场所在地派遣的销售代表。

3. 联合营销组织

联合营销组织是指多个独立旅游企业因共同利益而联盟组合形成的营销组织，通常情况下，共同合力进行联合营销是该类组织形成的主要原因和目的。它允许组织中成员

的所有权和管理独立，同时获得群体营销的优势。

4. 非竞争性营销联盟

非竞争性营销联盟是指由非竞争性旅游企业为联合营销而形成的营销联盟，又称异业联盟，如旅行批发商、航空公司、酒店集团等组成的营销联盟。它主要利用各自的会员体系开展合作营销，如互荐客源、互享优惠，会员积分、兑换互通等。

5. GDS(全球分销系统)

全球分销系统起源于20世纪60年代航空公司的计算机订座系统，自20世纪90年代初期开始，从航空公司独立出来，逐渐演变为面向航空公司、酒店、邮轮公司、租车公司、旅游景点、铁路公司等旅游要素产品供应商的计算机分销系统。它为其使用者，即遍布全球的，租用GDS服务的专业预订组织、旅游批发商、旅游零售商、旅游代理商(含OTA在内)，提供包括旅游产品目录及网络预订等综合性旅游信息服务。目前，全球著名的GDS服务商有Amadeus、Sabre和Travelport等。我国自主研发、国内市场占有率较高的GDS服务商是Travelsky(中航信)。

6. OTA(在线旅行代理商)

OTA是指利用互联网进行旅游产品分销的专门中介机构，它主要利用自身的网站、APP、微信公众号、微信小程序等线上平台和电话呼叫中心，将旅游景区、旅游酒店、航空公司、旅行社等旅游供给企业的产品与服务销售给消费者的互联网中间商。OTA是当前全球发展较快，且较有前途、市场地位相对最为重要的互联网中间商，国内知名的在线旅游企业，如携程、同程、途牛、驴妈妈等均属此类。

三、选择旅游中间商的原则

1. 经济的原则

将选择旅游中间商所需要花费的成本与可能带来的销售收入的增长进行比较，以评价对中间商选择的经济合理性。

2. 控制的原则

旅游企业应能够对旅游中间商实行有效控制。

3. 适应的原则

旅游企业与中间商应相互适应、协同合作。

总之，旅游企业在选择旅游中间商时，应保留适当的弹性，并根据环境和市场的变化，对旅游营销渠道进行适当的调整。

学习效果检测

1. 简述旅游酒店、旅行社、旅游景区的销售渠道。
2. 旅游消费者可以直接在线访问全球分销系统，完成产品预订吗？
3. 请访问携程、同程、途牛、驴妈妈网站，分析其功能及相互间的差异。

任务3 制定旅游产品营销渠道策略

任务提出及实施

1. 分析影响制定旅游产品营销渠道策略的因素。

2. 掌握制定旅游企业营销渠道策略程序。

3. 掌握旅游企业如何选择分销渠道。

请同学们在教师的讲解和引导下，学习应用知识储备，查阅相关资料，分组讨论完成上述任务。

任务关键词

渠道方案设计、营销渠道管理

案例导入 互联网时代旅游目的地营销渠道创新

1. 安徽黄山探索创新"旅游+银行"营销新模式

2019年3月16日，黄山旅游发展股份有限公司与中国银行股份有限公司在北京签订合作协议，这是全国首例"旅游+银行"渠道的直接互通。从签约当日起，黄山旅游发展股份有限公司所有产品通过中国银行全球门户网站、手机银行、客户端、微信公众号等渠道全面上线，成为全国第一个尊享积分兑换高品质自然风景名胜的产品。中国银行客户可凭尊享积分兑换黄山旅游发展股份有限公司旗下酒店、餐饮、门票、索道票等五大板块所有产品和服务，并享受餐饮住宿95折优惠。业内人士认为，此举充实了中国银行尊享积分兑换平台，拓宽了黄山旅游营销渠道，也深化了旅游与金融业界合作。根据协议，黄山旅游发展股份有限公司将借助中国银行遍布全球的平台展示品牌形象，创造市场增量空间。双方还将在智库研究、教育培训、产品创新等方面进一步加强合作，积极探索"旅游+金融"的"黄山模式"。

2. 安徽宣城多渠道联动助推文旅营销

2020年春季，为尽快摆脱疫情不利影响，深入推广"中国文房·诗意宣城"城市品牌，安徽省宣城市文化和旅游局大力创新旅游营销渠道。第一，抢抓商合杭高铁开通机遇，与铁路12306开展高铁宣传合作，借助铁路12306"再看山河暨第三届高铁旅游嘉年华"活动平台，投放开屏广告及目的地搜索广告，触及目标人群超1 000万人次。第二，依托中国联通平台，发起"宅家游宣城"等八项营销活动，开通全市A级旅游景区、博物馆、纪念馆等5G文旅互动直播服务，实现观众与景区、讲解人员实时互动。第三，联合腾讯广告、腾讯安徽发起"春暖花开48小时云游宣城"联动直播活动，全市15家景区参与，通过腾讯新闻、微信朋友圈广告等渠道推送信息，曝光次数超159.4万次；更有市文化和旅游局局长上线直播，化身"旅游大使"为诗意宣城代言，直播观看累计人次达

1 088.8 万，点赞数达 273.2 万次，同时送出旅游商品、景区门票等奖品 420 份。此外，该市还在安徽日报、诗意宣城微信微博等平台发布“飞花令”擂台，多平台、多渠道联动，创新开展目的地文旅营销活动。

资料来源：中安在线，2019-03-19. 安徽省文化与旅游厅网站，2020-04-17. 有修改.

| 案例分析 |

1. 从上面的旅游营销案例中，你能得到什么样的启示？
2. 试着在互联网上查找有关旅游营销渠道创新的成功案例。

应用知识储备

一、影响旅游营销渠道决策的主要因素

企业在进行营销渠道决策时，需要全面、综合分析考虑影响渠道的各方面因素。

1. 旅游产品

旅游产品的类型、档次等都会影响营销渠道方案的设计。季节性、时效性强的旅游产品一般采取短渠道，如旅游餐饮业；而对销售面广的旅游产品，由于客源市场庞杂，企业业务量大，往往采用长渠道和多渠道。专业性强、档次高的产品，如探险旅游、环球旅游等，由于市场需求量小，营销针对性强，多用直接营销渠道；对于大众化、低档次的旅游产品，则多用间接渠道，以扩大营销活动覆盖范围，争取更多客源。

2. 消费者

消费者的人数、购买量及购买频率、地理分布等会对营销渠道设计产生不同程度的影响。对于某项旅游产品，若市场需求大且消费者分布广泛，宜使用长渠道、宽渠道，以扩大营销空间；若消费者人数多且集中，则宜使用短渠道，以减少销售环节，节约营销费用。若消费者是少量多次购买，交易工作量大，宜利于中间商开展营销活动，以节约因频繁订货而增加的费用；若购买频率低而购买量大，则应尽量利用中间商，使用短渠道营销。

3. 旅游企业

旅游企业在选择营销渠道类型时，还应充分考虑企业的发展目标、规模实力、产品组合及营销能力等因素。从旅游产品组合的角度看，组合面窄、产品单一的旅游企业宜通过批发商进行销售，而产品组合面广、品种多样的旅游企业则可选择较直接的渠道。另外，规模大、资金雄厚的旅游企业选择营销渠道的空间较大，灵活性也更强，而营销能力强的旅游企业则可主要依靠自身力量开展营销活动。

4. 旅游中间商

旅游中间商的企业素质及营销能力对营销活动的效果起着至关重要的作用。如促销专业性强的旅游产品时，必须选择有针对性的、业务能力强的中间商，而对于大众化的旅游产品则宜通过覆盖面广、网点多的中间商进行销售。

5. 竞争状况

旅游企业在选择营销渠道时，还应深入分析市场竞争状况尤其是主要竞争对手的营销渠道体系，以增强竞争力或避免正面冲突。根据实际情况，旅游企业可选择与竞争者相同或相似的营销渠道，以争夺市场份额，或避免与竞争者使用相同渠道，以吸引不同的目标市场。

6. 销售环境

经济状况、政策法规、自然条件等也会影响旅游企业的营销渠道决策。当经济不景气时，市场需求不足，旅游企业为节约成本，往往减少渠道环节；当经济环境良好时则适当增加营销渠道，以扩大供给面。旅游营销渠道同样受到国家有关政策法规的约束，如无出境旅游资质的旅行社不得代理销售有出境资质旅行社的出境游产品。自然环境的影响主要表现为产品的地理区位及可进入性方面。若旅游企业或产品所处区位好，可进入性强，则可采用短渠道，反之则宜利用中间商销售。

二、旅游市场营销渠道方案的设计

旅游企业在确定了渠道成员的销售水平及中间商的分工后，接下来的工作就是设计具体的营销渠道。它包括两方面的内容：

（一）营销渠道长度选择

1. 短渠道策略

短渠道策略的优点是：由于中间环节少，减少了营销费用，旅游消费者有可能购买到较低价格的旅游产品；能够加快旅游企业与消费者之间的信息沟通，可以有效地避免信息的误传、失真等情况的发生；由于渠道短，旅游企业能够较为有效地控制整个渠道的运作。短渠道策略的缺点是：不利于旅游产品的推广和市场营销工作的全面开展；旅游企业对中间商的依赖程度高，一旦旅游企业与中间商产生矛盾，销售渠道将被阻塞。

2. 长渠道策略

长渠道是指在销售渠道中有两个以上的中间商，并在同一环节启用多家同类中间商。长渠道策略的优点是：有利于旅游企业建立纵横交错的销售渠道网络系统，并借助该网络系统大量吸引客源；可以迅速双向传递信息，提高企业经营决策的可靠性和对市场行情变化的灵敏性。其不足之处是：中间环节多，旅游产品直接报价高，降低了市场竞争力；由于将部分或全部旅游产品的权利让渡给旅游中间商，旅游企业将丧失部分对目标市场的控制权和利润；在买方市场条件下，旅游中间商的谈判能力得到加强，导致旅游企业潜在利润的流失；旅游中间商有其自身独立的经济利益，一旦他们认为无利可图，必将丧失销售的积极性。

一般来说，在实际的营销活动中，旅游企业会同时采用这两种营销渠道。一方面，对近距离市场，企业自身营销能力可以达到，则多用短渠道；另一方面，绝大多数旅游产品的目标市场都比较庞杂、分散，且有生产与消费异地的特点，因此仅凭企业自身的营销力量很难建立起足够的营销网点，而借助各种类型中间商的力量，可以使营销活动的辐射空间更为广阔。

(二)营销渠道宽度选择

1. 密集型营销

密集型营销是指旅游企业在营销渠道中选取尽可能多的中间商,以扩大与旅游市场的接触面。该策略的优点是:能够广泛渗透目标市场,方便消费者购买,可更多地吸纳客源,从而有利于大量销售和扩大市场份额。其不足之处是:渠道费用高,控制难度大,为争夺客源易引发渠道冲突。此外,当客源量过大时会导致旅游产品供求失去平衡及服务质量下降等问题,从而影响企业乃至旅游目的地国家和地区的信誉。

通常这种策略适用于客源比较分散以及机票、火车票、大众化观光旅游产品的销售。

2. 独家营销

独家营销指旅游企业在特定市场上仅选择一家旅游批发商或零售商全面负责销售企业的产品。实施这种策略时,合作双方常需要达成某些限制性条款,即在合同期内,旅游产品生产方不得在旅游产品所在地区内自设销售点或者再委托其他旅游中间商销售其产品;销售方不得代理销售生产者竞争对手的同类产品。因产销双方利益紧紧联系在一起,故利于沟通协调,易于调动中间商的积极性,成本亦比较低。但是若中间商选择不当或其信用等发生危机,其销售乏力,都可能引发巨大的市场风险。通常这种策略适用于客源量少以及品牌知名度和美誉度高的豪华型或某些特种旅游产品的销售;也适用于客源量大且合作的旅游中间商自己有较完备的零售系统的情况。

这种营销渠道决策有助于调动中间商的积极性,而且企业对中间商的控制能力较强,在价格、促销、信用和服务等方面也更便于双方合作,其缺点是灵活性较小,不利于大众消费者分散购买。

3. 选择型营销

选择型营销是指旅游企业只选择那些素质高、营销能力强的中间商销售其产品。该策略取上述两种策略之长而避其短,有利于企业将主要力量放在主要目标市场上,既利于渠道控制及降低渠道费用,又利于扩大销量,因而得到广泛应用。选择型营销适用于各种旅游产品的销售。

这种策略一般适用于档次高、专业性强的旅游产品,因为它要求中间商有较强的销售能力,并具备相应的专业知识,能给消费者提供针对性的服务。选择型营销有助于旅游企业树立鲜明的整体形象,提高知名度和美誉度。

知识链接

携程集团

携程集团是全球领先的一站式旅行平台,公司旗下的平台可面向全球用户提供一套完整的旅行产品、服务及差异化的旅行内容。集团能够提供超过 120 万种全球住宿服务,480 多家国际航空公司,以及超过 31 万项目的地内活动,并与超过 3 万家其他合作伙伴一起满足客户不断变化的需求。

对于游客而言,携程是可值得信赖的旅行平台,用户可以通过携程的平台进行任何类型的旅行预订,包括从目的地内活动、周末短假及短途旅行,到跨境旅游及商务旅游等。

携程多样化的产品及服务组合涵盖经济、高端、定制化、精品等选择，吸引了国内以及全球日益增长的用户群体。

近年来，携程不断加大在人工智能、云计算等方面的研发和投入力度，创新科技投入占比远超全球其他同类企业。而在服务上，携程在全球的客服人员约1万名，配备深度神经网络客服机器人及21种语言的全球化服务能力，通过全天候、标准化、快捷性的服务可以做好全方位保障，充分满足消费者需求。此外，携程先后建立了"六重旅游保障""先行赔付""全球旅行SOS应急机制""阶梯退改"等创新举措，服务标准行业领先。为应对新冠疫情，携程启动多项举措保护用户和合作伙伴的权益，发起"旅行复兴V计划"和"BOSS直播"，履行社会责任，推动行业复苏。

2016年，携程加速全球化脚步。当年1月战略入股印度领先的在线旅游公司MakeMyTrip；2月，在新加坡成立东南亚区域总部；10月，与美国三大华人地接社纵横、海鸥、途风达成战略合作协议；11月，收购英国旅行搜索平台天巡(Skyscanner)。2016年，携程上榜《财富》中国500强，获评达沃斯论坛2016年"全球成长型公司"。2017年初，携程入选《快公司(Fast Company)》2017中国十大最具创新力企业和2017十大最具创新力旅游企业；11月，完成对Trip.com的收购。2019年8月，携程通过股权置换交易，成为MakeMyTrip的最大股东。2019年全年，携程总交易额突破8 650亿元人民币，实现净利润超过65亿元。携程于2003年在美国纳斯达克交易所上市，并于2021年在香港联合交易所上市。

资料来源：携程旅行网.

四、旅游营销渠道管理

(一)营销渠道管理的概念

营销渠道管理是指旅游企业在营销渠道建立后，为使营销效果最大化，根据企业自身产品特质及市场环境等变化，对渠道成员进行协调、激励、评价、改进的活动。营销渠道管理的目的在于明确旅游中间商的权利和义务，增强企业自身对营销渠道的控制能力，从而最大限度地发挥旅游中间商的销售职能。

(二)管理的四大功能

1. 调节

每个中间商在营销渠道系统中都是相对独立的，他们以追求自身利益为目标，并常常从本企业利益出发做出相应决策，因而与生产者和其他中间商之间难免会发生冲突。通过渠道管理，旅游生产者可有效调节各渠道成员的利益关系及销售行动，从而减少冲突，加强合作。

2. 激励

生产者不仅是利用中间商销售产品，也是把产品销售给中间商(代理商除外)，因而必须采取相应措施，激发中间商的购买和销售热情。旅游企业通过给予中间商资金、技术、信息等方面的支持，最大限度地调动中间商的积极性，保证营销渠道的高效运作。

3. 评价

对渠道成员的工作业绩进行科学评价是营销渠道管理的一项重要功能。渠道评价的作用主要有三点：首先，对各中间商预期销售指标的完成情况进行考察，以控制企业营销计划的执行；其次，发现营销渠道存在的问题，并采取相应对策；最后，通过渠道评价，寻找理想的旅游中间商，并与之建立长期的合作关系。

4. 改进

为了适应市场变化的需要，旅游企业必须随时对部分渠道成员甚至整个营销渠道系统进行修正和改进，其主要依据便是渠道评价的结果。渠道改进可分为三个层次，即增减渠道成员、改变特定市场渠道以及调整市场营销系统。通过渠道改进，旅游企业可以提高整个渠道系统的运行效率和销售水平。

(三)管理的内容

1. 加强合作与防止冲突

渠道成员的相对独立性决定了他们之间必然存在着一定程度的合作与竞争。

渠道的合作。即渠道各成员结成利益共同体，为了共同的目标而相互补充、相互协作。旅游生产者、批发商和零售商互相创造市场机会，将会促进所有渠道成员的发展，因为由渠道合作所获取的效益(信息)要比各成员单独经营所取得的效益(信息)大(多)得多，而且，通过渠道合作，旅游企业能把更优质的产品和服务以更快捷的渠道传送给目标市场。

渠道的冲突。营销渠道冲突一般分为横向冲突和纵向冲突。前者指同一营销渠道同一层次渠道成员之间的冲突，如零售商与零售商之间的冲突；后者指同一营销渠道不同层次渠道成员间的冲突，如生产者和批发商、批发商和零售商之间的冲突。渠道冲突是营销运行的不良影响因素，它会损害渠道中几个甚至全部成员的利益。

引起冲突的原因主要有以下方面：

(1)目标策略不一致。如生产商采取价格渗透策略迅速占领市场，而经销商却以高价保证盈利。

(2)责、权、利关系不明确。渠道成员间承担的责任、义务等划分不清，也容易引起营销手段、销售方式等的不一致，从而导致冲突。

(3)信息传递过程中各渠道成员的理解不同。如批发商认为生产者以扩大市场份额为目标，而生产者的初衷是在短期内收回成本。

(4)相互依赖程度小。一般来说，渠道成员间相互依赖程度越小，冲突的可能性越大。

2. 渠道的协调

为避免渠道冲突的发生或尽可能降低冲突带来的损害，旅游企业应以协调渠道成员的销售目标奖行动，发挥营销渠道的合力效应，应根据具体情况采取相应的对策。

(1)共同目标法。即让所有中间商意识到营销渠道系统是一个不可分割的整体，而自己是这个整体中不可或缺的一员；所有渠道成员有一个共同的目标——实现渠道的最大

利润，这一目标由各中间商的分销目标组成，任何一家中间商的消极销售或低水平销售都会影响共同目标的实现。

(2)责权利法。不明确的职责权利以及不合理的利益分配是引起营销渠道冲突的主要原因。渠道成员间的良好合作关系归根结底要靠利益来维系，若某中间商得到的利益与其所拥有的权利或承担的责任不相符，他就会对生产商或其他中间商产生不满。因而，旅游营销渠道各成员必须共同协商，制定科学的责权利方案并以合同的形式确定下来，以约束和协调所有成员的行为。

(3)信息沟通法。由于追求的目标不一致，旅游企业和中间商之间经常因为观点不同而产生冲突，如延期付款或在产品价格上互不相让等。因此，旅游企业必须建立准确、畅通的信息渠道，如成立专门的信息机构，以协调各渠道成员的不同观点和建议，并及时向渠道成员传达有关市场信息，实现步调一致、信息共享。

(4)互相渗透法。指通过加强渠道成员间的相互合作，提高彼此间的依赖程度，通过增进相互之间的理解，减少渠道冲突。这种方法有助于渠道成员互相认同，并形成共同的价值观念和行为准则。加强人员流通、共同开展促销活动等是较常见的手段。

3. 渠道成员的激励

旅游中间商是相对独立的企业，它拥有自己的市场和决策体系。在大多数情况下，中间商往往偏向消费者一边，认为自己首先是消费者购买旅游产品的代理人，其次才是生产者或供应商的销售代理人。而且，多数中间商往往不只经销一家企业的产品，他们将所有产品重新组合，并成套销售给消费者，很少留意单项产品的销售记录。为了使中间商最大可能地为自己服务，旅游生产者需要不断了解渠道成员的需求，并及时采取相应的激励措施。

激励旅游中间商应以适度激励为基本原则，尽量避免过分激励和激励不足，前者可能导致销售量提高但利润下降，后者会影响中间商的销售积极性。一般来说，激励方法可分为两种，即正刺激和负刺激。放宽信用条件、提高销售佣金等为正刺激，惩罚中间商甚至终止合作关系等属于负刺激，使用负刺激时应注意可能会对其他成员造成的消极影响。

激励主要表现在以下方面：

(1)产品支持。一般来说，中间商最关心的问题是产品是否有销路而不是销售哪一种产品。因为价格低廉、适销对路的旅游产品是中间商销售成功的基本条件。旅游生产者应努力向中间商提供质量高、利润大、符合市场需求的产品，以提高他们的销售积极性，同时，还要经常征询中间商的意见和建议，不断对产品进行改进。

(2)利润刺激。经销或代理某种旅游产品所能获取的利润是中间商最关心的问题。在定价时旅游企业必须充分考虑中间商的利益，并针对其财力、信用及订货数量等情况给予相应折扣，以保证中间商能获取理想利润。

(3)营销活动支持，在中间商进行营销活动时，旅游生产者应主动为其提供人员、技术等方面的支持，甚至为其分担部分广告宣传费用，或根据中间商的销售业绩给予不同形式的奖励，以激发中间商对本企业产品的促销热情。

(4)资金支持。生产企业为中间商提供一定的资金支持，能缓解中间商的资金紧张问

题，并增强他们大批量购买、销售本企业产品的信心和决心。旅游企业所提供的资金支持主要有售后付款、分期付款、直接销售补偿等几种形式。

(5)信息支持。旅游企业有必要定期或不定期地与中间商联系，及时和中间商沟通生产、市场等方面的信息，帮助其制定相应策略，使其能有效地安排销售。

4. 渠道成员的评估

为确保中间商及时有效地完成任务，旅游生产者还应随时监督中间商的行为，检查其履行职责的情况，并按一定标准对其进行评估，评估出每个旅游中间商的销售业绩。评估营销渠道成员时，旅游生产者通常采用七项指标，即销售额(量)、销售增长率、销售范围及扩展情况、产品流通情况、销售过程中对消费者的服务情况、营销中的合作情况和对经销商的投入产出比。其中，销售额(量)、销售范围及扩展情况以及对经销商的投入产出比三项指标最为重要。

通过对营销渠道成员的检查评估，旅游企业一方面可以鼓励销售量大的中间商继续与本企业开展合作，另一方面能鞭策销售业绩差的中间商，促使他们加大销售力度，同时还将发现营销渠道存在的问题，以便查明原因并及时采取补救措施。

5. 渠道的改进

市场是纷繁复杂、瞬息万变的，要保持营销渠道的高效性，旅游生产者就必须根据自身销售目标及市场变化情况，不断改进营销渠道。

(1)增减渠道成员。即在某一营销渠道中增加或减少一个甚至几个中间商。增减渠道成员并不代表企业利润一定会提高或减少，如当旅游企业取消一个落后的中间商时，由该中间商负责的市场业务可能会被竞争者轻易占领，其他中间商也会因此而产生不安全感，甚至降低销售积极性。因此，在决定增加或减少中间商之前，旅游生产者最好先利用整体系统模拟的方法对企业利润变化进行定量分析，然后再做决策。

(2)增减营销渠道。即旅游企业根据损益平衡分析与投资收益率分析结果，增减某一条或几条营销渠道。当原营销渠道的销售业绩不理想、效益低下而成本较高时，应考虑停止该渠道；当市场需求扩大、原有渠道无法满足需求时，则考虑新增营销渠道。

(3)修正整个营销渠道系统。即旅游生产者对其所有的营销渠道做出调整，如直接渠道改为间接渠道，单渠道改为多渠道等。这种决策通常由企业最高管理层制定，它不仅会改变旅游企业的营销渠道构成，还将迫使其改变整体营销战略。旅游生产者实施这类决策的难度很大，且需要特别小心谨慎，以尽量减少对销售的不利影响。

学习效果检测

1. 需求量小、品牌知名度高的小众旅游产品应如何设计营销渠道？
2. 如果中间商之间发生冲突，旅游企业应该如何应对？
3. 调研本地一家旅游企业的营销渠道，分析其是如何设计与管理渠道的。

项目小结

旅游产品的季节性、无形性、生产与消费的异地性等特点，决定了旅游经营与旅游需求之间会不可避免地存在时间、空间上的差异，这就要求旅游企业加强旅游销售系统的建设。

各旅游企业所采取的营销渠道策略不尽相同，营销渠道也表现出不同的类型。旅游产品的分销渠道类型多样，运用方式灵活，是旅游营销中非常重要的一个要素。旅游产品营销渠道可以按照有无中间商进行分类；或者按照渠道的长度，即渠道级数来分；或者按照渠道的宽度进行分类。

根据是否拥有商品所有权，旅游产品中间商可以分为经销商和代理商两大类；按照是否与消费者直接接触，旅游产品中间商可以分为批发商和零售商。需要说明的是，中间商的类型并不是绝对的，有些中间商是混合的。

分销渠道设计包括确定分销渠道的原则、建立渠道目标、识别主要的渠道解决方案、评估渠道成员等步骤。旅游企业要对渠道进行动态管理，管理的具体内容包括对中间商的管理、对渠道系统的管理、渠道冲突管理以及分销渠道的调整。

实训项目

旅游企业营销渠道调研

一、训练目的

1、熟悉、掌握旅游企业是如何选择分销渠道模式的。

2、了解旅游企业现有渠道运行的状况及存在的问题。

3、了解旅游企业是如何化解渠道矛盾和冲突的。

二、训练组织

在人员组织分工上要合理，视班级人数来确定小组，每一小组人数以5～8人为宜，小组中要合理分工，分别采集不同的资料和数据，但在之前要统一认识、统一口径、基本统一判断标准；讨论要充分，组长负责最后报告的形成。

三、训练要求

1. 选择学校所在城市的旅游企业，小组根据调查的目的、内容，统一制作调查问卷。

2. 进行实地调查，对所选择的旅游企业进行走访，了解其渠道选择、渠道运行、渠道管理的状况。

3. 总结走访旅游企业的渠道状况及渠道选择的一般模式。

4. 指出调查的旅游企业在渠道设计、运行、管理中存在的问题。

5. 针对渠道运行中存在的问题，提出具体的解决措施。

拓展案例

中茶公司的销售渠道

中国茶叶股份有限公司(简称中茶公司)成立于1949年,是中华人民共和国成立后第一个国有公司,是中华老字号资源库中唯一一家全品类茶叶企业,且在茶企列表中排名第一,连续多年在茶叶行业百强中排名第一。2014年公司成为中粮旗下专业化公司之一。2017年公司完成混合所有制改革,中茶公司多个产品成为2017年“一带一路”国际合作高峰论坛官方指定用品、金砖国家领导人厦门会晤等高端会议选用产品。

目前中茶公司的茶叶产品的销售模式可分为直销和经销,自有品牌茶叶和原料茶业务采用不同的渠道销售模式。品牌茶叶业务主要采取“经销为主,直销为辅”的销售模式。同时,基于消费者行为类型和渠道业态的差异,品牌茶叶业务的渠道模式可以分为传统渠道、门店渠道、电商渠道、商超渠道及特通渠道。2019年各渠道收入占比分别为54.46%、14.54%、14.64%、9.91%、6.45%。原料茶业务采用直销模式销售向客户销售经初加工的优质原料茶,主要下游客户包括统一、农夫山泉、三得利、今麦郎等国内外饮料生产企业。

渠道类型定义举例

传统渠道指经销商从中茶系统购进中茶产品,通过批发或批零兼营的方式进行再次销售的传统销售通路,包括茶叶批发市场、茶叶城、茶文化城、茶叶交易中心、茶叶集散中心等。

门店渠道指通过开设中茶品牌专卖店进行产品销售的销售通路,包括直营店和加盟店等。

电商渠道指通过线上电商专业平台或自媒体平台等销售中茶产品的销售通路,包括电商直营(如天猫品牌旗舰店)、电商平台自营(如京东自营)、电商经销等。

商超渠道指各类专业化的现代零售销售通路,包括大卖场、商场、超市、便利店等。

特殊渠道指利用团购、批发、招标等销售方式,向特定组织或群体销售中茶产品的特殊销售通路,包括团购、会员积分兑换、餐饮/酒店、烟酒专卖店等。

中茶公司国内品牌业务以传统渠道为主。传统渠道是公司收入来源的主要渠道,2019年传统渠道收入为8.64亿元,同比增长13.45%。茶行业作为传统行业,传统渠道一直是行业内最主要的销售渠道,同时报告期内中茶云南加大了销售渠道的建设,公司的传统渠道销售收入不断上涨。2019年公司的门店销售渠道收入为2.31亿元,同比增长10.12%。报告期内门店渠道收入增速放缓,公司计划优化渠道结构和布局,增加对门店渠道的资源投入,计划三年内实现全部门店升级为新零售门店,重点布局华北、华东、华中及华南区域市场,未来有望通过门店的升级和新门店的开设使门店渠道收入加速增长,同时提升品牌影响力。

2019年电商渠道收入为1.02亿元,同比增长24.16%。随着互联网电商渠道的兴起,近年传统茶企纷纷增加电商渠道投入,中茶公司也在各大主流电商平台设立自营店铺或通过电商平台自营的方式进行产品推广与销售，因此，电商渠道的收入呈现快速增长趋势。公司将募集资金加大对电商渠道的投入，继续抢占电商渠道的市场份额。

2019 年商超渠道实现 642.8 万元的销售收入，同比增长 17.23%，但是 2018 年商超渠道销售收入较 2017 年下降了 59.86%，商超渠道在公司营业总收入中一直占比较低，仅占 1%左右。随着其他渠道的大幅度增长公司的销售渠道也再向传统、门店、电商和特通渠道转移。

2019 年特殊渠道收入 0.74 亿元，同比增长 120.48%，主要因为中茶云南加强了特殊渠道的建设，使得收入快速增长。

中茶公司的原料业务主要是 B2B 业务，主要客户为国内外饮料厂商，客户集中度更高。2019 年公司原料业务收入为 3.09 亿元，同比下降 11.79%。公司的原料业务收入在报告期内有一定的波动，主要因为大客户各年采购量需求的变动。报告期内，公司原料业务的收入没有大幅度的增长，但是公司的原料业务收入占比逐年下降，已经从 2017 年的 25.77%降至 2019 年的 19.46%。目前，中茶公司的业务发展目标是通过完善产业布局、优化产品渠道结构和区域市场拓展策略，巩固公司在茶行业的领先地位，因此发展重心也将向品牌业务倾斜。

资料来源：华西证券研究所，2020-08-09.

思考

请同学们仔细阅读案例，回答下列问题：

1. 你认为中茶公司的销售渠道设计是否合理？为什么？

2. 结合你自身的经历，试分析其他行业某企业产品的渠道策略。

实施旅游促销组合策略

【学习方向标】

通过本项目的学习，同学们将了解旅游业的基本促销手段和特点，以及各种促销手段在旅游目的地和旅游企业促销中的运用，能熟练掌握各种促销手段的特点，能为旅游目的地或旅游企业设计促销方案。

【学习目标】

★ 知识目标

1. 了解旅游业的基本促销手段及特点；
2. 实施人员推销行动，制定广告宣传策略；
3. 使用公共关系战术，掌握销售促进手段；
4. 优化促销组合。

★ 技能目标

1. 学会运用各种促销手段的特点，能为旅游企业设计促销方案；
2. 能够利用新媒体营销促进旅游企业产品销售。

★ 素质目标

培养学生吃苦耐劳，乐于奉献，团队合作，爱岗敬业，诚实守信等优良品格。

拓展阅读 今日中国·黑龙江丨雄浑黑土地 壮美龙江潮

“奋斗百年路，启航新征程。”2021 年 5 月 19 日，中央广播电视总台联合黑龙江广播电视台在央视新闻频道、央视新闻客户端推出近两个小时的大型直播特别节目《今日中国》(黑龙江篇)——《雄浑黑土地 壮美龙江潮》。

黑龙江，位于中国最北、最东方，每天迎接祖国的第一缕阳光。这里也是马克思主义思想在我国较早传入的地方。百年以来，雄浑黑土地上孕育了东北抗联精神、北大荒精神、大庆精神、铁人精神，在这片黑土地上“四大精神”历久弥新，代代相传。报道通过空中、地面、水下多维度视角带您领略黑龙江的万顷良田、林海茫茫和国之重器，展示在党的十八大以来，黑龙江改造升级“老字号”、深度开发“原字号”、培育壮大“新字号”的决心和信心，以及转方式调结构、走向转型发展的振兴之路。

镜头从红色记忆到农野田间、从绿水青山到时代发展，万顷良田、林海茫茫的黑龙江就这样生动地呈现在眼前。让我们一起探寻北国的万里画卷，看看究竟有什么魅力暗藏其中？

一、抗联精神——东北烈士纪念馆

东北烈士纪念馆是中国共产党建立的全国首家革命纪念馆。这里记录着以东北抗日联军为代表的中华优秀儿女奋勇抗争的峥嵘岁月，记录着东北抗日联军为中国抗日战争、世界反法西斯战争的胜利做出的重要历史贡献。

“如果中国人都投降了，那还有中国吗？”

一个人用草根、树皮、棉絮来续命，在密林里奔袭，到底能坚持多久？东北抗日联军第一路军总司令兼政治委员杨靖宇用生命谱写出了永垂不朽的东北抗联精神。1940 年，日伪军重兵围困，杨靖宇在完全断粮的情况下，孤身一人与敌军独自奋战了 5 个昼夜，最后身中数弹，倒在了北国的密林之中。

如今的东北烈士纪念馆里，杨靖宇的身躯树立在馆中，在他身后，许多的史实与图片记录着那段感人至深、令人肃然起敬的抗日岁月。

“宁可投江，也不投降。”

残酷的战争来临，但有抱负、有血性的巾帼英雄们也在用自身的力量为祖国，为这片黑土地的胜利默默抗争着。

平均年龄不到 19 岁，以冷云为首的八名女战士在面对日军的凶恶叫嚣与攻击中，毅然决然地走向了身后冰冷的河水，奉献出了自己年轻的生命。透过黑白色的照片，我们可以看到她们当时年轻的面庞，一颗颗朝气蓬勃的心，一份份诚挚的爱，为黑土地的解放，战斗到最后。

在今天的牡丹江林口县，八女投江纪念群雕在广场伫立，刻有“八女英魂光照千秋”的纪念碑雕塑与雕像上简短的话语，概括了她们短暂但伟大的一生，让人们从心底感到爱国精神的真挚热烈。

二、北大荒精神——黑土地上的实用宝藏

如果谁 5 月来到黑龙江，一定会被繁忙的春耕播种场景所吸引。一代代北大荒人

秉承“艰苦奋斗、勇于开拓、顾全大局、无私奉献”的北大荒精神，把“北大荒”变成了“北大仓”，把“亘古荒原”变成了“万亩良田”。

来到黑土地，这里是全国优质大豆的重要产地，勤劳智慧的黑龙江人，对大豆的分辨也极有研究。“面子相同，里子不同”的大豆，有的适合制成大豆油，有的适合做成备受欢迎的豆花。除此之外，还有豆奶粉、豆干、腐竹，等等，优质大豆做出的豆制品，营养丰富，豆香醇厚，是吃了就会回购的绝佳美食。

玉米更是如此，一粒小小的玉米在黑龙江的超市里面就上演着多种变化，玉米糁、爆米花、玉米油等。其实，全国只有7%的玉米被用来食用，剩余的93%都用在了旁人想象不到的地方。在黑龙江，纺织、医药、工业、建筑等行业都可看到玉米的身影，粒粒玉米上演着黑土地的传奇。

参观现代化的春耕农忙，品尝黑土地的自然作物，体会农作物结合现代生物、化工等技术给生活带来的便利，农业大省定会带给大家不一样的旅行新体验。

三、动物出境，为龙江生态代言

2021年5月18日，“完达山一号”顺利回归山林，这是我国首次成功在野外救护东北虎。最近，黑龙江的密林里总是有动物与镜头互动，一会来个特写，一会来张全家福，一会无所顾忌地在镜头前游泳……

广袤的森林为黑龙江大地带来了无穷的山水美景，镜泊湖风景区的火山岩上杜鹃花在缝隙间生长；伊春五营国家森林公园是红松的故乡；黑龙江在大兴安岭的龙江第一湾回流直转……5月正是万木吐翠的季节，吹着江凉爽舒适的微风，伴着声声鸟鸣，看看祖国最北方这瑰丽壮美的风光。

除了绿水青山，冰天雪地依旧是黑龙江得天独厚的自然资源。从原先的“猫”冬到现在的“忙”冬，这里演绎着迷人的冬日童话，冬天梦幻的冰雪大世界，奇美壮观的雾凇，泼水成冰的乐趣……冰雪产业已经成为拉动黑龙江当地经济产业转型升级的重要引擎。

无论何时来到黑龙江，人们都可以感受到冰雪的魅力，哈尔滨分时段免费开放的冰壶馆、速滑馆、冰球馆等场馆，等着游客们前来体验。

四、铁人精神和大庆精神

抽油机忙碌的身影在大庆街头随处可见，铁人精神更是激励着一代代的大庆人砥砺前行。

“因油而生，因油而兴。”走进大庆铁人王进喜纪念馆，学习永不磨灭的铁人精神，一张张照片，一件件物品，一段段文字记录着铁人令人敬仰的伟大事迹，珍藏着旁人不可想象的无私精神，站在展馆中回眸那段奋斗岁月，感受歌颂至今的传世精神。

奋进中的黑龙江是这样的迷人，过去的辉煌皆为序章，新的征程正在敲响，为家乡点赞，今日的黑龙江让人欣喜，未来的黑龙江更会让人自豪。

思考

1.请同学们总结黑龙江四个精神的核心思想有哪些，以及这些精神有怎样的人生启迪。

2.亲爱的同学们追寻红色印记，看家乡今昔巨变。请给自己的家乡代言，讲好中国故事，推介一方山水。

任务1　认识旅游促销组合策略

任务提出及实施

1.了解常见的促销方式；

2.明确促销对旅游企业发挥的作用；

3.掌握促销决策的基本程序。

请同学们在教师的讲解和引导下，学习应用知识储备，查阅相关资料，分组讨论完成上述任务。

任务关键词

促销；促销决策

案例导入　山西省10条红色旅游经典线路发布

2021年5月18日，山西省文化和旅游厅发布了山西省10条红色旅游经典线路，分别为：烽火太行红色旅游线路、英雄吕梁红色旅游线路、长城抗战红色旅游线路、“走向胜利”红色旅游线路、重温山西建党红色旅游线路、铁血东征红色旅游线路、追寻八路军总部红色旅游线路、晋察冀根据地红色旅游线路、红色军工之旅红色旅游线路、根据地文化新闻事业红色旅游线路。

这10条红色旅游经典线路围绕红军东征、中共山西抗战、解放战争、山西建党和中华人民共和国成立后社会主义建设这5个山西红色文化的重要时期来设计。红色遗址和景点的选择上，以国家级、省级保护单位和红色旅游经典景区为主。从精神象征意义方面，囊括了山西特色的黄河精神、太行精神、吕梁精神、右玉精神等，是山西红色文化精髓的集中体现。

据了解，山西全省现存不同时期党史重要机构旧址、重要党史人物故居旧居、重大战役遗址和重大纪念设施等3 800余处，有全国红色旅游经典景区29个，A级红色旅游景区17个，有6家红色旅游景区被评为全国爱国主义教育示范基地。这些红色旅游资源为山西省开展党史学习教育提供了良好的资源基础。在这些红色旅游景区中，活跃着300多名红色旅游专业讲解员和志愿者讲解员，他们是开展党史学习教育的重要力量。

资料来源：中国旅游新闻网，2021-05.

案例分析

1.一个地区的旅游产品信息可以在哪些平台或媒体上发布呢？山西省的这条宣传信息发布在哪个平台？

2.这10条经典线路囊括山西特色的四大精神分别是什么？

应用知识储备

一、旅游促销概述

（一）旅游促销的定义

旅游促销是指旅游企业为了树立企业或产品形象，激发消费者的购买欲望，将有关旅游企业、旅游地及旅游产品的信息，通过宣传、吸引和说服等方式，传递给潜在消费者，促使其了解、信赖并购买自己的旅游产品，以达到扩大销售的目的。

促销方式具体包括人员推销、广告宣传、公共关系、营业推广等四个方面的组合应用。

（二）旅游促销的作用

旅游促销在旅游营销中的作用很大。成功的旅游促销策略能造就迪士尼这样的王国，而失败的、短视的旅游促销却会使良好的旅游资源无人问津。旅游促销的作用主要有：

（1）刺激旅游需求，扩大旅游产品销售。

（2）提供信息，沟通供需关系。

（3）突出特点，强化竞争优势。

（4）树立良好形象，提高抗风波能力。

（三）旅游促销的类型

根据旅游促销侧重的促销目的，旅游促销有以下三种类型：

（1）旅游目的地促销。旅游目的地促销侧重于向目标市场或有关公众传递特定旅游目的地的宣传信息，所以又称为目的地形象宣传。

（2）旅游产品促销。旅游产品促销的侧重点在于向目标市场或有关公众传递某种旅游产品的宣传信息。

（3）目的地旅行社促销。准确地说，目的地旅行社促销属于旅行社的企业名号促销，这类促销是旅行社侧重于目标市场、客户或有关公众传递本企业形象的宣传信息。

二、旅游促销决策

（一）旅游促销决策的含义

旅游促销决策是指旅游企业或目的地在促销信息源、信息发送方式、发送媒介、信息接收者的类型以及管理和协调整个促销过程等方面所做决策的总和。

微课

好酒也怕巷子深

（二）旅游促销决策的程序

（1）确定目标受众；

（2）确定信息沟通目标；

（3）设计信息；

（4）选择信息沟通渠道；

（5）制定促销预算；

（6）确定促销组合；

（7）衡量促销效果。

学习效果检测

1. 请同学们结合新媒体时代，谈一谈旅游酒店企业常用的促销方式有哪些，效果如何。
2. 举例说明旅游促销发挥的作用有哪些。

任务2　实施人员推销和广告营销

任务提出及实施

1. 了解为什么人员推销是成本最高的一种旅游企业营销；
2. 选择某旅游产品，分组在校园内以人员推销的方式对在校大学生或教师进行推销；
3. 知道与其他广告相比，旅游广告有哪些特点，以及在旅游市场营销组合中广告起什么作用。

任务关键词

人员推销；广告

案例导入　“太行山上过大年”晋城春节民俗旅游推介会亮相郑州

2023年1月11日，“太行山上过大年”晋城春节民俗旅游推介会在郑州举办，此次推介会旨在全方位展示晋城春节民俗的魅力，吸引其他地区游客来晋城体验特色文化潮年。

推介会在《盛世八音》的演出中拉开序幕，皇城相府、王莽岭、珏山、大阳古镇、天官王府、司徒小镇、卧龙湾等景区登台亮相，推介会就景区特色、民俗文化活动、优惠政策等进行了民俗旅游推介。现场的上党梆子、古堡情缘等晋城民俗特色表演将活动气氛一次次推向高潮，晋城特色民俗非遗文创产品和部分旅游商品得到了充分展现，受到了与会嘉宾的关注。晋城和谐国旅、凤凰国旅、云顶国旅、飞燕国旅分别同河南永安文旅、携程旅游、旅游百事通、美途同业进行了现场签约。

为了使此次推介精准有成效，推介会前夕，晋城市文化和旅游局特别组织各县（市、区）文化和旅游局相关负责人，重点A级景区、旅行社相关负责人同郑州市文化广电和旅游局、旅行社等相关负责人就当前旅游合作方向展开充分交流，围绕旅游品牌输出、旅游宣传合作、旅游客源互送、文化交流互鉴、非遗民俗展示等方面工作提出建设性意见。今后两地旅游界将加快完善业态，盘活景区旅游资源，携手推进“旅游+”产业融合，联合打造区域文化和旅游强势品牌，着力实现两地旅游业高质量发展。

资料来源：中国旅游新闻网　2023-01-12

案例分析

大型地区旅游推介会是旅游促销的重要形式，“太行山上过大年”旅游推介会的主办方主要有哪些部门？推介会的主要对象是谁？

应用知识储备

一、人员推销

(一)人员推销的含义、特点与作用

1. 人员推销的含义

人员推销是指旅游企业运用推销人员直接与旅游消费者或旅游中间商接触、洽谈、宣传、介绍旅游产品或服务,说服被推销对象购买旅游产品以达到销售目的的活动过程。

2. 人员推销的特点

(1)信息传递的双向性。一方面,推销人员必须向被推销对象者宣传介绍旅游产品或服务的质量、功能、用途、价格及售后服务等,为旅游消费者提供有关旅游信息,达到促销目的。另一方面,推销人员还必须通过与旅游消费者交谈,了解他们对旅游企业及所推销旅游产品的态度、意见和要求,不断地收集和反馈信息,为旅游企业的经营决策提供依据。

(2)推销目的的双重性。人员推销的目的不仅是推销旅游产品或服务,还包括帮助消费者解决问题,与消费者建立长期合作关系。因此,人员推销具有推销产品和建立合作关系的双重目的。

(3)满足需求的多样性。在人员推销活动中,推销人员不仅要通过推销产品满足消费者对产品使用价值的需要,而且要通过宣传介绍产品满足消费者对产品信息的需求;通过售前、售中、售后服务,满足消费者对旅游产品购买过程中相关技术和服务方面的需要;通过文明经营,满足消费者心理和精神上的需要。

(4)推销过程的灵活性。在人员推销过程中,买卖双方当面洽谈,易于形成一种直接、友好的相互关系。推销人员可以通过交谈和观察,掌握消费者潜在的购买动机,有针对性地介绍旅游产品的性能和特点;还可以及时发现消费者的问题,及时解释,解除他们的疑虑。

(5)推销成果的有效性。在人员推销过程中推销人员直接将产品推销给消费者,通过面对面的交易,可以使推销人员与消费者之间建立起长期的友好关系,比非人员推销更具有人情味,从而更容易达成协议。

由于人员推销的开支比较大,费用比较高,对推销人员的素质要求高,所以人员推销的运用也有一定的局限性。

3. 人员推销的作用

(1)发现并培养新的消费者。通过推销人员进行咨询并收集信息,可以发现最佳的潜在消费者,避免出现无效推销的错误。同时,通过推销人员面对面的沟通与交流,有助于企业购买决策过程中的关键人物间建立良好的关系。

(2)传递信息。人员推销有助于把相关旅游产品和服务信息传递给消费者。

(3)销售产品。包括接近消费者、介绍产品、回答问题及达成交易。

(4)进行市场调研,收集市场信息。

(二)人员推销的方式

1. 登门推销

登门推销是指旅游企业推销人员直接到旅游消费者居住、工作的场所进行促销、销售活动的重要形式。旅游企业的销售人员拜访政府机关、社会组织、企事业单位、航空公司、旅行社、游船公司、旅游汽车公司等就属于此类推销。销售人员对代理商、中间商的走访也属于登门推销。登门推销是众多促销方式中花费最高的一种。

2. 电话推销

电话推销是指旅游企业推销人员通过电话与旅游消费者进行沟通,从而直接或间接促进销售的方式。电话在旅游企业人员推销中充当着极为重要的角色。通过电话交谈,推销人员可以发现理想的销售对象,确定销售对象的购买能力和需求偏好。电话推销还可用来进行登门推销的预约,了解有关背景情况,及时答复购买者提出的有关问题,确认他们的有关需求细节等。

电话推销应重视推销技巧,要有亲和力,要会提问,要用心倾听,要会引导,要会赞美,要有同情心,要能引起共鸣。

3. 营业场所推销

营业场所推销是指旅游企业员工,主要是一线岗位上的员工,通过他们的优质服务、提供给消费者的优质产品及主动灵活、恰到好处的示范讲解,积极向消费者宣传企业及其产品和服务,宣传产品和服务给消费者所能带来的利益与效用,从而影响并促进消费者购买旅游产品和服务的一种推销方法。

通过企业一线员工的积极主动和富有创造性的推销,可以使已经购买某些旅游产品的消费者增加消费量,使犹豫不决的消费者打消疑虑,放心、安心、开心地消费,促进销售额的提高。

4. 会议推销

会议推销就是利用各种旅游会议向与会人员宣传和介绍各种旅游产品,开展推销活动。例如,在订货会、交易会、展览会等会议上推销旅游产品均属会议推销。这种推销形式接触面广,推销集中,可以同时向不同的推销对象推销旅游产品,成交额较大,推销效果较好。近几年来,大量举办的旅游交易会成了众多旅游景区、酒店和旅行社推销产品的平台。

5. 直播带货

网络流行词,表达的意思指明星、网络红人等公众人物对商品的带动作用,现实社会中公众人物对某一商品的使用与青睐往往会引起消费者的效仿,掀起这一商品的流行潮。

直播带货仍然存在一些需要规范之处,尤其是部分公众人物在带货过程中存在夸大宣传、数据造假、未体验就推荐等现象。

(三)人员推销的过程

对人员推销过程进行阶段性划分,并明确每个阶段的工作重点,以及各阶段的内在联系和转换规律非常重要。人员推销过程一般分七个阶段,它们相互影响、相互渗透、相互

转化，任何一个环节失误都可能导致推销过程前功尽弃。

1. 识别与确认顾客

识别是指推销人员搜索潜在消费者的过程；确认是指筛选出那些有希望成为顾客的重要消费者。

（1）识别顾客的方法。寻找潜在顾客的最佳方式是推销人员直接与那些最可能成为顾客的个人或组织进行接触。通常借助以下方法识别潜在顾客：通过查阅客户档案发现以往的顾客；请现有顾客提供他们所熟悉的潜在顾客的名单；利用现有的公共社会名单，如电话簿、商业会所、当地俱乐部和其他组织机构名单。

（2）确认顾客的标准。由于登门推销的成本较高，因此推销人员识别出潜在顾客后，还应将名单进行进一步压缩，筛选出最有可能成为本企业现实顾客的名单。

推销人员可以将现有的顾客和潜在的顾客分类：A 类，即那些可以为旅游企业带来最大业务量或经济收益的个人或组织，他们是推销的重点；B 类，即那些能够带来一般利益的个人或组织；C 类，即顾客虽然也能带来一定的利益，但进行登门推销则得不偿失。

2. 做好推销准备

推销人员在推销之前，必须进行充分的准备。

（1）产品知识。即关于本企业、本企业产品或服务的特点、用途、功能等方面的情况。

（2）顾客知识。即关于潜在顾客的需求偏好、购买力、采购中心人员组成、购买决策者的性格特点等。

（3）竞争者知识。即竞争者的能力、地位和其产品的特点。

（4）工作计划。选择接近的方式，拟定推销时间和线路安排，预测推销中可能发生的一切问题，准备好推销材料，如景区及设施的照片、模型、说明材料、价目表、包价旅游产品介绍材料等。准备就绪后，用电话、信函等形式与潜在顾客进行事先约见，向访问对象讲明访问的事由、时间、地点等约见内容。

3. 接近顾客

接近顾客是指开始登门访问，与潜在顾客开始面对面交谈。在这一阶段，推销人员要注意以下几个问题：

（1）给顾客留下一个好印象，引起顾客的注意。因此，穿着、举止、言谈都需注意。

（2）检查在准备阶段所准备的全部情况，为后面的谈话做好准备。

（3）要有一个好的心态，友好而且自信。友好，自己与对方是进行利益交换，是互惠互利的交换；自信即确信本企业的产品是能经得起顾客检验的。

4. 介绍与展示产品和服务

介绍与展示所销售的产品和服务是推销中关键的一步，推销人员可以按照 AIDA 模式即争取注意（Attention）、引起兴趣（Interest）、激发欲望（Desire）和采取行动（Action）向购买者介绍所销售的旅游产品和服务。

推销人员也可以通过描述产品的特征（Features）、优势（Advantages）、利益（Benefits）和价值（Value）（FABV）的方法，向潜在顾客介绍产品。

旅游产品的无形性特点，使得产品展示往往不如有形产品那样直观，此时需要借助各种视听材料，如小册子、挂职图、幻灯片、照片、音响和录音带等。另外，邀请潜在顾客考察也可以弥补产品无形性的不足。例如，许多景区在开拓市场时，往往会邀请旅行社的相关人员进行旅游考察，饭店推销人员也经常邀请会议策划人员亲临饭店，考察饭店的接待设施与服务水平。

在介绍与展示产品时，要特别注意倾听对方的发言，以判断其真实意图。

5. 处理异议和问题

推销人员应随时准备处理不同意见。顾客在听取介绍的过程中，或在推销人员希望其订购时，若顾客表现出抵触情绪，如怀疑产品的价值，不愿意中断已经建立的采购关系，对所推销的产品品牌不感兴趣甚至有偏见，对价格、服务、付款条件不满意，或者对推销人员本身言谈举止反感等，这就需要推销人员具有与持不同意见的顾客洽谈的能力和技巧，通过解释、协商等措施应对否定意见，但不要争辩。

6. 达成交易

达成交易是指推销人员要求对方采取行动。在订货购买的阶段，有经验的推销人员认为，接近和成交是推销过程中两个最困难的步骤，在洽谈、协商过程中，推销人员要随时给予对方能够成交的机会。有些顾客不需要全面介绍，介绍过程中发现顾客表现出购买意愿应立即抓住时机成交。在这个阶段，推销人员还可以提供一些优惠条件，以尽快促成交易。

7. 完成后续工作

如果推销人员希望顾客满意并重复购买，希望他们传播企业的好名声，则必须坚持售后追踪。售后追踪访问调查的直接目的如下：

（1）了解顾客是否满意已购买的产品；

（2）发现可能产生的各种问题；

（3）表现推销人员的诚意和关心；

（4）使顾客传播企业及产品的好名声，听取顾客的改进建议。

知识链接

前厅怎样巧妙地销售客房？

1. 掌握客人特点。酒店客人的年龄、性别、职业、国籍、住店目的等各有不同，前厅服务员可根据客人的特点灵活推销。例如：商务客人是公费出差，日程安排紧，适合推销安静的、有办公桌、便于会客、价格高的客房，并在一些服务项目上给予免费或优惠；可向旅游客人推荐景色优美的客房；向新婚夫妇、社会名流、高薪阶层人士推荐套房；向携子女的父母推荐连通房、相邻房；向老年人推荐靠电梯、餐厅的客房；等等。

2. 介绍酒店产品。客人在旅行中选择酒店产品时，需要服务员的帮助来决定如何选择。前厅服务员应在了解酒店的销售政策及价格变动情况，客房的种类、位置、形状、朝向、面积、色彩、装潢、家具等的基础上加以介绍。介绍的内容还可包括会议、宴请、餐厅、酒吧、茶座、商务中心、洗衣、理发、游泳、康乐、商场、停车场等设施及服务，酒店内举办的娱乐活动及当地举办的各种节日活动和所接受的付款方式。服务员在做介绍时用正面说

法，不做不利方面的比较。具有特色的酒店服务也是可供推销的商品，同时前厅服务还应对竞争对手酒店的情况十分了解，帮客人做出选择。

3. 巧妙地商谈价格。在与客人商谈价格时应使客人感到酒店销售的产品是物有所值的。因此在销售过程中着重推销的是客房的价值而不是价格。可根据客房的特点，在客房前面加上恰如其分的形容词，如湖景房、海景房、中式套房、西式套房等。除了介绍客房特点外，还应强调客房对客人的好处。在商谈房价的过程中前厅服务员的责任是引导客人，帮助客人进行选择。在向客人报房价时，可根据客人的特点提供两种或三种不同的价格供选择，报价由高到低。对客人的选择要表示赞同。

客人在选择价格时若表现出犹豫不决的心态，服务员可用提问的方式了解客人的特点与喜好，分析他们的心理，耐心、有针对性地介绍，消除客人的疑虑，并运用销售技巧帮客人做出选择。在推销过程中要把客人的利益放在第一位，宁可销售价格较低的客房，使客人满意，也不要使客人感到他们是在被迫的情况下接受高价客房。

4. 主动带客人参观。客人在选择客房过程中表现犹豫时，可建议带客参观客房，参观过程中要自始至终表现出有信心、有效率、有礼貌，即使客人不住，也要对客人光临表示感谢，并欢迎再次光临。

5. 尽快做出安排。若客人在参观中对客房感兴趣的话，应用提问的方式帮助客人做出选择。一旦客人做出选择，应对客人的选择表示赞赏与感谢，并为客人立即办理入住登记手续，缩短客人的等候时间。

二、旅游广告

（一）旅游广告的含义

广告是指广告信息通过各种宣传工具，包括报纸、杂志、电视、广播、网络平台、自媒体平台等，传递给它所要吸引的观众或听众。广告是传播信息的一种方式，其目的在于推销商品、劳务，以及影响舆论、获得支持，产生刊登广告者所希望的反响。广告不同于其他信息传递形式，它必须由登广告者付给传播信息的媒介以不定期的报酬。

旅游广告是广告在旅游行业的表现形式，一般由旅游目的地（国家和地区）或旅游企业进行制作和发布，其目的在于提高旅游产品的影响和知名度，树立旅游目的地和旅游企业形象，影响旅游者的消费行为，从而促进旅游产品销售。

（二）旅游广告的特点

1. 高互动性

旅游产品是高度参与性的产品。旅游活动的跨文化性、异地性以及异地性所带来的陌生感和不安全感，会增加旅游者对目的地相关信息的需求，旅游者迫切希望能够与有过相关体验的其他旅游者进行信息交流。旅游广告应针对这种消费心理，向旅游者提供高互动性的传播与信息交流平台，更好地帮助旅游者做出旅游决策。

2. 高度立体化

旅游产品的综合性，要求广告提供立体化的信息资源，包括景区、交通、餐饮、住宿、购

物等接待设施的相关信息，以及旅游常识、审美鉴赏、历史文化、应变求生等相关知识，帮助旅游者获得更好的经历与体验。

3. 表现形式多样化

旅游产品生产与销售的时空同一性，使得旅游者无法事先进行试用或体验以了解旅游产品和相关服务的质量与水平，这就要求旅游广告借助各种形象生动的方式传播相关的信息，综合运用电视、报纸、杂志、互联网、公益活动等各种广告媒体，全方位、多角度、多层次地进行宣传促销，培养成熟的旅游者，进而达到推广旅游产品的目的。

4. 信息鲜明

旅游消费是一种体验型的消费，由于受到旅游者、旅游服务人员以及目的地居民之间互动关系的影响，旅游体验受情感因素影响较强。旅游者的消费行为与旅游体验的个性化，决定了旅游广告诉求应具有较强的个性化色彩。

（三）旅游广告的分类

1. 旅游地形象广告

旅游地形象广告主要是针对某一旅游目的地进行的宣传推广，具有整体性、系统性、组织化的特点，其宣传并不针对个别具体的旅游产品，而是从宏观的、整体的角度，对旅游目的地进行历史、文化、自然景观、形象口号、城市个性等的概念性宣传，塑造旅游地品牌。旅游地形象概念性宣传的发布单位，往往不是单一的旅游企业或几个旅游企业，而是由旅游地的行政管理单位牵头，有计划、分步骤、大规模地进行的。

如在中央广播电视总台和地方广播电视台等发布的电视广告以及官方旅游网站发布视频广告或文案广告，其特点是受众面大，传播力快，内容生动形象有感染力和感召力。

2. 旅游企业形象广告

旅游企业形象广告即由旅游饭店、旅行社、旅游交通公司等各类旅游企业出资进行的品牌宣传广告。其主要目的是展现企业的服务形象。通过不同的表现形式向消费者展示旅游企业的服务定位和服务水平，塑造企业的品牌形象。常见的有企业拍摄视频广告通过网络视频平台发布，优点是信息量大成本低。

3. 旅游产品信息广告

旅游产品信息广告在性质上与普通商品的营销广告类似，目的在于告知旅游线路、旅游交通、旅游饭店、旅游纪念品等相关产品信息。旅游企业对此类广告的单次投资额度相对较小，个性化不强，但其发布频率较高，更新快。此类广告多见诸该企业的微信、微博、抖音和快手等平台发布。

4. 其他广告

除了以上几种类型外，旅游企业还可以对企业的服务内容、范围、方式及产品的销售通过举行短期促销、联合促销、公关活动、现场活动、发布事件新闻信息等方式进行显性或隐性宣传，以这种受众感同身受的参与、互动形式，更有效地推动旅游企业的品牌建设和旅游产品的销售。

学习效果检测

1. 一个成功的推销人员应该具备什么样的条件和能力？

2. 阐述旅游广告的特点及分类。

任务3　建立公共关系和实施营业推广

任务提出及实施

1. 了解旅游公共关系的职能，说说为什么公共关系是促销组合当中最节省但后续效果最为明显的；

2. 调查自己所在班级、系部或学院公众中的形象，全班集体尝试针对学院公众组织一次公关活动；

3. 在网上或实地调查学校附近某旅游企业的营业推广工具，并评估这些工具的效果；

4. 分组进行社会调研，选择某旅游产品策划一次针对旅游中间商的营业推广活动，并分组交流展示策划方案。

请同学们在教师的讲解和引导下，学习应用知识储备，查阅相关资料，分组讨论完成上述任务。

任务关键词

公共关系；营业推广

案例导入　简阳通材实验学校

简阳通材实验学校是由四川海底捞餐饮股份有限公司于2001年6月创办的一所全寄宿制民办学校。在简阳市委市政府和各级教育行政主管部门的关心支持下，在海底捞公司雄厚资金的大力助推下，在全体师生员工的努力拼搏下，学校迅速发展壮大。

简阳通材实验学校源自简阳中学前身——通材书院。“通材”二字，寄寓着学校的办学理想和育人方向：一是让所有受教育者统统成才；二是把受教育者培养成为“通用型人才”。

资料来源：海底捞微信公众号，2019-07.

| 案例分析 |

海底捞餐饮公司筹资兴办简阳通材实验学校给企业树立了怎样的社会形象？

应用知识储备

一、建立并完善公共关系

(一)公共关系的含义、作用及职能

1. 公共关系的含义

从旅游营销学上说，旅游公共关系是指旅游企业为了维持或改善与社会公众的关系，获得公众对企业的认识、理解及支持，达到树立良好的企业形象、促进产品或服务销售目的而采取的的一系列活动。

2. 公共关系的作用

(1)与相关的社会公众建立关系。这些社会公众既包括内部公众，如雇员与其家庭、股东与所有者；也包括外部公众，如旅游者、旅游供应商、旅游中间商、竞争者、金融保险机构、政府部门、当地社区、新闻媒体等。可见，旅游企业营销活动中存在着广泛的社会关系，不限于与旅游者的关系，更不限于买卖关系。良好的社会关系是旅游企业成功经营的保证之一。

(2)树立企业形象。企业形象是公共关系的核心。公共关系的首要任务是树立和保持企业的良好形象，争取广大旅游者和社会公众的信任和支持。在现代社会经济中，企业一旦拥有良好的形象和声誉，就等于拥有了可贵的资源，就能获得社会的广泛支持与合作。否则，就会产生相反的不良后果，使企业面临困境。

(3)促进产品销售。公共关系的最终目的是促进产品的销售。广告等其他促销活动的目的在于直接促进产品销售，公共关系通过推销旅游企业本身促进产品销售。

(4)长效的促销方式。公共关系是一种长效的促销方式，比广告活动的成本少得多，但其效果却可能好得多。公共关系，尤其是在建立旅游消费者对旅游产品和组织本身的信任感方面，有着不可替代的重要作用。

3. 公共关系的职能

(1)采集信息，监测环境。公共关系是旅游企业的预警系统，它通过各种调查研究方法采集信息、监测环境、反馈舆论、预测趋势、评估效果，帮助企业对复杂、多变的公众环境保持高度的敏感性，维持企业与整个社会环境的动态平衡。

(2)提供咨询建议，参与决策。公共关系人员向决策层和管理部门提供公共关系方面的意见和建议，使决策更加科学化、系统化，并照顾到社会公众的利益。

(3)传播推广，塑造形象。主要体现在两个方面：一是企业运用传播沟通的手段与公众进行双向交流，以获得公众的信任和支持；二是顺时造势，引导舆论。通过策划新闻、公关广告和专题活动等手段，制造声势，提高企业的知名度和美誉度，为企业创造良好的舆论环境。

(4)协调沟通，平衡利益。协调是在沟通的基础上，经过调整，达到旅游企业与公众互惠互利的和谐发展。协调的重要作用在于保持企业管理系统的整体平衡，使各个部分能步调一致，以利于发挥总体优势，确保计划的落实和目标的实现。内求团结，外求和谐，是

公共关系协调工作的宗旨。

(5)教育引导，培养市场。对内传播公共关系意识及公共关系的思想和技巧，进行知识更新，不仅要对每个员工进行教育引导，也要说服企业领导接受公共关系思想。对外部公众进行教育引导，倡导生态旅游、健康旅游等先进理念。

(二)公共关系的活动

1. 公共关系的内容

(1)处理与新闻媒介的关系。将反映本企业积极形象的有新闻价值的信息通过新闻媒介传播给目标受众，达到引起人们对企业本身及其产品的注意、认可与赞赏的目的。

(2)进行企业宣传。企业宣传包括两方面内容：一是产品的宣传，旅游企业可以通过新闻媒体或其他方式，如展览会、报告会、纪念会、节庆活动、有奖竞赛等，将企业的产品展示给广大公众；二是企业的宣传，也就是通过各种方式使外部公众和企业内部员工了解企业的历史、业绩、优质产品、优秀人物、发展前景，从而达到树立企业形象的目的。

(3)提供资讯。收集整理各类公众的意见与建议，向管理人员提供有价值的资讯。

(4)处理投诉。回答和处理顾客的问题、抱怨和投诉。

2. 公共关系活动的模式

(1)宣传型活动模式。即利用各种传播媒介和交流方式，进行内外传播，让各类公众了解企业、支持企业，形成有利于企业发展的社会舆论，达到促进企业发展的目的。

(2)交际活动模式。这种模式是通过与人们的接触和感情上的联络，为旅游企业广结良缘，建立广泛的社会关系网络，形成有利于企业发展的人际环境。其方式是进行团队交往和个人交往。

(3)服务型活动模式。以提供优质服务为主要手段，以实际行动获取社会的了解和好评，建立良好的企业形象。

(4)社会型活动模式。举办各种社会性、公益性、赞助性活动，扩大企业的社会影响，提高其社会声誉，赢得公众的支持。

(5)咨询型活动模式。通过信息采集、舆论调查、民意测验等工作，了解社会舆论，为企业决策提供依据。

3. 公共关系活动的程序

(1)进行调查。包括旅游企业基本情况和企业形象的调查。前者是公共关系人员必须掌握的，无论是撰写新闻报道、举行记者招待会、制作公共关系广告、接待公众来访，还是开展其他公共关系活动，都离不开企业基本的资料；后者是社会公众对企业的全部看法和评价，是企业行为在公众心目中的反映，分为自我期望形象和实际社会形象，旅游企业可以利用舆论调查、民意测验等方法，调查了解本企业公众中的知名度与美誉度。

(2)收集公众信息。包括公众的背景资料、知晓度资料(了解公众对本企业品牌、产品服务知晓的情况)、态度资料(弄清公众对本企业的产品、服务、政策、行为持何种态度)和行为资料(了解公众的需求类型和消费行为)。

(3)确定公共关系目标。在调查的基础上，根据社会公众对本企业的了解和意见确定具体的公共关系目标。目标可以是下面当中的一个或多个：提高企业的知名度和美誉度，公共关系活动是通过媒体的新闻报道引起人们对产品、服务、个人、组织或创意的关注，通过媒体报道来传播信息，公共关系活动可以增进企业信誉；争取政府支持，协调企业与政府的关系；化解危机，争取得有关公众的理解与支持；参加社会公益活动，增加公众对企业的了解和好感，塑造良好的企业形象。

(4)界定目标群体，利用合适的工具把相关信息传播给目标群体，这是公共关系成功的关键。有效公共关系活动的组织者将会非常仔细地识别他们希望影响到的群体，然后对目标群体进行细致的分析，研究了解他们的期望和要求，并选择适当的媒介与方式进行沟通。

(5)确定公共关系内容，公共关系人员应随时准备为产品或服务寻找有趣的新闻报道。如果新闻性消息数量不足的话，公共关系人员就应提出一些公司能予以资助的有新闻价值的活动事项。公共关系创意新闻包括主办重大学术会议、邀请知名演讲人士、组织新闻发布会等。每一项活动都会有大量的事情可以报道，它们会分别受到不同群体的关注。

(6)实施公共关系计划。对旅游企业而言，开展公共关系活动存在许多不确定因素，较难控制。为了保证公共关系计划的实现，应注意以下几点。

①确保计划的公共关系目标及实现目标的要求不改变。在实施计划的过程中，一般不能随便改变或放弃目标，也不要轻易变动实现目标的基本步骤，应当将目标牢牢盯住，一切活动以目标为准则，同时要严格控制进度，保证整个计划能按规定的基本步骤进行。

②建立环境监测系统，及时修正计划的具体内容。保证计划目标及实现目标的基本步骤能够按规定实施，并不等于死抱住计划不放，在计划实施过程中，要经常对客观环境进行监控，及时了解旅游消费者信息，所提供产品信息，以及销售信息的变化情况，检查监督计划的实施。

③认真拟定具体活动的实施方案。公共关系计划实施的负责人应根据公共关系目标和客观环境的要求，对活动时间的安排、地点的选定、对象的确定、程序的控制、内容的构想、方式的采用，以及人员的分工、费用的开支等进行认真研究，拟定可靠有效的实施方案。

二、营业推广

(一)营业推广的概念、基本特征与作用

1. 营业推广的概念

营业推广是指旅游企业为了刺激旅游消费者早期的需求和尽快购买或大量购买旅游产品与服务，在某一特定时间空间范围内所采取的一系列优惠促销措施和手段。

2. 营业推广的基本特征

(1)非规则性和非周期性。广告、人员推销、公共关系常常以一种常规性的促销活动出现，而典型的营业推广大多用于短期的临时性的促销工作，其着眼点在于解决某些更为具体的促销问题，因而是非规则的、非周期性的。

(2)灵活多样性。营业推广方式多种多样，能从不同角度吸引有不同要求的旅游购买

者和消费者。

(3)短期效益比较明显。一般来说,只要方式运用得当,营业推广效果可以很快在经营活动中显示出来,不会像广告、公共关系那样需要一个较长的周期。因此,营业推广适用于完成短期的具体目标。

3. 营业推广的作用

(1)有效地加速新产品进入市场的过程。当旅游消费者对刚投放市场的新产品还没有足够的了解和做出积极反应时,通过一些必要的营业推广措施可以在短期内迅速地为新产品开辟道路。

(2)有效地抵御和击败竞争者的促销活动。当竞争者大规模地发起促销活动时,如不及时采取措施,往往会大面积损失已占有的市场份额。因此,营业推广是在市场竞争中抵御和反击竞争者的有效武器。

(3)有效地刺激购买。当旅游消费者在众多的同类旅游产品中进行选择,尚未做出购买决策时,及时的营业推广手段的运用往往可以产生出人意料的效果。

(4)有效地影响旅游中间商的交易行为。旅游企业在销售产品过程中与旅游中间商保持良好关系,与之合作是至关重要的。因此旅游产品生产企业往往以批量折扣、类别旅游消费折扣、促销竞赛等多种营业推广方式促使旅游中间商购买更多产品,并与旅游中间商保持良好合作关系。

(5)促进企业其他产品的销售。营业推广常常可以带动旅游企业其他产品的销售。例如,酒店对标准间的打折活动常常会带动套房与酒店餐饮的销售。

但是值得注意的是,营业推广的作用是有限的,它能帮助企业实现短期目标,但是不能长期使用。

(二)营业推广的工具

对于不同的对象,旅游企业应使用不同的营业推广工具。

1. 针对顾客的营业推广

(1)价格优惠。价格优惠是短期内刺激旅游消费者购买的有效工具,当价格成为旅游需求的主要影响因素时,降价就能马上收到明显的效果。价格优惠可以用于各种旅游产品、各个目标市场、不同地理区域、不同年龄段,使用范围非常广。然而使用价格优惠的不良后果是容易演变成价格战,从而导致恶性竞争。所以,最好不要单纯地使用价格方式。

(2)优惠券。优惠券是证明旅游消费者可以在特定时间、特定地点以优惠价格购买某种旅游产品或获得价格折让的一种凭证,它可以鼓励旅游消费者尝试购买或重复购买旅游产品,提高销售量。

企业在制作、发放优惠券时,应该注意优惠券的发放要有明确的目标市场、合适的散发方式、明确的期限,并能与广告和其他营业推广方式相配合。

(3)奖励。奖励是随着旅游产品的购买而提供的额外奖赏,成功的奖赏可以促进旅游消费者的重复购买行为。旅游景点可在淡季时提供一些免费的游览项目;酒店可以提供包含早餐的住宿而不加价或赠送小纪念品;航空公司可向旅游消费者提供免费的接送机服务。但是这些奖励行为都要以旅游消费者的购买行为为基础,只有在旅游消费者发生

了实际的购买行为之后，才能享受这些奖励。

(4)竞赛、抽奖和游戏。举办竞赛、抽奖和游戏的目的是要引起旅游消费者对旅游产品的兴趣。从旅游消费者角度来看，它可以极大地提高旅游消费者对产品的兴趣。竞赛要求参与者凭借一定的知识、技巧和能力回答一些与旅游产品有关的问题，或者写有关旅游产品的文章等；抽奖只需提供旅游消费者参与的姓名和地址，完全凭借机遇获奖。

(5)交易展示。交易展示是为了促进销售、宣传产品、刺激购买而在一些会所、场馆举办的展览。在交易展示中，旅游企业通常会免费向旅游消费者提供宣传材料、介绍产品、发放礼品，旅游产品的价格往往也比较优惠。交易展示一般被认为是展示企业形象的良好机会，有助于企业吸引旅游消费者的注意，激发购买欲望。

(6)现场展示。旅游产品的无形性决定了旅游产品无法在现场展示其使用效果，但是企业可以借助一些有形的手段，来展示人们在购买旅游产品后将得到什么样的利益和满足。例如，目前很多饭店推出了示范烹调手艺和现场调制鸡尾酒服务，而旅行社也可以通过播放优美风景录像带的方法来达到促销目的。

(7)忠诚顾客活动。即旅游企业对忠诚顾客或频繁购买本企业产品的顾客给予奖励。这些活动有助于在企业与其主要顾客之间建立长期、互利的关系。

2. 针对旅游中间商的营业推广

(1)对旅游中间商折让。旅游产品生产者通常给予旅游中间商价格上的优惠，某些优惠政策甚至已成为行业惯例。例如，饭店经常给予签约旅行社一定比例的价格折扣，航空公司和其他旅游企业也有类似做法。

(2)给予推广津贴。即当中间商为某条新线路或旅游目的地带来一定数量的旅游消费者后，在佣金之外还能得到一定比例的补贴。其目的是激励旅游中间商更好地推广新产品。

(3)提供宣传品。提供宣传品是指向中间商提供用于陈列和展示的广告招贴画、小册子、录像带等宣传资料。

(4)联合开展广告活动。联合开展广告活动是指旅游产品生产商和旅游中间商联合促销的一种方式，通常由旅游生产商提供资料和一定比例的资金(广告津贴)，会同旅游中间商联合制作或由旅游中间商单独制作广告，然后联合发布广告，这种广告宣传服务于双方。

(5)举办旅游贸易展览。这是旅游业发达国家促销常用的一种方法。旅游贸易展览对于推广旅游新产品特别有效。这种推广方式更容易打开市场，吸引和发现潜在旅游消费者，同时有利于展示旅游企业或旅游地形象，测试市场反应，收集竞争对手信息。

(6)培训活动。培训活动的目的是向旅游中间商通告信息和传递新知识，帮助旅游中间商更好地完成旅游产品销售任务。目前这类活动主要有研讨会、招待会等。

3. 针对推销人员的促销

(1)让利。让利是指根据每人的推销业绩给予额外的物质奖励。

(2)旅行奖励。旅行奖励是指对于那些业绩较好的推销人员给予奖励，它更多地考虑了人们较高层次的精神需要。

(3)销售竞争。销售竞争是指通过组织销售竞赛,奖励销售成绩突出的推销人员,以此调动推销人员的积极性。

(三)营业推广的决策过程

1. 建立营业推广目标

在不同类型的市场上,营业推广目标各不相同。针对消费者,营业推广目标是鼓励重复购买,吸引新的消费者试用,改进和树立品牌形象等;针对旅游中间商,营业推广目标是促使旅游中间商购买新产品和提高购买数量,鼓励非季节性购买,建立旅游中间商品牌忠诚;针对推销人员,营业推广目标是鼓励推广新产品;鼓励更高的销售水平等。

2. 选择营业推广工具

在选择营业推广工具时,需考虑以下主要因素:

(1)市场类型。企业市场和消费者市场的需求特点和购买行为有很大的差异,所选择的工具必须适用于企业所处市场类型的特点和相应的要求。

(2)营业推广目标。特定的促销目标往往对促销工作的选择有较为明确的条件和要求,从而规定这种选择的可能范围。

(3)竞争条件和环境。竞争条件和环境包括企业本身在竞争过程中所具有的实力、条件、优势与劣势及企业竞争者的数量、实力、竞争策略等因素;营业推广预算分配及每种营业推广工具的预算,即总的市场营销费用中有多少用于促销费用,其中有多少份额用于营业推广,营业推广工具的预算往往对营业推广工具的选择形成一种约束。

此外,统一营业推广目标可以用多种营业推广工具来实现,这是一个工具的比较选择和优化组合的问题,目的是实现最优的营业推广效益。

3. 制定促销方案

在制定营业推广方案时要注意以下几点:

(1)比较和确定刺激程度。要使营业推广取得成功,一定程度的刺激是必要的,刺激的程度越高,引起的营业推广反应也越大,但这种销售也存在递减规律。因此,要对以往的促销实践进行分析和总结,并结合新的环境条件,确定适当的刺激程度和相应的开支水平。

(2)选择营业推广对象。营业推广是面向目标市场上所有人还是某类团体,是旅游消费者还是旅游中间商,范围控制有多大,哪些人是主要目标,这种选择会直接影响到促销的最终效果。

(3)选择营业推广的执行途径。在选择营业推广的执行途径时,应全面考虑。比如,若选定赠送优惠券方式,那么还必须进一步确定有多少营业现场,有多少经过邮寄,有多少放在杂志、报纸等媒介中,而这些又涉及不同的接受率和费用。

(4)选择营业推广的时机。何时开始进行营业推广、持续多长时间效果最好等,也是值得研究的主要问题,持续时间过短,无法实现重复购买,很多应获取的利益不能实现;持续时间过长,又会引起开支过大和降低刺激购买的效果,并容易使企业产品在消费者心中降低身价。

4. 营业推广效果评估

在营业推广方案实施后要对其有效性做出总体评价，最常用的方法是比较实施前、实施期间和实施后的销售量和市场份额变化，此外，营销人员也可采用消费者调研来了解事后有多少人能回忆起这项营业推广活动，他们如何看待这项活动，有多少人从中得益，这项活动如何影响后来的品牌选择行为等。营业推广效果的评估还可以通过变更刺激程度、实施时间、实施地区、借助媒介、面向对象来获取必要的数据，以比较分析得出结论。

学习效果检测

1. 公共关系的内涵及其在旅游企业营销中发挥的作用如何？

2. 请同学登录肯德基微信公众号了解其最近又有哪些优惠措施，你认为其促销效果如何呢？

任务 4　优化旅游促销组合

任务提出及实施

1. 了解影响旅游促销组合的因素；

2. 灵活运用推式营销组合策略和拉式营销组合策略；

3. 完成本项目拓展训练。

请同学们在教师的讲解和引导下，学习应用知识储备，查阅相关资料，分组讨论完成上述任务。

任务关键词

促销组合；促销组合策略

案例导入　大理开元曼居海洋酒店抖音热度破 1.3 亿 跻身住宿酒店榜第一

2021 年春节期间，大理开元曼居大理海洋酒店以 6 028.8 万热度位列抖音官方旅行榜（第 16 期）住宿酒店榜第一，三次入列往期榜单 TOP3。截至目前，大理开元曼居酒店累计热度已破 1.3 亿。基于 6 亿抖音用户真实数据推荐，入围抖音经典必住榜，入选新晋热门酒店第 6 名，用户收藏量高达 15.2 万次。另外，在网红达人聚集平台小红书上，该酒店也拥有上万点赞的超高人气。

依托海洋生物展示主题，大理开元曼居海洋酒店从 2019 年开业以来就自带网红属性，成为不少年轻人度假必去的打卡胜地。背靠大理首座海洋主题公园——大理海洋城，酒店拥有客房 105 间，其中海洋景观房 23 间，是国内海洋生物展示客房最多的酒店。酒店一、二、三层客房直面 11 000 吨（水深 11.5 米）鱼展池水下景观，四层可俯视

壮观的鲨鱼池水面，入住期间可全天候沉浸式进行“海底”体验，在房间就可零距离观赏千姿百态的海洋奇观，还有定时的俄罗斯水下美人鱼表演。

除此之外，酒店还可安排鲨鱼池潜水体验、潜水培训、水下求婚及水下婚礼等特色服务项目，贴心配置共享汽车联动云服务，可租赁自驾游玩，入住宾客购票可享受大理海洋世界两天无限次入园等。

2021 年春节，为响应“就地过年”政策，“就地游”“周边游”热度攀升，大理开元曼居海洋酒店地处旅游胜地大理，本地游客无须远行即可家门口看海，而外地游客除了可以体验丰富民族风情，亦可同时体验海底客房。

据酒店负责人回应：“此次的爆红并非偶然。首先，我们是一家极具海洋特色的‘云南亚特兰蒂斯’酒店，集住宿、餐饮、会务、休闲、游乐等多重功能为一体，高颜值的设计吸引了众多网红达人前来探店。其次，酒店在价格上极具性价比。春节期间，酒店的平均房价在 560 元左右，海洋观景房房价在 1 099 元左右，如此优惠的价格却能满足年轻人对网红酒店的全部想象。除此之外，我们拥有‘开元’的品牌加持，管理公司对酒店的跟踪指导，进一步提升了酒店的整体运营效益。”

作为酒店委托管理方的浙江开元曼居酒店管理有限公司，旗下拥有“开元曼居”“开元美途”“开元 M 酒店”等品牌，三大品牌为消费者提供不同的入住体验，满足其多元化及个性化的需求。截至目前，公司项目总规模逾 200 家，已开业酒店逾 100 家，遍布在全国近 20 个省市，并在多地发展了高品质旗舰店，逐步实现由区域性品牌向全国性品牌发展。按照开元酒店集团最新战略规划，未来三年，公司将通过建立强有力的运营管理体系，实现数量与质量的快速发展，以期进入国内中端酒店管理集团品牌第一阵营。

资料来源：开元酒店集团，2021-02.

案例分析

1. 开元曼居海洋酒店运用了哪些促销策略？
2. 开元曼居海洋酒店成功之处在哪里？
3. 从开元曼居海洋酒店的成功经营中，我们能总结出什么经验？

应用知识储备

一、旅游促销组合概述

（一）促销组合的含义

促销组合，即企业根据目标市场及自身的条件要求，有计划、有目的地将人员推销、广告、公共关系、营业推广等促销手段有机地组织起来，形成系统化的整体，在不同环境下把各种促销方式有机搭配和统筹运用，使企业获得最佳的营销效益。

（二）四大基本促销手段的特点

人员推销、广告、公共关系、营业推广四类基本的促销手段各有自己的特点与成本。

企业在进行促销组合决策时一定要了解它们的特性。

推销人员可与消费者面对面交谈，或通过电话、网络、信函等方式进行互动。除了完成一定的销售量外，还有其他一些重要的功能，如通过面对面接触建立个人关系，与消费者进行情感交流，深入了解消费者的需求，对消费者的问题做出及时的反应等。

广告的形式多种多样，作为促销组合的一个组成部分，要对它所具有的独特性质做出概括是极困难的。但它的一些特质也是很明显的，如公开展示、普及性、非人格化等。广告不会像公司的销售代表那样有强制性，受众不会感到有义务去注意或做出反应，广告对受众只能进行独白而不是对话。

公共关系是企业通过有计划的长期努力，影响团体与公众对企业及产品的态度，从而使企业与其他团体及公众取得良好的关系，使企业能适应其所处的环境。良好的公共关系可以达到维护和提高企业声望，获得社会信任的目的，从而间接促进产品的销售。

营业推广是由一系列短期诱导性、强刺激的战术促销方式组成的。它一般只作为人员推销和广告的补充方式，特点是刺激性很强，吸引力大，与人员推销和广告相比，营业推广不是连续进行的，只是一些短期性、临时性的能够使消费者迅速产生购买行为的措施。

二、影响促销组合的因素

在选择采取哪一种或哪几种促销方式时，要确定合理的促销策略，实现促销手段的最佳结合，必须注意把握影响促销策略的各种因素。

（一）促销目标

这是影响促销组合决策的首要因素。不同的旅游企业或旅游目的地，以及同一旅游企业或旅游目的地在不同时期、不同市场环境下，都有其特定的促销目标。而每种促销手段——人员推销、广告、公共关系和营业推广都有各自独立的特性、优势与成本。因此，企业必须根据具体的促销目标选择合适的促销组合。

（二）产品及市场类型

对于不同类型的旅游产品，消费者在信息需求、购买方式等方面是不同的，企业需要采用不同的促销方式。一般说来，对于人们熟悉的、价格较低的产品，可采用以广告为主、其他促销手段为辅的促销组合，而对于人们不熟悉且复杂的、价格昂贵的产品，则可采用以人员推销为主、其他促销手段为辅的促销组合。例如，客房、餐饮、娱乐等产品，可以广告促销为主；而会议、宴会、大型活动则以人员推销为主。旅游企业多会对旅游中间商市场采用以人员推销为主的促销组合，而对最终旅游者的促销则主要采用广告和旅游促销方式。经营消费品的公司一般都把大部分资金用于广告。随之是营业推广、人员推销和公共关系，一般来说，人员推销着重于昂贵的、有风险的旅游产品，以及少数大买主市场。

（三）产品生命周期

在旅游产品不同的生命周期阶段，旅游企业的营销目标及重点也不一样，因此，促销方式也不尽相同。在导入期，要让潜在的消费者了解新产品，可利用广告与公共关系，同时配合使用营业推广和人员推销，鼓励消费者尝试新产品；在成长期，要继续利用广告和公共关系来扩大产品和旅游企业或目的地的知名度，同时用人员推销来降低促销成本，营

业推广活动则可以减少，因为这时所需的刺激已较少了；在成熟期，竞争激烈，相对广告而言，营业推广的作用又逐渐显著，同时注意运用广告介绍产品的改进或新的旅游产品；在衰退期，营业推广的作用更为重要，同时配合少量的广告来保持消费者的记忆。

（四）企业的运营状况

当公司不景气时，市场营销者会寻求以一种促销手段取代另一种促销手段的方法，来获得更高的效益。许多公司已经用广告、直接邮寄和电话访问取代某些现场销售活动。有的公司增加了与广告有关的销售费用，以达到更快的销售。促销手段的可替代性，解释了为什么在单个营销部门中营销职能需要协调。

当一种促销手段促进另一种促销手段时，设计促销组合就更为复杂。如各种营业推广活动，总需要广告的配合，以告知公众。许多因素影响着市场营销者对促销手段的选择。例如，促销预算会直接影响促销手段的选择。预算少，就不能使用费用高的促销手段。而预算的多少要视旅游企业的实际资金能力和市场营销目标而定。对于一些小型旅游企业，如小旅行社多采用人员推销方式，小型饭店多采用营业推广方式。

三、促销组合的基本策略

（一）锥形突破

锥形突破是一种很奏效的非均衡快速突破策略，是指旅游企业或旅游目的地将自身的多种旅游产品排列成锥形阵容，以唯我独有、最具吸引力的拳头产品为锥尖挤占市场，然后分阶段地层层推出丰富多彩的旅游产品，进一步巩固目标市场。

（二）推拉策略

推，即推动策略，该策略要求使用销售队伍和商业促销，通过销售渠道推出产品，生产商采取积极措施把产品推销给批发商，批发商采取积极措施把产品推销给零售商，零售商采取积极措施推销给消费者。拉，即拉引策略，该策略要求在广告和公关宣传方面使用较多的费用，刺激消费者的需求欲望，如果这一策略是有效的，消费者就会向零售商购买这一产品，零售商就会向批发商购买这一产品，批发商就会向制造商购买这一产品。

各公司对推拉策略有着不同的偏好。当今社会发展中，最现实且最有效的做法并不是“推动”策略，或者“拉引”策略，而应该是前拉后推、推拉结合。

（三）创造需求

这种策略是旅游企业根据自身的优势或特点，在原有旅游市场需求的基础上，举办一些独具特色的旅游项目或活动，诱发和创造旅游需求，引导现实和潜在的旅游者购买本企业的旅游产品，旅游淡季和知名度不是很高的旅游目的地或企业较适用于此策略。

学习效果检测

1. 影响促销组合的因素有哪些？
2. 举例说明促销组合的基本策略具体应用。

项目小结

1.促销在旅游企业营销中有着重要的作用,从促销的实质看,其发挥的作用是实现企业与消费者的信息沟通,为企业与消费者的交换创造条件。促销组合即广告、营业推广、公共关系、人员推销的组合。

2.广告决策是营销传播整合的重要组成部分,广告策划必须和企业的整体营销传播策划相配合。本项目从制定广告目标开始,就广告预算、广告信息选择、广告媒体决策到广告效果评价,较为系统地介绍了广告决策的相关内容。

3.人员推销是企业通过派出销售人员与一个或一个以上潜在消费者交谈,做口头陈述与实物展示,以推销商品,促进和扩大销售。

4.营业推广是企业运用各种短期诱因,鼓励购买或销售企业产品或服务的促销活动。本项目着重分析了营业推广的目标和营业推广的主要决策。

5.公共关系是指企业有计划和持续地应用沟通手段,争取企业公众的理解、协助和支持,从而建立和维护企业形象的活动。

实训项目

促销策略实战训练

实训目的

1.掌握广告创意、写作技巧。

2.掌握推销技巧,为消费者创造价值,促成交易。

3.掌握常用营业推广、公共关系基本操作。

实训组织

1.地点:教室、实训室、模拟公司实验室。

2.课时:4 学时。

3.组织形式:

在教师指导下,学生分为若干模拟公司业务部门,设部门经理1人,先带领团队进行广告创作(可以自选主题,亦可教师指定主题),并撰写广告文案;然后各组成员间进行角色(消费者或推销人员)模拟,演练推销过程,熟悉推销技巧。

实训内容

1.广告创意训练:

①广告创意方法训练;

②广告主题创意训练;

③广告结构创意训练。

2.推销人员技能训练:

①向消费者推销自己:微笑、赞美消费者、注重礼仪、注重形象、倾听消费者说话。

②向消费者推销利益:适合性、兼容性、耐久性、安全性、舒适性、简便性、流行性、效用

性、美观性、经济性;FABE推销法,F代表特征,A代表由这一特征所产生的优点,B代表这一优点能激发消费者的兴趣,E代表证据(技术报告、消费者来信、报刊文章、照片、示范等)。

③向消费者推销产品:介绍产品、化解消费者异议、诱导消费者成交。

④向消费者推销服务:倾听、即时、感谢。

3.熟悉新闻发布会组织:

①确定会议主题;

②选择会议主持人和发言人;

③准备发言稿和报道提纲;

④选择会议地点和举办时间;

⑤选择参会记者的范围;

⑥组织参观和宴请的准备;

⑦制定会议费用预算。

儒风闲居尽逍遥 曲阜乡村自驾游资源推荐

山东省曲阜市是一个精致的文化小城,漫步在这个仅800余平方公里的县城,孔子故乡、黄帝生地、神农故都、商殷故国、周汉鲁都等文化符号满眼可见,每一个都是历史的高光。在曲阜这个城市里,空气中都弥漫着文化的味道。

凡到过曲阜的游客,总觉得这里仿佛就是一部书,一部中国的历史珍贵典籍。这里的街道、人家、山川、河流,这里的花草树木,仿佛都能述说历史。曲阜之行,收获的是一场东方式、中国风的“从游”之旅。

曲阜的山水名胜、人文历史,明故城里的一砖一瓦、一街一巷、勾栏瓦肆都浸润着文化的密码。这些密码则深藏在圣城百姓生活的一招一式中,散落在古城乡村慢生活的格调里,抑或飘散在弥漫的糊粥香味间。

行走圣城曲阜,观看祭孔乐舞、鲁国古乐、六艺乐舞,参与体验中国古代婚礼、中医、中药、针灸、烹饪、书法、绘画、太极拳、民乐、楷雕、剪纸等文化活动,感受古城文化,品读慢城儒风,欣赏夜景烟火。

到这座圣人之城旅游,因为,其内在的蕴涵品质比外在的形象更富有魅力,更具备回味余地,也更能给人以熏陶和教育。只有深入其中,慢慢品味,方得究竟。

2 500年前,先师孔子开创了“从游”传统,明末清初“三大儒”之一的顾炎武游览曲阜,曾发出“一来瞻阙里,如得与从游”的感叹。如今,朝圣习儒,寻求人生真谛,走近孔子,成就君子人格,越来越成为儒风之旅的核心价值所在。当下,“从游”于这里,闲居在儒风乡里,更具有现实的意义。

《论语·颜渊》载:“樊迟从游于舞雩之下”,从游意思是随从出游;与之相游,谓交往;又指随从求学;《论语·子路》载:“樊迟请学稼”,其重农重稼思想在历史上具有进步意义。

曲阜不仅有灿烂的文化，恢弘的古建筑，还有保护完好的自然山水，在曲阜这座古城不仅可以学国学、悟文化，还可以到滋养了一代圣人、一座圣城和儒家文化的圣地乡村。参与原始农耕、摊煎饼、包水饺等丰富多彩的农家乐活动。

曲阜文化国际慢城，是按照“慢是根，儒是魂”的思路，以田园风光为背景，以百姓儒学为核心，以房东经济为基本形态，以九仙山、石门山、尼山为重点，构建的慢生态、慢文化、慢出行、慢生活四大系统，建设了具有浓厚儒家文化特色的田园牧歌式的世外桃源。

慢城内以“山、水、田、村”为生态格局，打造田园牧歌式的宜游、宜居、宜业环境。在慢城片区，既可漫步山林的红色步道旁，赏春花、看夏绿、品秋果，又能在山脚下看到富有传统文化韵味的乡村儒学建设，让游客在休闲娱乐的同时，感受优秀传统文化的浸润。

以“游读济宁，体验圣地”为主题，曲阜市于 2020 年 7 月 25 日在曲阜石门山自驾车露营地启动了山东省第二届乡村自驾旅游节。活动期间，曲阜市推出优质自驾游推荐线路。线路整合了曲阜文化国际慢城及其周边的乡村优势资源，串线链接曲阜三孔景区、六艺城、孔子研究院、孔子博物馆、尼山圣境等景区，充分利用“孔子研究院、孔子博物馆、尼山圣境”新三孔的超强文化吸引力，策划系列百车自驾旅游活动。

圣城从游，带回灵魂的书香，儒风闲居尽逍遥……

资料来源：中国旅游新闻网，2020-07-22

思考

1. 通过这篇推介文章请谈谈你所认识的圣城曲阜有哪些与众不同之处。

2. 你是否会在不久的将来去国际慢城曲阜体验感受一下它的不尽魅力呢？

第二部分

旅游行业实用营销篇

项目十 实施旅游市场营销管理

【学习方向标】

同学们，凡事预则立，本项目我们将学习旅游市场营销计划的制订，对旅游营销管理组织进行架构设计，并在营销计划实施中对其进行相应调控。通过本项目的学习，同学们能从一个旅游营销管理者的角度去把握旅游营销的过程和结果。

【学习目标】

★ 知识目标

1. 掌握旅游市场营销计划的制订；
2. 掌握旅游市场营销的组织结构；
3. 了解旅游市场营销的调控过程。

★ 技能目标

1. 能制订旅游市场营销计划；
2. 能对旅游营销组织进行架构；
3. 能对旅游营销过程进行调控。

★ 素质目标

帮助学生在旅游市场营销过程中，把握规范与标准的基础上，具备市场营销的专业能力的同时，健全职业人格的塑造。

拓展阅读　旅游文化与新营销

文化是一个国家、一个民族的灵魂。党的十九大报告提出，要坚持中国特色社会主义文化发展道路，激发全民族文化创新创造活力，建设社会主义文化强国。作为中国文化独特分支的旅游文化，如何实现其创造性转化和创新性发展是新时代的重要话题。以文化人、以文育人是新时代高校思想政治教育的基本要求。旅游文化中蕴藏着丰富的思想政治教育资源，对提高思想政治教育的实效性有重要的现实价值。将旅游文化融入高校思想政治教育过程，是实现文化转化和创新发展的重要手段。

旅游文化，即“因为旅游活动而产生和为旅游活动所整合的文化”。作为观念的旅游文化，山水旅游是人的道德修养的一种方式，体现出一种人文精神诉求，蕴含着弘扬善美的内涵。作为实践的旅游活动，是人们在不同旅游资源载体所体现的文化的启发、熏陶和感染下，追求情操陶冶、人性锤炼、自我完善的过程，旅游文化承载着重要的道德塑造功能。作为文化实体的旅游场所，已成为社会精神文明建设的载体和传播中华文化的窗口，是当代大学生思想政治教育实践教学的重要基地。

旅游文化蕴含“以美示人”的导向。旅游是“欣赏美、体悟美、传播美”的活动。旅游文化是一种“美”的感受，蕴含着“以美示人”的导向。它让人们参与审美活动、培养审美能力，从祖国大好河山之美领略到爱国之情，从身边万事万物之美领略到生命之意。

旅游文化蕴含“以情感人”的情怀。旅游是一种体验活动，是人们身心的体验。旅游文化是一种情感的体验，蕴含着“以情感人”的情怀。

面对旅游行业的市场机遇、我们要重新认识消费者，要制定相应的措施去进行营销转化。针对文化与旅游的结合，分析消费者购买过程的几个阶段，每个阶段都有哪些不同的行为特点，需要怎样围绕这些特点进行引导。同时，消费者购买行为还受文化、社会、个人、心理、传播途径等因素的影响，特别关注消费者对旅游文化的感知过程，这与传统营销的4P不同，更追求营销过程中的个性化、创新化。

资料来源：光明日报，2017-12-23.

| 思考 |

1. 请同学们谈一谈对“中国文化孕育了旅游，中国旅游启动着中国文化的创造”这句话的理解。
2. 试述旅游文化与我国旅游业发展的关系。

任务1　认识旅游市场营销管理过程

任务提出及实施

1. 掌握旅游市场营销管理的过程；
2. 通过调研一家旅行社或景区，理解旅游市场营销管理计划与实施。

请同学们在教师的讲解和引导下，学习应用知识储备，查阅相关资料，分组讨论完成上述任务。

任务关键词

旅游市场营销机会；旅游市场营销战略与策略

案例导入　藏羌彝文化产业走廊

地处四川西南的凉山州，自古以来就是一片瑰丽的土地，这里旅游资源绚丽多姿，邛海泸山、螺髻山、泸沽湖、西昌卫星发射中心等景点闻名遐迩，是中国西部最佳阳光休闲度假旅游目的地之一。这里更有独具魅力的民族文化旅游资源：凉山彝族火把节、彝族歌舞服饰和毕摩文化、泸沽湖摩梭文化、木里藏乡风情等吸引着各地游客。凉山彝族自治州州府西昌更是中国优秀旅游城市、国家森林城市，“航天城”“月亮城”的美丽名字，让人浮想联翩。藏羌彝文化产业走廊发展措施的确立，给凉山州的文化旅游产业带来了前所未有的动力。

“嘎哟啦”民俗村寨融合了彝族民俗风情展演区、彝族民俗风情体验区、民族传统竞技体验项目等多种极具彝族人文风情的体验项目，打造了一个以彝族文化为特色，集文化传承、文化体验、旅游休闲、度假于一体的复合型民族文化旅游体验园区。据该项目相关负责人介绍，他们希望通过这个项目，聚集发展民族文化和旅游产业，深入挖掘整合彝族节庆文化、歌舞文化、礼俗文化、服饰文化、饮食文化和建筑文化资源，促进文化和旅游结合，同时以产业发展带动城镇功能提升。

人文旅游已经成了凉山州文化产业发展的核心思想，在政策的带动下，“五彩凉山”文化产业村寨这样规模化的项目开始提上了日程，村寨以彝族文化为特色，开始整合民族文化资源和区域旅游资源，构建以民族特色文化产业和旅游产业为主导的彝族文化生态空间，打造藏羌彝文化产业走廊的核心节点。已经建成和正在建设的项目包括“格莎啰”火把狂欢实景旅游体验晚会、大凉山彝族音乐剧《彝红》、大凉山彝族服饰工作室等。彝族的人文色彩已经开始同旅游完美融合，旅游中体验到的已不仅仅是“游”，而是精彩的民族文化情怀。

资料来源：中国经济网，2014-12-05.

| 案例分析 |

根据以上资料，谈一谈如果把人文与旅游相结合，打好文化旅游特色牌？

应用知识储备

每个企业的旅游市场营销活动是个整体，涉及诸多复杂因素。做好此项工作要熟悉并掌握其运行过程，通过对市场营销活动的有效管理，使企业的各部门、各种资源相互协调，有机配合，使企业在竞争中处于有利地位。

为保证旅游市场营销目标最终实现，旅游企业通过预见环境变化调整企业行为，对旅

游市场营销活动有时间上、整体上的管理,使每个营销人员及每项营销活动都能充分发挥其作用。这一管理过程就是旅游市场营销管理过程。

一、分析旅游市场营销机会

旅游市场营销机会,即旅游市场上存在的没有被满足的需要。企业可以分析和利用营销机会,结合企业外部和内部条件,制定可实现的最佳组合策略和营销目标。旅游市场营销机会分析主要包括,旅游市场营销环境分析、旅游者消费行为分析、旅游市场竞争者分析。

二、确定旅游目标市场

确定旅游目标市场的前提是细分市场,通过细分市场可以认识本企业的比较优势与比较劣势,确立本企业的目标市场,并进一步明确自己的市场定位。选择旅游目标市场的程序如下:测量和预测市场需求→进行市场细分与企业能力分析→选择目标市场→实行市场定位。

三、制定旅游市场营销战略与策略

旅游市场营销战略与策略是指在现代市场营销观念指导下,为实现市场营销目标对一定时期旅游市场营销活动发展的总体设想、规划和在实施这一设想过程中所应遵循的主要原则,包括旅游企业发展与竞争战略、旅游市场营销因素组合、旅游市场营销资源配置和旅游市场营销费用预算等方面做出的基本决策。

(一)旅游企业发展与竞争战略

在竞争中如何发展,是旅游企业营销管理者必须首先做出的战略决策。根据产品与市场的配备情况,有市场渗透、市场开发、产品开发和多元化经营四种发展战略可供旅游企业选择;根据旅游企业在市场中的地位不同,可分别采取进攻型战略、防御型战略和追随型战略;根据旅游企业实际和竞争对手的情况,可选择总成本领先战略、集中化战略或差异化战略。

(二)旅游市场营销因素组合

旅游市场营销因素组合就是使企业的可控因素按照一定的营销规律组合起来,使其产生系统的综合效应,并根据环境的变化,对各种经营组合加以调整,以有效地实现市场营销目标。

旅游市场营销因素组合形式主要有:产品、销售渠道、价格、营业推广等方面的组合。

(三)旅游市场营销资源配置

企业资源是实现企业营销目标的基础,旅游市场营销战略的实现应建立在企业资源配置基础之上,尤其是要与市场营销的费用预算相适应,旅游企业必须进行资源分配规划。一般地说,旅游市场营销资源配置由资源的有限性决定,在旅游市场营销中要有效地利用资源,首先要确定市场营销费用总预算,其次要对营销组织各方面的预算额做出决定,最后再进行年、季、月的预算的分析。

(四)旅游市场营销费用预算

旅游产品被购买是通过市场来实现的，而交易过程中所发生的费用大部分要由旅游企业来承担，即旅游企业的市场营销活动要有一定的营销费用支出，否则就不能实现营销目标。旅游市场营销费用预算应在充分考虑企业历史和以往的做法、竞争对手的情况、要占领新市场的情况、要采用的营销策略等因素的基础上做出。

四、制订旅游市场营销计划

为使营销战略得以落实，营销部门还必须制订旅游市场营销计划，主要有：产品管理与产品发展计划，价格管理与定价计划，销售渠道管理与分销计划，促销与促销计划。

五、实施和控制旅游市场营销计划

旅游市场管理过程最后一个环节是实施与控制，旅游企业必须组建一个能够实施营销计划的营销组织。影响旅游市场的因素复杂多变，因而在实施营销计划的过程中可能会出现许多意外情况，旅游企业必须不断地进行控制，并对计划进行必要的修正，保证营销目标的实现。

微课

营销计划管理

学习效果检测

1. 想一想选择旅游目标市场的程序包括哪些内容。
2. 举例说明市场营销环境具有哪些基本特征。

任务2　实施旅游市场营销组织管理

任务提出及实施

1. 掌握旅游企业旅游市场管理组织架构；
2. 分析国内某名牌旅游企业跨地区市场营销组织架构。

请同学们在教师的讲解和引导下，学习应用知识储备，查阅相关资料，分组讨论完成上述任务。

任务关键词

外部营销环境；内部营销环境

案例导入　宋城演艺如何创造每年4亿的利润？

宋城主题公园内建有宋河东街、土豪家族、胭脂巷、非来巷、美食街、市井街等六大主题街区。新建的大宋博文化体验馆、七十二行老作坊也在2014年相继亮相。加上高

科技体验区失落古城与仙山佛窟区，使整个主题公园的游览内容不断丰富。同时，越剧、木偶戏、皮影戏、布袋偶、街头杂耍、燕青打擂、捉拿武松等表演更是为公园增添了吸引力。

其中，大型歌舞《宋城千古情》是宋城景区的核心内容，与拉斯维加斯的"O"秀、巴黎红磨坊并称"世界三大名秀"。用声、光、电等科技手段和舞台机械，以出其不意的呈现方式演绎良渚古人的艰辛，宋皇宫的辉煌，岳家军的惨烈，梁祝和白蛇许仙的千古绝唱，把丝绸、茶叶和烟雨江南的文化特质通过演艺的形式表现出来。

据悉，《宋城千古情》年演出 1 300 余场，旺季每天演出十场，推出十余年来已累计演出 16 000 余场，接待观众 4 800 余万人次，是目前世界上年演出场次和观众最多的剧场演出。同时，园区内还有《惊天烈焰》《王员外家抛绣球》《穿越快闪秀》《大咖秀之南美争霸》《岳飞点兵》《风月美人》等十大演艺秀，为游客增添了游览体验，更具参与感。在此基础上，园区内结合节假日推出了涵盖一年四季的活动，例如，新春大庙会、火把节、泼水节、万神节等。

在一个公园＋一台演出的基础上，宋城景区通过景区门票、演艺票及物业租赁取得收益。在门票方面，通过与旅行社合作吸引来杭州的游客观赏，通过收取游客的门票费用赚取利润。因此，票价的提升在某种程度上拉升了其营业收入。2014 半年报也显示，在报告期内，宋城演艺共接待游客和观众 543 万人次，实现营业收入 3.91 亿元，同比上涨 48.41%；营业利润实现 2.15 亿元，比去年同期增长 42.59%。除了打造主题公园和特色演出，宋城演艺还对宋城景区周边的商业进行了整合。宋城演艺推出了"杭州乐园＋吴越千古情演出"的组合尝试，使演出上座率高达 87%。项目组合可以缓解乐园游客排队等候游玩的压力，降低游客投诉率，提高游客满意度，通过整合营销，使杭州乐园具备了与同类主题游乐公园真正差异化的核心能力。虽然宋城演艺在节目上有很强的文化意识，但由于没有形成独特的产业链，造成底蕴相对不足，竞争力不强，倘若要建成完善的游园体系，仍要很长一段时间。可能一两年内看上去还是不错的，但若时间跨度再长些，可能会产生审美疲劳，投资者就会开始质疑将来的差异化竞争的亮点。

资料来源：前瞻产业研究所.

思考

分析宋城文化产业链飞速发展的原因。

应用知识储备

旅游市场营销组织最基本的含义：即一个旅游企业或一个旅游目的地全面负责执行和管理其市场营销工作的组织机构，例如，旅游企业中设置的市场营销部。其引申含义是指旅游市场营销工作的组织或安排方式。大中型企业一般都独立设置专门的市场营销机构，一些小型旅游企业的部门由于其产品和目标市场单一，可能不会设立专职的营销机构，而是将市场营销工作合并到其他部门工作中。

一、旅游市场营销组织形式

旅游市场营销组织的基本形式包括职能型、地区型、产品管理型、市场管理型四种。

（一）职能型组织

这是最常见的旅游市场营销组织形式，即按旅游营销的各项职能来设置旅游企业的营销机构。职能型组织通常由市场营销经理统一领导，并协调各职能部门的活动。职能部门的数量根据具体情况确定（图 10-1）。

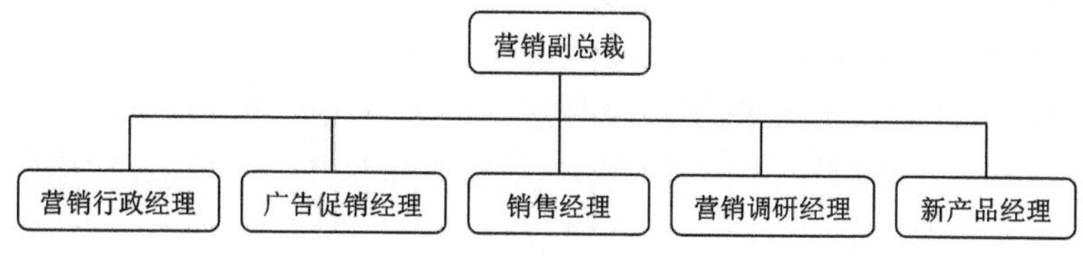

图 10-1　职能型组织

职能型组织层次简化，分工明确，易于发挥专业管理职能的作用。但随着企业产品品种的增加和市场的扩大，可能会因为没有一个职能部门对某一具体的产品或市场负责，而使各职能部门之间产生争预算、争地位的矛盾。

（二）地区型组织

由于旅游企业市场营销范围较广，旅游企业通常会按照地理位置、区域的不同设置营销机构。地区型组织适用于企业产品在全国范围内销售，通常企业会设一个全国销售经理，根据业务需要分设若干名区域销售经理、地区销售经理等，下辖推销人员，构成一个销售网络（图 10-2）。

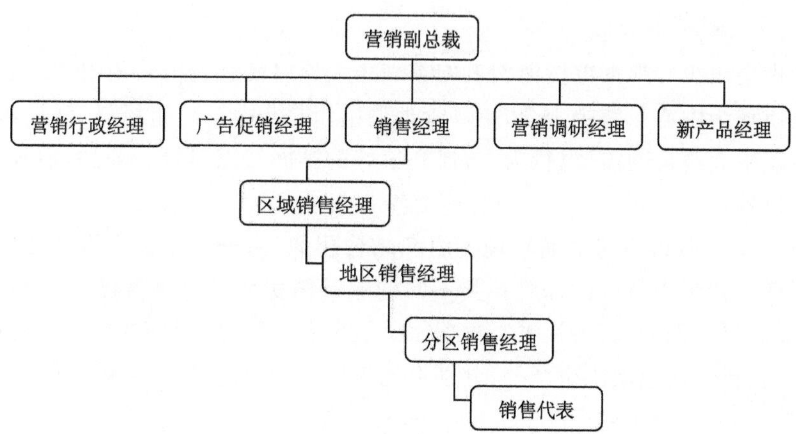

图 10-2　地区型管理组织

这种分层控制组织形式，有利于各区域销售经理根据本地区的具体情况，有针对性地开展销售活动，协调上下级之间的关系和帮助上级经理做出更完善的营销组合决策，最大限度地利用市场机会，帮助高层管理人员有效监督下级销售机构完成销售任务。但由于管理跨度大，各地区机构设置相对独立，使高层管理控制难度加大，推销人员队伍庞大也会增加各项费用支出。

(三)产品管理型组织

产品管理型组织是指根据旅游企业产品(或品牌)的类别来设置企业的营销机构。其适用于因旅游企业产品多样化发展而产生的设置市场营销组织的需要,这种旅游企业往往产品较多或产品差别较大,职能型组织无法处理这种情况。这种组织形式可以按产品线设置若干个产品线经理,每位产品线经理下再设若干个品牌经理。

这种营销组织有利于集中企业精力管好产品,有利于产品经理通盘考虑该产品的营销组合,可以对产品问题做出灵敏的反应,按产品建立岗位责任制。但由于产品线经理工作的局限性,各职能部门容易产生矛盾,同时,随着产品品种不断增加而引起人员增加,会导致人工费用成本较高(图 10-3)。

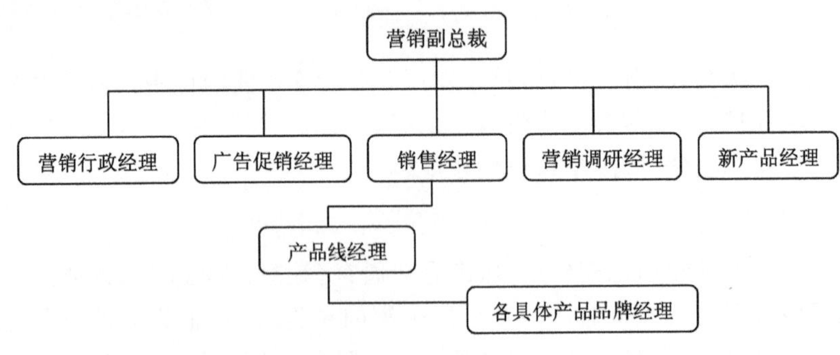

图 10-3 产品管理型组织

(四)市场管理型组织

市场管理型组织即根据旅游消费者的类别来设置旅游企业的营销组织。这种组织形式树立了以市场为中心的营销观念,市场管理型组织是企业通过市场研究,针对旅游消费者在旅游过程中表现出的需要、行为、习惯和偏好的不同特点,形成不同的细分市场,而设立市场营销机构。

旅游市场管理型组织与产品管理型组织结构相似,由一个市场主管经理领导若干个细分市场经理。营销人员可以针对各类不同的旅游消费者及其消费习惯、偏好开展营销活动,满足其需要。例如,旅行社可以根据旅游消费者的特点,划分老年旅游者市场、青年学生旅游市场、新婚情侣旅游市场等,分别设置市场营销组织来管理(图 10-4)。

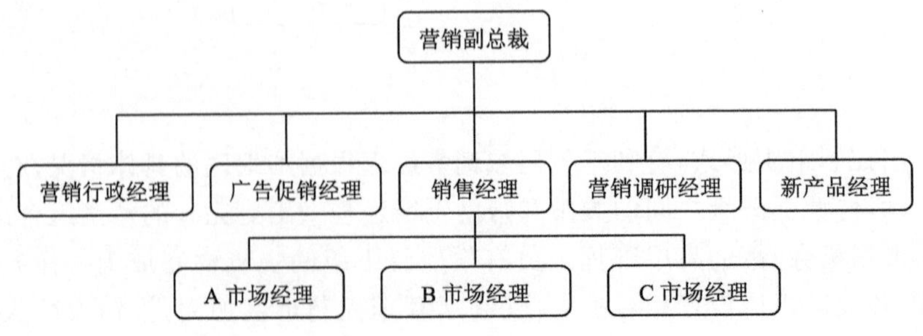

图 10-4 市场管理型组织

如何对酒店组织进行设计

知识链接

本着"市场—战略—结构"的原则，我们可以按下列步骤进行酒店组织设计。

一是围绕酒店的战略目标、市场定位和产品定位进行业务流程的总体设计，并使流程达到最优化，这是酒店组织设计的出发点与归宿点，也是检验酒店组织设计成功与否的根本标准。

二是按照优化后的业务流程岗位，根据服务岗位数量和专业化分工的原则来确定管理岗位和部门机构。它们是组织结构的基本单位，可以用组织图来表示。酒店一般选择以层级管理为基础的业务区域制、直线职能制作为主要的组织架构方式。部门和管理岗位是为酒店的经营管理目标服务的，它不是永恒不变的。经营管理目标变了，部门和管理岗位也应做出相应的变化，这也是我们常说的"因事设岗"。

三是对各岗位负责、定员、定编。要对每个岗位进行工作目标与工作任务分析，规定每个岗位的工作标准：职责、内容、作业程序。用《技术标准说明书》《岗位说明书》《项目核检表》等形式把这些内容固定下来。

四是制定相应的管理制度。管理制度是对管理工作中的基本事项、要素关系、运作规程及其相应的联系方式进行原则性的规定。它对整个组织运作进行标准事宜、整体目标导向，并从根本上把酒店作为一个整体的企业来加以塑造。如果说前面三个步骤制造了组织结构中单独的"标准件"的话，那么，各项管理制度则是作为一个整体的酒店不可缺少的"连接件"。

五是规定各种岗位人员的职务工资和奖励级差。总的原则是根据各岗位在业务流程中的重要程度、对人员的素质与能力的要求、任务量轻重、劳动强度大小、技术复杂程度、工作难易程度、环境条件差异、管理水平高低、风险程度大小等指标，按等量投入获取等量收益的边际生产力原理来考虑各岗位人员的报酬差别。报酬不是固定的，工作岗位、企业经济效益变了，各岗位相应的报酬也要做相应的调整。这就是我们日常所说的"酬金能高能低"。

二、旅游市场营销部门的任务

旅游营销部门的主要任务是围绕满足旅游消费者的需要指导和协调企业的经营活动，保证企业经营目标的顺利实现。

旅游市场营销部门的主要工作是了解旅游市场的需求变化，指导和协调企业的经营活动，保证企业经营目标的顺利实现。国家或地方旅游行政组织中的市场营销部门的主要工作是，根据市场需求的发展，指导目的地旅游供给，将旅游目的地产品信息有效地传递给旅游市场，吸引更多的旅游者来访。

根据市场需求指导和协调旅游供给活动，两者的工作在形式上和程度上存在差异。旅游企业营销部门围绕满足旅游消费者需要，对企业内有关部门经营活动的指导和协调是直接的，并负有直接的责任，而国家或地方旅游行政组织中的市场营销部门，对目的地旅游供给的指导和协调一般只是间接的，对此一般不负直接责任。

旅游企业市场营销部门直接承担并为之负责的具体任务，大致可以划分为三个领域。

(一)计划与管理性任务

(1)市场调研。包括组织调研项目、收集市场信息以及分析调查结果。具体的市场调研工作可由市场营销部门自己承担,也可委托外界有关的专业机构进行。

(2)市场预测。

(3)拟订营销计划。包括选择目标市场、策划营销战略和战术以及制订营销组合实施方案。

(4)产品介绍与宣传策划。

(5)产品的渠道策划。

(6)编制营销预算。

(7)评价、控制营销结果。

(二)执行性任务

(1)出席业务洽谈和交易会。

(2)外联推销旅游中间商。

(3)定期访问已建立业务合作关系的中间商。

(4)策划、实施广告与公共关系促销活动。

(三)协调性任务

主要是同营业部门、财务部门、人事部门以及其他有关部门的管理人员进行联络,就可能影响营销效率和效果的有关问题进行沟通、说服和协商,以保证产品的推出时间、产品的质量和价格以及促销宣传,将旅游消费者消费后的信息及时反馈给各部门,以便及时采取相应措施。

学习效果检测

1. 你认为旅游服务部门主要满足消费者哪些需求?
2. "互联网+"对旅游市场营销组织形式有哪些新要求?

任务3　实施旅游市场营销计划调控

任务提出及实施

1. 掌握旅游市场营销计划的编制;
2. 理解旅游市场营销计划的实施;
3. 了解旅游市场营销计划的调控管理。

请同学们在教师的讲解和引导下,学习应用知识储备,查阅相关资料,分组讨论完成上述任务。

任务关键词

营销计划;营销控制;

案例导入　大数据读懂中国旅游新引力

近日,一份"2020 中国县域旅游综合竞争力百强县市"榜单引发了社会的关注。据该榜单相关数据显示,2019 年,中国旅游百强县平均实现旅游总收入 214.14 亿元,平均增长 23.4%;平均接待游客 1 919 万人次,平均增长 17.6%。

近年来,关于旅游的各类榜单不断涌现,这背后正是大家对旅游关注热度的攀升。在旅游已不再是奢侈品的今天,怎样才能吸引游客?

可接近

如今,中国游客更加成熟,除了向往名山大川,原本那些不知名的地方也都成为休闲度假之选。在这种情况下,旅游目的地可接近成为吸引游客的重要因素。这种可接近,主要包括交通和住宿。

这一判断也在中国旅游百强县的榜单中得到了印证。在这 100 个县中,30 个县到最近机场的距离在 50 公里以内,70 个县在 100 公里以内;72 个县建有客运火车站,其中开通高铁的有 44 个县、开通动车或城际列车的有 13 个。

越来越多可以便捷到达的交通方式让这些县能够更加容易地走进游客的生活中。

方便游客进入,又能让游客住得舒适,这也是这 100 个县能获得游客青睐的重要原因。中国旅游百强县中拥有五星级酒店 57 家,客房 1.56 万间;四星级酒店 167 家,客房 3.03 万间。

受疫情影响,自驾游因其安全、私密而被越来越多的游客青睐。携程租车的数据显示,国内已有 2 000 多家租车企业在携程平台上提供了超过 2 000 种的车型,国庆长假单日用车突破了 7 万,远超 2019 年国庆假期的水平。

可品鉴

一个地方,在吸引游客到来后,要有东西能让游客品鉴。能让游客品鉴的,可以是秀美的风光。中国旅游百强县中有国家 5A 级旅游景区 57 家、国家 4A 级旅游景区 289 家、世界遗产 21 处、国家级旅游度假区 9 处;这 100 个县中有 15 个国家历史文化名城、19 个国家全域旅游示范区、42 个中国优秀旅游城市。

能让游客品鉴的,可以是回归自然的宁静。近年来,乡村旅游因远离城市喧嚣而成为许多游客出游、寻找乡愁的热门选择。在成都工作的唐×是一个乡村旅游迷,"平时生活在城市里,虽然各种生活设施很便捷,但节奏很快,总有一种被赶着的感觉,所以,我经常趁着周末到周围的乡村住上一两天,让身心慢下来,给自己充充电。"

为了让更多的人寻得到乡愁,许多城市也在努力。为了让美景多停留一会儿,让市民感受深秋的韵味,湖北武昌的 7 座公园延迟清扫落叶。在武昌首义广场,绿地上满眼

橙黄，细如羽毛的无患子叶，形如蒲扇的银杏叶，让人流连忘返。

可回味

是什么让游客一次又一次来到自己的民宿？晓雯是浙江丽水一家民宿的管家，在她看来，最让游客难忘的是一家民宿的味道。

"我们的民宿在一个古村里，风光古朴，许多人第一次来是冲着这里的环境；但后来我们发现，再次来到这里的游客，大多是因为这里饭菜的味道。许多游客离开后还会久久回味这样的场景：身在古村，微风拂面，空气中飘来的菜香，就像是回到了自己的家一样。"阿依古丽的民宿位于沙雅县海楼镇。奔腾的塔里木河、广袤的塔克拉玛干沙漠、壮阔的胡杨林，让许多游客纷至沓来，收获美景和感动。也正因此，阿依古丽的民宿走进了游客心中。

冬季旅游，自然少不了冰雪的助兴。

吉林省启动了冰雪季，对新雪季项目和产品进行整体推介；内蒙古自治区阿尔山市在北京向人们展示优美的环境和独特的冰雪资源；新疆维吾尔自治区喀纳斯景区则筹备多项活动，驾乘穿越林海雪原、体验马拉爬犁，助力冬季旅游升温……

如此，原本一个个抽象的地名，化身一个个具体的形象，让远方的游客可咂摸，可回味……

资料来源：中国青年报，2020-11-30.

| 案例分析 |

1. 大数据对我们进行旅游市场营销的计划与组织有什么影响？
2. 结合本案例谈谈对各地传统的旅行社如何进行旅游市场营销调控。

应用知识储备

对于以营销为导向的旅游企业而言，旅游营销计划的制订必须在营销战略的指导下进行，这是因为市场营销计划的实现不仅涉及企业未来营业收入，而且在很大程度上决定了企业总体营销战略工作的展开与落实。

一、旅游市场营销计划的内容

（一）旅游市场营销计划的含义

旅游市场营销计划是指企业根据自身的经营方针和策略，确定一定时期的销售目标，以及为实现这一目标所要进行的各项营销活动的具体安排，并对其进行管理、控制和调整的工作。市场营销计划是企业总体计划的一个组成部分，它在企业各项计划的制订和执行过程中起着十分重要的作用。

（二）旅游市场营销计划的制订

制订营销计划书大致有七个步骤：

1. 目前市场营销现状分析

主要是指针对该产品目前营销现状的有关背景资料，包括市场、产品、竞争、分销和宏观环境状况进行的分析。

市场现状：列举目标市场的规模和成长性的有关数据，消费者的需求状况等。

产品现状：目前企业产品市场占有率、价格、成本、费用、利润率等方面的数据。

竞争现状：分析主要竞争者及其市场变化趋势。

分销现状：目前企业选择的分销渠道的类型等。

宏观环境状况：主要对宏观环境的现状和行业现状做简要介绍。

2. SWOT 分析

在计划中要对市场机会和风险进行科学、详细的预测、分析和判断。

综合分析市场机会、环境威胁、企业优势与劣势等战略要素，明确能够被企业有效利用的市场机会，即尽可能将良好的市场机会与企业优势有机结合；同时要努力防范和化解环境威胁和企业劣势带来的市场风险。

3. 确定目标

确定企业的目标，是市场营销计划的核心内容。一般应建立两种目标，即财务目标和营销目标。这些目标要用数量化指标表达出来，要将目标定得实际、合理，并有一定的开拓性。

财务目标：确定每一个战略目标的财务报酬目标，包括投资报酬率、利润率、利润额等。

营销目标：财务目标必须转化为营销目标。营销目标可以由以下指标构成，如销售收入、销售增长率、销售量、市场份额、品牌知名度、分销范围等。

4. 制定营销战略

包括两个部分。①目标市场选择和市场定位战略，明确企业的目标管理市场，即企业准备服务于哪个或哪几个细分市场，如何进行市场定位，确定何种市场形象；②营销组合战略，企业在目标市场上所采取的具体营销战略，即产品、渠道、定价和促销等方面的战略。

5. 营销执行行动方案

是指对各种营销战略的具体实施制定的详细行动方案。

即阐述以下问题：将做什么？何时开始？何时完成？谁来做……

整个行动计划可以列表加以说明，为落实营销战略，要制订可实际操作的具体计划和行动方案。对于每个营销战略要素，应具体确定将由何人在何时何地花多少费用采用何种方法步骤，负责完成何项具体工作。

6. 营销预算

应解决三个基本问题：第一，为实现计划期内的营销目标，在营销活动方面总共要花多少钱；第二，这一总额将如何在各产品的目标市场间进行分配；第三，这一总额将如何在

各项营销活动或营销手段间进行划分。

7. 营销控制

营销计划的最后一部分是检查和控制方案，用以监督计划的进程。

二、旅游市场营销计划的实施

要想使营销计划得以实施，首先，必须使企业营销系统中的各级人员保持协调一致；其次，营销部门还必须与财务、人事、采购等部门密切配合。此外，企业外部有关的个人和组织（如供应商、零售商、广告代理商、广告媒体以及调研公司等）对企业计划的实施也有重要影响。

从影响旅游市场营销计划的诸多因素出发，成功地贯彻实施旅游市场营销计划的过程，一般要经过以下几个步骤：

（一）制定详细的行动方案

此方案实际上是旅游营销计划的具体执行计划，除在此方案中明确营销计划实施的关键性要求和任务外，还要将这些活动的责任落实到个人或作业单位并明确具体的时间表，在时间上要有严格的规定。

（二）组建高效的营销组织

旅游市场营销组织是执行旅游市场营销计划的主要力量，建立和强化市场营销组织，对推动旅游市场营销活动的开展起着决定性的作用。另外，执行旅游市场营销计划的市场营销组织结构应保证与企业的营销计划、营销战略一致，与企业自身的特点、要求和环境一致，这样才能保证计划的顺利实施，以达到预期目标。

（三）建立科学、合理的决策报酬制度

实行多元化经营或产品市场的覆盖面较广的旅游企业，不可能再实行高度集中统一的管理制度，应根据市场变化的要求，实行分权管理。与此相适应，还必须制定贯彻实施旅游市场营销计划的报酬制度，不仅要调动企业员工实现短期营销目标的积极性，还要调动其实现长期目标的积极性。

（四）建设旅游企业文化

企业文化已成为企业的重要战略资源，是市场竞争中的重要手段，在企业经营思想和领导风格，员工的工作态度和作风等方面起着决定性的作用。通过企业文化建设，逐渐形成共同的价值标准和基本信念，保证旅游市场营销计划在相应的企业文化和管理风格的氛围中得到强有力的支持。

（五）开发旅游人力资源

旅游市场营销计划的实施最终要通过人员的推动和努力来实现，并且，营销计划的执行在不同程度上涉及企业的所有员工，因而充分调动员工的积极性，努力开发人力资源，实现人尽其才，才能够顺利实施营销计划。

总之，以上几个方面必须协调一致，相互配合，才能有效地实施旅游市场营销计划。

三、旅游市场营销计划的控制

旅游市场所受的影响因素日益复杂，旅游市场的变化也随之日益频繁，拟订的市场营销计划难免与实际情况有一定偏离。为维护和保证旅游市场营销计划的严谨性和科学性，在计划实施过程中应有相应的控制程序，对计划本身或计划的实施进行必要调整，以保证旅游企业营销目标的实现。因此，旅游市场营销计划的控制过程就是采取行动使营销活动结果与期望结果更接近的过程。

(一)旅游市场营销计划的控制内容

1. 企业决策层对营销的控制

营销部门的各项活动及其成效，直接影响企业的生产、财务、人事等部门的活动和成效，因此就产生了最主要也是最重要的营销控制问题，即企业决策层如何对营销部门的活动、成效进行最有效的控制。

2. 营销部门对企业其他部门的控制

企业营销部门的工作必须得到其他部门的密切配合和支持才能顺利地进行。这就需要营销部门完善与其他部门间的沟通系统，促使企业的各部门都能致力于企业的整体利益，朝同一方向发展。

3. 营销部门对外界中间商的控制

中间商的行为不一定总是有利于企业的营销活动的，因此，营销部门会碰到如何对中间商进行有效控制的问题。例如，对于那些对企业贡献大的中间商，企业给予适当的奖励；相反，对那些不守信用的中间商，应考虑放弃，或采取必要的惩处措施。

4. 营销部门对营销人员的控制

企业营销总监还会碰到如何对营销人员(如销售人员、公关人员等)进行控制的问题。营销总监可以通过建立有效的权责关系、预算制度、成效审查制度等来执行营销控制工作。

5. 营销部门对营销计划成效的控制

由于旅游营销环境中的各种因素如目标市场、竞争对手、消费者需求等不断变化，导致旅游营销计划的实际成效和预期成效偏离，营销总监需要对营销计划执行结果加以控制。

6. 营销部门对营销方案的控制

这种控制与营销部门所采取的营销方案，如新产品开发计划、广告活动或新市场开拓等有关，它属于如何在预定期限和预算内实施这些方案的问题。

(二)旅游市场营销计划的控制方式

1. 年度计划控制

年度计划控制的目的是确保旅游企业实现年度计划所制定的销售、利润等营销目标。

通常，企业会将年度计划的控制与目标管理方法结合起来操作。

控制过程的主要步骤是：①旅游企业高层管理者把年度计划按市场变化分解为季度和月份的计划；②把季度和月份的计划进一步分解为企业内部各业务部门的目标，并落实相应的责任人；③对落实到各部门以及个人的季度、月份市场营销责任和目标提出和采取相应的保障措施；④对营销实施过程中偏离计划的部分做出分析、判断，改正实施方法或调整目标本身，尽可能减少营销目标和实际执行结果之间的差距。

2. 盈利控制

旅游企业市场营销的中心工作是紧紧围绕着经济效益展开的，而企业的盈利来源是向旅游者提供产品和服务所得的报酬，因此，企业只有通过对产品和服务盈利性进行控制，才能保证营销计划及其目标的最终实现。因为不同的产品可能在不同的地区、不同的细分市场和不同的营销渠道销售，所以，应对产品分别进行盈利性分析，以便在执行控制营销计划的过程中，为企业在对产品的生产规模、市场的选取等问题决策时提供依据。

学习效果检测

1. 简述旅游市场营销管理过程由哪些步骤组成。
2. 在制订旅游市场营销计划时，从人员、预算等方面需要做哪些工作？

项目小结

旅游企业营销管理是现代旅游市场营销的必然要求，旅游市场营销管理过程由五个步骤组成：分析旅游市场营销机会、选择旅游目标市场、制定旅游市场营销战略与策略、制订旅游市场营销计划、实施和控制旅游市场营销计划。

旅游企业组织结构有不同形式，企业应重视组织创新，实现企业营销组织再造。旅游企业在经营过程中，要做好科学、严密的营销计划，并采取有效措施保证计划的顺利实施。旅游企业还应进行必要的营销计划控制，包括年度计划控制、盈利控制等。

实训项目

微课

实施旅游市场营销管理

旅游市场营销管理

一、实训目的

1. 树立旅游市场营销管理理念。
2. 掌握构建旅游市场营销组织管理架构。
3. 制订旅游市场营销管理计划，并学会实施与调整。

二、实训组织

根据教学班级学生人数来确定数个小组，每一小组人数以 5～8 人为宜，小组合理分工。在教师指导下统一认识、统一口径、统一判断标准；而后进行选题并分别采集不同的资料和数据，并以小组为单位组织研讨，在充分讨论的基础上，形成小组的策划方案。

三、实训要求

（一）综合认识旅游市场营销管理

1. 认识旅游市场营销管理内涵。

2. 构建旅游市场营销管理组织架构。

（二）旅游市场营销管理计划与实施

1. 结合本地区旅行社或旅游景区年度计划，分析其计划编制、计划实施与调整情况。

2. 应用所学理论知识，完成本地区一家快捷连锁酒店的组织架构管理。

四川省“重走长征路·奋进新征程”红色旅游年实施方案

为隆重庆祝中国共产党成立 100 周年，结合中央和我省党史学习教育安排部署及全省红色旅游发展实际，现就在全省开展“重走长征路·奋进新征程”红色旅游年活动，制定如下方案。

一、总体要求

坚持以习近平新时代中国特色社会主义思想为指导，深入贯彻落实习近平总书记在党史学习教育动员大会上的讲话精神和“把红色资源利用好，把红色传统发扬好，把红色基因传承好”重要指示精神，以开展党史学习教育为契机，深度挖掘我省红色旅游资源文化内涵，努力扩大红色文化传播，积极打造红色旅游品牌，大力开展红色文化教育，激发人民群众爱党爱国热情，为热烈庆祝中国共产党成立 100 周年营造浓厚社会氛围，为全面建设社会主义现代化国家、实现中华民族伟大复兴中国梦汇聚更强大的精神力量。

二、活动内容

（一）举办红色旅游年启动仪式

启动仪式内容包括领导致辞、视频展示红军长征途经四川路线、发布红色旅游精品线路、优秀红色故事讲解员讲述长征故事、为“重走长征路”代表授旗、省领导宣布启动等环节。邀请省委省政府有关领导、省直有关部门（单位）负责同志、市（州）文化和旅游行政主管部门负责同志以及社会各界代表参加。

（二）推出红色经典景区和精品线路活动

红色旅游经典景区推介。围绕长征国家文化公园建设，推出一批红色旅游经典景区，加大对红色旅游经典景区创建国家 5A 级景区支持力度，为参评国家级红色旅游经典景

区做好相关储备工作。

（三）开展讲好“四川长征故事”活动

举办红色故事讲解员大赛。以“心中的旗帜”为主题，举办四川省第二届红色故事讲解员大赛，评选“四川红色故事金牌讲解员”和“四川红色故事优秀讲解员”。推荐获奖人员参加第三届全国红色故事讲解员大赛。

（四）开展长征历史文化研究和传承活动

举办长征文化论坛。组织老红军、老党员和党史研究领域专家学者对长征历史文化进行深入研究，进一步还原历史细节、挖掘历史故事。发布红色旅游创新发展研究课题，支持出版长征文化研究书籍和论文集。

组织红色文献巡展。策划推出“建党百年”系列展陈活动，综合运用红色文献、红色文物、历史图片等资源，通过数字云展播、音像制品、多媒体互动展示等形式，全景再现红军长征在四川走过的艰苦卓绝的革命道路和中国共产党辉煌光荣的历史篇章。

（五）开展红色文化进校园活动

组织开展以“新时代新青年、中国梦中国红”为主题的“红色文化进校园”案例作品征集展示活动。推荐全省优秀案例参加全国集中展示。组织优秀红色讲解员进校园宣讲红色故事，开展红色旅游研学活动，组织师生到革命遗址遗迹、红色文化博物馆纪念馆、红色主题教育基地等开展现场教学。

（六）策划实施宣传推广活动

突出重点、全面推进，协调组织中央和省内主要媒体加大宣传报道力度，大力宣传我省“红色旅游年”各项活动进展及成效。强化互联网思维，推出图解、微场景（H5）、动漫、小游戏、小程序等可视化呈现、交互式传播的网络产品，制作一批受众喜爱、刷屏热传的精品。用好今日头条、抖音等社交平台，提升宣传推广效果。在中心城市、交通枢纽的公共空间区域，设置宣传标识，增加受众覆盖面，提升影响力。

（七）推进国家文化公园建设

建设长征和黄河国家文化公园。落实《长征国家文化公园四川段建设实施方案》和《四川省黄河文化保护传承弘扬工作方案》主要任务，梳理确定一批引领性、示范性项目进入中央和省级相关专项规划并推动实施。

建设长征沿线交通配套设施。以中央红军长征路线为主线，加快编制“重走长征路”红色旅游交通运输专项规划，着力打造长征国家文化公园四川段“快进、慢游”公路网络。加快G350线双桥沟口至小金县城段改扩建工程等红色旅游公路项目建设，提高长征干部学院对外交通通行能力。

（八）开展革命历史文物类纪念设施、遗址和爱国主义教育基地排查维护和整改提升行动

对全省开放的革命历史类博物馆、纪念馆、陈列馆，革命遗址遗迹，红色旅游景区，各级爱国主义教育基地内的陈列展览、场馆设施设备、讲解词进行全面排查、规范审核。根据遗存状况实施抢险加固、修缮保护、展示利用等工程，对有悖党史史实、文字内容表述不

准确、图表说明不清、讲解词不规范等问题立即整改。

资料来源：新华网，2021-04.

思考

阅读案例，谈谈四川省管理部门与旅游企业是如何对“重走长征路·奋进新征程”红色旅游年活动进行措施保障与管理的。

旅游景区营销策划

【学习方向标】

同学们，在本项目中，大家从认识旅游景区产品开始，阅读景区营销策划文案，掌握景区营销策划程序与写作技巧，训练并提升针对旅游景区营销策划的能力。

【学习目标】

★ 知识目标

1. 理解旅游景区、景区产品内涵；
2. 掌握景区营销策划方案写作；
3. 掌握景区营销策划程序。

★ 技能目标

1. 能对旅游景区进行营销分析；
2. 能对旅游景区进行营销策划；
3. 能撰写景区营销策划方案。

★ 素质目标

营销策划既继承了传统的STP、4PS理论，同时，借助于“互联网＋”对营销策划进行着创新与发展。

拓展阅读　600岁故宫的“年轻态”

2021年中国国际服务贸易交易会在北京举行。位于国家会议中心展区的故宫博物院展位，运用数字技术再现故宫的建筑工艺、历史典故等内容，吸引众多观众参观体验。

展区全方位地展示了故宫20多年以来的数字化成果，展台前的大屏幕上，正在播放故宫博物院制作的“紫禁城·天子的宫殿”系列虚拟现实节目。故宫博物院数字与信息部副主任介绍，利用VR技术，展示中国古代杰出的建筑地基营造工艺，传播故宫考古科学知识。在数字技术的支持下，600多岁的故宫以更年轻的姿态呈现出来，给观众带来更好的观看体验。

此外，腾讯与故宫联合打造的“数字故宫”小程序即将迎来全新升级，数字故宫小程序2.0的概念视频也在服贸会上首度公开，今后游客在游览故宫时，可以在数字故宫小程序中找到更加方便、实用的解决方案。在数字故宫小程序上线的“故宫云赏花”等直播中，百万网友汇聚云端，通过多机位、多角度的直播内容，可以实现共赏故宫独一无二的四季变换之美。

推动文化和旅游融合发展是传播弘扬中华文化的有效路径。旅游业发展与精神文明建设密切相关，发展旅游经济，对弘扬我国优秀文化传统，增强中华民族的凝聚力，都具有十分重要的意义。旅游本质上是人们认识世界、感悟人生的一种精神文化活动，参与度高、覆盖面广、体验感强。中华民族自古崇尚“读万卷书，行万里路”。

资料来源：人民网，2021-09-05.

|思考|

1. 请同学们思考旅游景区营销要与时俱进可以从哪些方面着手？

2. 在本项目的学习中，请同学们思考蕴涵着丰富内涵的文化营销方式，景区经营管理如何聚焦于文化营销？

任务1　认识旅游景区营销

任务提出及实施

1. 深刻领会旅游景区、旅游景区产品组合因素内涵；

2. 掌握分析影响旅游景区营销的方法。

请同学们在教师的讲解和引导下，学习应用知识储备，查阅相关资料，分组讨论完成上述任务。

任务关键词

旅游景区；旅游景区产品；微观因素；宏观因素

案例导入 | 潮起敦煌

2021“东亚文化之都·中国敦煌活动年”拉开帷幕,“潮起敦煌”文创展作为其中一项活动格外亮眼。据悉,“潮起敦煌”主题文创展主要展示敦煌博物馆9个系列60余类具有敦煌特色的时尚文创产品,以及部分敦煌流散海外的精美壁画复刻品。展览通过“瑞图·大盛敦煌”“瑞景·自古不羁”“瑞趣·千年弄潮”三大版块,向观众呈现一场以敦煌文化元素为主题,传统+国潮、视觉+体验的文化盛宴。

资料来源:人民网,2021-04.

| 案例分析 |

1. 什么是旅游景区与旅游景区产品的营销策划?
2. 从文化创新的角度思考,怎样着手进行景区营销策划?

应用知识储备

一、旅游景区与旅游景区产品

旅游景区从广义上讲是指任何一个可供旅游者或来访游客参观或开展休闲活动的场所。它是旅游业的组成部分之一,其在国际旅游学术界的定义为:专为来访公众参观、游乐和增长知识而设立和管理的长久性休闲活动场所。旅游景区是旅游业发展的基础,也是旅游业发展的主体。

(一)旅游景区特点

1. 固定性

旅游景区都必须有其长期固定的场址,并利用这一场址发挥其固有职能。那些暂时性的旅游吸引物,如展览、流动演出、民间盛会等因不具长期性,所以不是景区。

2. 专用性

旅游景区是专门用来供旅游者开展各类休闲活动的场所。如果不是专门供旅游者参观,则不属于旅游景区,如工厂、学校、乡村和部队军营也都可供旅游者参观或游览,但因不具专用性,所以不是旅游景区。

3. 可控性

旅游景区必须有人管理,必须能够对旅游者的出入行使有效的控制,但必须有人管理不能等同于必须对来访旅游者收费,那些出于公益目的而有人管理的免费游览项目点也是景区。

(二)旅游景区产品

旅游景区产品不仅仅是旅游地的风景名胜,还包括必要的旅游设施、旅游环境、旅游

者观赏和参与的活动项目、景区的管理和各类服务等，所以，旅游景区产品的实质是服务。

旅游景区产品组成因素包括以下方面：

1. 旅游景区吸引物

旅游景区吸引物就是景区内标志性的观赏物。它是景区旅游产品中最突出、最具有特色的部分之一。旅游从某种角度讲也可称作“眼球经济”，旅游者正是为观赏旅游景区某一特定物才不远千里、不怕车马劳顿赶来旅游的。如埃及的金字塔、纽约的自由女神、北京的长城和故宫、西安的秦兵马俑、长江三峡的神女峰、云南少数民族风情等。

2. 旅游景区活动项目

旅游景区活动项目指结合景区特色举办的常规性或应时性供旅游者欣赏或参与的大、中、小型群众性盛事和游乐项目。

3. 旅游景区交通

旅游景区交通指旅游者具有可进入景区和在景区内可移动性的条件。很多景区处在交通不方便的偏僻地区，旅游者进出旅游景区受限制，交通成为营销瓶颈。

4. 旅游景区管理与服务

旅游景区产品表达形式尽管呈多样化，但其核心内容仍是服务。服务的特点是其产出与消费常常处于同一时间段，每一次服务失误，就是一个不可修复的废品产出，所以服务过程中的管理尤显重要，因此，管理是服务的核心。

二、旅游景区营销与景区发展

将市场营销引入旅游景区经营管理，就形成了景区市场营销。旅游景区的市场营销可定义为：旅游景区是以目标旅游者为中心，对旅游产品的构思、定价、促销和分销计划和执行的过程，其目的是满足旅游者需求和实现景区经营目标。

如果将旅游景区比喻为一艘船，景区营销就是帆。在当今激烈的市场竞争中，市场营销和形象塑造已成为旅游地占领市场制高点的关键，成为撬动旅游景区发展的关键杠杆。旅游景区市场营销重要性主要体现在以下几点：

(1)旅游景区的不可移动性决定了景区产品要靠形象传播。景区通过形象传播，让潜在旅游者认识，产生旅游购买动机，最终实现消费。国外旅游研究表明，良好的形象是吸引旅游者最关键的因素之一。

(2)旅游产品生产过程与消费过程的同步性决定了景区需要通过有效营销来使景区产品增加吸引力，在旅游者还不太清楚产品使用价值的情况下愿意购买。

(3)根据市场竞争需要、旅游景区需要进行营销。从更广阔的市场竞争格局中，旅游景区也会遇到愿望竞争、平行竞争、形式竞争、品牌竞争。比如，与同类景区形成竞争，与不同类型景区也构成竞争，不同地区景区也构成竞争等，在竞争日趋激烈的背景下，必须借助营销赢得竞争。

三、旅游景区营销影响因素分析

(一)宏观环境影响因素

(1)新技术在旅游行业的应用。新技术为旅游景区建设、各类项目设计展示和阐释提供新手段。灯光、音响、电影、激光、超宽银幕电影效果以及新材料,如塑料、碳化纤维和光纤等都被用来进行现代化的展示,传统的过山车也被新的、采用弹性钢管的螺旋型和环型轨道过山车取代。

(2)旅游目的地组织决策。旅游目的地其他组织的决策所带来的外部影响会影响景区产品需求的变化。景区旅游收入是随着旅游消费者流量的波动而增减,这种波动与当地经济、政治等因素综合作用有很大关系。

(二)微观环境影响因素

(1)竞争对手。旅游行业竞争加剧,新景区建设不断增加,老景区也在积极求变应对竞争,在日趋激烈的竞争环境中,分析行业竞争环境、竞争对手优劣是明确旅游景区营销定位的重要工作。

(2)旅游消费者。现代社会,旅游消费者的期望都在不断提高,景区如果跟不上需求变化,"昨日产品"会很快失去其吸引力。旅游消费者对旅游的高质量需求,还表现在对国际标准更加了解上,这种了解,部分是通过自身的旅行经历获得,部分是通过电视等媒介获得。

(3)景区经营成本。景区的初期投资通常较高,而随后经营过程中的成本却相对较低。例如,华侨城文化旅游综合体 670 亿元打造 7 大项目,项目一期,将采用西周历史文化符号,以镐京国家大遗址为依托,整合沣河生态资源,打破围墙,实现开放共享,形成以"双核、三轴、三廊道、五大中心"的空间架构,打造具有历史人文特色的国际立体花园城市。

双核:欢乐谷度假核、镐京一号文化体验核。

三轴:文化旅游轴、活力休闲轴、都市生活轴。

三廊道:生态景观廊道。

五大中心:娱乐中心、旅游接待中心、文化旅游中心、生态观光中心、文化创意中心。

将建设国家大遗址公园,遗址核心区进行保护性开发,不新增建筑,仅做生态环境优化。

学习效果检测

1. 试分析旅游市场、旅游景区、旅游产品与我们市场、日常消费品有什么区别。

2. 举例说明市场营销环境具有哪些基本特征。

任务2　实施旅游景区营销策划

任务提出及实施

1. 查阅当地或国内其他旅游景区营销策划方案，分析其框架与内容，列出其必要包含的部分；

2. 选取就读大学所在省市知名景区为对象，以小组为单位完成××景区营销策划一份；

请同学们在教师的讲解和引导下，学习应用知识储备，查阅相关资料，分组讨论完成上述任务。

任务关键词

营销策划程序；旅游营销策划书

案例导入　云花溪谷旅游项目营销策划建议书

一、项目现状分析

1. 项目现状

云花溪谷旅游资源优势明显，以山、水、林为特色，定位为以休闲、度假、养生为主的景区生态旅游风景区；现景区主题形象清晰；市场营销尚未进行。

2. 旅游形象现状

此地现旅游形象还比较模糊，旅游形象认知度低，对其今后的旅游发展很不利。所以，为更好地使此项目顺利运营，开发前的营销宣传是必不可少的。

二、景区市场竞争分析

1. 保定区域景区现有的客源市场以1日游游客为主，目前市内的新兴景点较多，旅游受到各地主管部门的空前重视，各景区都在采取各种手段招徕客源，市场竞争激烈。

2. 目前阜平县整体旅游形象的对外旅游宣传促销力度相对较小。

3. 阜平等地的一些区域旅行社只在“五一”“十一”游客较集中的时间段推行景区线路，景区内客源尚没有形成规模……

4. 附近区域市场，有五岳寨、驼梁、五台山、天生桥、神仙山、城南庄等一些知名的景点……

三、旅游市场战略

根据公司《总规》发展战略，现对云花溪谷进行两个阶段为期10年的市场发展战略分析：

1. 市场分类

按照地域划分：

第一阶段营销发展战略(5 年期)

当地市场：保定、石家庄、山西五台山附近区域市场，以旅游观光、周末休闲度假为主要目的。

第二阶段营销发展战略(5 年期)

本地市场：继续稳固保定以旅游观光、周末休闲度假为主要目的市场。

省内市场：以周边的保定、石家庄、唐山、张家口等邻近地市为主的市场。

省外市场：主要以北京、天津等地为市场。

2. 核心客源市场

以阜平为核心向外放射 300 公里的半径——保定、石家庄、山西、北京、天津、唐山、张家口等，保定、石家庄、山西、北京、天津比较重要，在此将其列入核心客源市场之中。

3. 旅游市场定位

从市场开发顺序来说：第一阶段开发保定市区、石家庄、山西五台山附件区域等收入较高的市场，利用当地客源维持景区旅游收入。第二阶段开发北京、天津、唐山、张家口等邻近市场，提高云花溪谷旅游知名度……

四、价格策略

1. 旅行社价格：给旅行社较大的利润空间可以促使他们给景区带来更多的团队游客。

2. 团队价格：景区针对单位团体门票给予优惠，优惠门票价格应介于散客门票价和旅行社优惠价之间。

3. 季节性调节：根据季节性特点制定淡旺季两种票价。

4. 促销价格：根据时令特点，在细分客源市场的基础上有针对性地推出一些市场促销价格。

| 案例分析 |

1. 本案例如何对目标市场进行分类？

2. 对案例中的销售渠道与销售网络建设，你还有什么好的建议？

应用知识储备

一、旅游景区营销策划程序

旅游景区营销策划，就是通过对景区市场营销环境分析、景区市场调查与预测、景区目标市场选择与定位、景区市场营销策略制定、景区市场营销控制与管理达到对景区经营管理效益化、科学化的目的。

1. 景区市场营销环境分析

分析景区市场营销环境主要帮助景区了解市场营销的机会和风险，进而适应市场环境，发掘市场机会，开拓新的市场。在旅游景区营销策划及营销计划制订管理中，营销环境分析是第一步。

2. 景区市场调查与预测

对景区市场信息的调查研究是进行营销策划与决策的基础。在日益激烈的市场竞争环境中，通过各种调查数据、预测方法和旅游信息处理技术，及时、准确地掌握旅游消费动向、竞争市场反馈等旅游市场信息及其发展变化趋势成为打造景区核心竞争力的重要保证。

3. 景区目标市场选择与定位

在现代旅游市场上，竞争的深度和广度不断延展，竞争的内容涉及方方面面，任何一个旅游景区均不可能以自身有限的资源和力量，设计各种不同的旅游产品及其营销组合来全面满足各类旅游者的所有旅游需求。因此，通过对景区市场细分，选择目标市场和准确定位是景区市场营销的主要内容。

4. 景区市场营销策略制定

旅游景区市场营销策略是旅游市场营销中的核心问题，一般包括以下部分：

(1)旅游产品策略。确定景区旅游产品的特点、旅游产品生命周期及其策略、旅游新产品开发策略、旅游产品商标策略、旅游产品组合策略。

(2)景区价格策略。价格是市场营销中最为敏感的因素，直接受市场供求关系变化的影响。旅游景区在确定其价格策略时，要研究旅游商品和服务价格的各种影响因素，研究旅游价格的定价目标和方法，以最终确定其定价策略。

(3)旅游渠道策略。渠道是指景区产品销售的中间经销机构。旅游景区在进行市场营销时还应研究旅游营销渠道的类型，各级旅游中间商的功能，以及营销渠道的最佳选择。

(4)旅游促销策略。景区产品的流通是通过产品信息的传递和旅游者向旅游目的地的流动来实现的，因而旅游促销活动尤为重要。旅游促销策略包括广告宣传、人员推销、营业推广、公共关系、促销策略的组合和制定。

5. 景区市场营销控制与管理

旅游景区要做好市场营销工作，有赖于有序的管理和控制。其主要内容包括对营销活动的计划、组织、执行、评价，设置高效的营销组织机构，以及对营销人员的培训和管理等。

营销策划人员的基本素质与能力

知识链接

1. 营销策划人员需要掌握综合知识和技能，包括经济学、行为科学、数学、统计学、心理学、社会学、生态学、商标学、广告和法律等学科。

2. 营销策划人员必须有丰富的阅历和营销经验，对企业在营销各个环节的问题能做出准确的判断。

3. 营销策划人员要有创意能力。作为旅游策划专业人才，其职业能力首先突出地表现为超凡的创意思维能力。因为在旅游活动中，消费者普遍带有求新求奇的心理倾向，越是新奇刺激的东西，就越能激发消费者的消费欲望。一个旅游项目如果没有好的创意，在市场上肯定不会有卖点，没有卖点就意味着不能产生效益。

4. 营销方案写作能力。旅游策划是一项系统工程，在旅游策划实践中，不论是旅游产品策划、还是旅游形象策划或者是旅游市场策划……都需要不断提高自己的文字表达功夫和文案写作水平，以适应旅游策划工作的需要。

二、旅游景区营销策划体例

景区营销策划要求对景区进行综合分析，提出有针对性、可行的市场营销方案。如何编制旅游营销策划书呢？

(一)营销策划书编制的原则

为了提高策划书撰写的准确性与科学性，应首先把握其编制的几个主要原则：

1. 逻辑思维原则

策划的目的在于解决企业营销中的问题，按照逻辑性思维的构思来编制策划书。首先是设定情况，交代策划背景，分析产品市场现状，再把策划中心目的全盘托出；其次进行具体策划内容详细阐述；最后明确提出解决问题的对策。

2. 简洁朴实原则

要注意突出重点，抓住企业营销中所要解决的核心问题，深入分析，提出可行性，针对性强，具有实际操作指导意义的对策。

3. 可操作原则

编制的策划书是要用于指导营销活动，其指导性涉及营销活动中的每个人的工作及各环节关系的处理，因此策划书的可操作性非常重要。不能操作的方案创意再好也无任何价值，不易于操作也必然要耗费大量人、财、物，管理复杂、显效低。

4. 创意新颖原则

要求策划的“点子”(创意)新、内容新、表现手法新，给人以全新的感受。新颖的创意是策划书的核心。

(二)营销策划书的基本内容

从营销策划活动一般规律来看，有些要素是共同的。我们可以共同探讨营销策划书的一些基本内容及编制格式。

1. 封面

(1)策划书的名称。

(2)被策划的客户。

(3)策划机构或策划人的名称。

(4)策划完成日期及本策划适用时间段。因为营销策划具有一定的时间性,不同时间段的市场状况不同,营销执行效果也不一样。

2. 正文

(1)策划目的。要对本营销策划所要达到的目标、宗旨树立明确的观点,作为执行本策划的动力或强调其执行的意义所在,帮助全员统一思想,协调行动,共同努力保证策划高质量地完成。

(2)分析当前的营销环境状况。当前市场状况分析及市场前景分析,景区产品现实市场及潜在市场状况分析。

(3)对景区市场影响因素进行分析。主要是对影响产品的不可控因素进行分析。如宏观环境与政治环境,居民经济条件、消费者收入水平、消费结构的变化、消费心理等。

(4)市场机会与问题分析。策划方案是对市场机会的把握和策略的运用,因此分析市场机会就成了营销策划的关键。只要找准了市场机会,策划就成功了一半。除此之外,还要针对产品目前营销现状、产品质量、产品价格、销售渠道、促销方式、产品特点等分析优、劣势。

(5)营销目标。营销目标是在策划目的的基础上所要实现的具体目标,如营销策划方案执行期间,经济效益目标要达到总销售量为×××万件,预计毛利×××万元,市场占有率实现××%。

(6)营销战略(具体行销方案)。营销宗旨;产品策略;价格策略;销售渠道策略;促销策略(重点)。

(7)策划方案各项费用预算。即整个营销策划方案推进过程中的费用投入,包括营销过程中的总费用、阶段费用、项目费用等,其原则是以较少投入获得最优效果。

(8)方案调整。这一部分是策划方案的补充部分。在方案执行中可能会出现与现实情况不相适应的地方,因此方案贯彻必须随时根据市场的反馈及时对方案进行调整。

学习效果检测

同学们试以自己家乡的景区或是你去过的一个景区为例,进行营销策划书基本内容的撰写。

任务3 塑造旅游景区品牌

任务提出及实施

1. 选取2～3个景区营销策划案例资料，通过具体分析认识景区营销策划的重要性；

2. 选取2～3个景区营销策划案例资料，具体分析案例中营销策划策略的成功经验。

请同学们在教师的讲解和引导下，学习应用知识储备，查阅相关资料，分组讨论完成上述任务。

任务关键词

品牌；品牌延伸；品牌维护；营销创新

案例导入 跨界营销，1+1>2

跨界营销意味着需要打破传统的营销思维模式，避免单独作战，寻求非业内的合作伙伴，发挥不同类别品牌的协同效应，实现多个品牌从不同角度诠释同一个用户特征。跨界合作对品牌的最大益处是让原本毫不相干的元素相互渗透、相互融合，从而给品牌一种立体感和纵深感。可以建立"跨界"关系的不同品牌，一定是互补性而非竞争性品牌。所谓的互补，并非功能上的互补，而是用户体验上的互补。

上海迪士尼乐园携手康师傅，一个是全球最大的主题公园运营商之一，一个是国内最具影响力的快消品品牌之一。在开园时，康师傅成为度假区内首要饮品供应商，在园区推出"一瓶迎客茶"活动，使游客在游玩的同时能够享受康师傅旗下各类饮品；不仅如此，康师傅冠名园内"漫月轩"景点，并包下唯一直达迪士尼园区的地铁11号线打广告，不仅为迪士尼带去了强有力的曝光，同时也把自己的产品融入了上海迪士尼乐园。

资料来源：华商晨报.

| 案例分析 |

旅游景区还有哪些创新营销方式？

应用知识储备

创立品牌和推广品牌、加强品牌管理与维护、促进品牌的创新是旅游景区市场营销的重要组成部分，尤其在当今激烈的旅游市场竞争中，品牌形象塑造和品牌传播已经成为旅游地占领市场制高点的关键。

一、旅游景区品牌的内涵

(一)旅游景区品牌以高品质的基础设施、旅游产品和服务为基础

在任何地方,保证旅游的质量都要求有一定水准的基础设施。设施的好坏有可能增加或减损某一地区的吸引力。一般情况下,投资于基础设施建设,是地区为使自身在竞争中处于更有利地位而采取的一项关键措施。因此,评估旅游区基础设施的状态就显得尤为重要。旅游产品和服务的差异性和个性,是旅游产品品质的直接体现,也是旅游目的地品牌体验的源泉。若旅游产品和服务缺乏鲜明的个性和明显的差异性,旅游品牌的差异性就无从谈起。因此,建设旅游品牌,还必须在产品的特色和个性上下功夫,充分发掘产品的个性与特色。

(二)旅游景区品牌必须具有独特的文化内涵

现代旅游者,已不再满足于单纯的旅游观光,而是更加注重自身的参与,这种自身的参与,实质是追求文化享受。旅游品牌提供的不只是产品服务,还是一种经历体验,一种能激发消费者共鸣的价值概念。

旅游品牌必须要注重品牌文化建设,要挖掘旅游产品或服务物质上的文化性,同时,品牌的视觉表现能给消费者以视觉的美感。

(三)旅游景区品牌表现为一套视觉元素和语言词汇

品牌专家戴维森 1997 年提出了“品牌冰山理论”,即品牌如同冰山,冰山自然有水上部分和其庞大的水下部分,其中水上 15%,水下 85%。水下部分虽然是不可见的,但由于揭示品牌的内在规律,起到的影响却是实在而巨大的。按照戴维森的理论,不妨把旅游景区的品牌也看作是一座冰山。

其中水上可见部分,可称为旅游景区品牌外部体验,包括品牌标识、品牌名称、象征物、营销信息、旅游产品价格、线路景点和服务设施质量,而水下不可见部分(旅游景区品牌内部体验)包括品牌的价值观、文化、研发能力、品牌营销战略、旅游产品和形象更新能力、利益者关系管理、危机公关能力、运营成本控制、内部管理以及人力资源管理。

如何做好景区营销　知识链接

旅游营销是项系统工程,需要从行业的宏观层面了解需求、供给和渠道的各方态势及市场环境;从目的地的中观层面,与产品和运营相互配合,三管齐下;更需要从营销工作本身出发,洞察新兴消费趋势和客群偏好等。要做好营销,以下六个方面的关键词一定要注意。

1. 定位。定位是目的地的差异所在,向竞争激烈的市场持续传递一个清晰的价值点,便于目标消费者记忆并产生好感。

2. 核心吸引物。定位赋予目的地差异化，是目的地的顶层设计，是内化的、抽象的。而核心吸引物是能吸引游客前来的理由，是可感知、可体验的。定位告诉消费者我是谁，我有什么样的价值主张和调性，核心吸引物是落实到消费者层面的实实在在的产品和内容，可以夯实定位，与定位相互支撑，也可以是爆款产品。

核心吸引物可以是一个产品，比如玻璃栈道，大马戏；可以是独特的自然风景和人文资源，如山川湖泊；可以是一个活动，如地方节日、汽车挑战赛；也可以是一项特色活动，如晒秋；还可以是一种特产，如大闸蟹等。不管形态如何多元，对于市场来讲，每一个目的地的核心吸引物一定要是唯一的，差异化的。

3. 内容。当下，消费者花大量时间观看旅游口碑，本质上消费的都是内容，内容营销已成为触达目标消费者的良好路径，而且能沉淀形成资产，重复利用。

4. 自媒体。根据目的地的目标消费者特征，构建目的地与消费者沟通的自有渠道与通路。流量获取成本的日益增高，搭建自媒体通路能减少对外部流量的依赖。同时，自媒体通路可以有效进行销售转化，提高直销比例。更重要的是能获取消费者数据和画像，明确消费者特征，为后续的营销、运营甚至产品业态扩展等提供数据支撑。

5. 传播。自媒体通路是构建自有媒体矩阵与消费者进行沟通，传播是整合外部媒介的沟通和广告投放。整合营销之父唐·舒尔茨提出整合传播，即组合不同媒体传递同一个声音，而当下媒体多元化、碎片化，加之新兴媒体层出不穷，媒介的选择组合更复杂，更需要创意与策略。

6. 活动。活动是目的地增强互动性、丰富玩法的重要手段，通过活动的设计组织，可以与产品形成互补和差异性体验，为目的地的日常运营增加亮点和话题性。

二、旅游景区品牌的维护与管理

（一）旅游景区品牌的防御保护措施

为防止侵权事件的发生，应当对旅游景区品牌进行专利权注册，让旅游景区品牌的使用规范化。还可以利用法律武器对旅游景区商标进行排他性保护，及时向工商行政管理机关举报或向法院投诉侵权、假冒行为，依法保护自己的商标，充分行使商标注册人的合法权益。此外，积极主动地向公众宣传自己的品牌，提高公众对旅游景区产品的辨别能力，也是一个非常有效的办法。

（二）扩大旅游景区品牌的创建范围

旅游景区不仅应该拥有高质量的视觉景观主体，还应有与品牌相适应的基础设施、服务质量和特色文化，这需要旅游景区加强内质建设和外观传播。旅游景区品牌的内质核心包括旅游景区的产品内涵、经营理念、服务质量、管理制度、组织结构、企业文化、行为规范等内容；旅游景区的外观是将有形的视觉同无形的旅游景区理念有机结合而成的。同时，旅游景区还可以通过新颖且具有丰富内容和优美图片的宣传册、多品种旅游景区音像制品、鲜明突出的路标设计等方法展示旅游景区与众不同的个性特点，不断强化品牌形象。

（三）旅游景区品牌的经营策略

以旅游景区的可持续发展为目标，不断提高旅游景区的品牌价值。具体可以采取品牌延伸和品牌扩张两种方法。品牌延伸是把一个现有的品牌名称使用到一个新类别的产品上。在品牌延伸后，不同的产品，如旅游交通、文化、纪念品、餐饮、旅行社等彼此共享同样的品牌名称和品牌意义。这样做，可以缩短游客对旅游景区产品的认知过程，延长旅游景区新产品的生命周期。品牌扩张是利用自己的品牌在市场上的号召力和影响力，扩大实力、经营范围和内容，其意义不在于主业的转移，而是要在不同的两个行业领域同时经营，利用相互的影响作用取得综合的经济效益。

（四）加强旅游景区品牌的管理和监督

旅游景区应制定相关的品牌管理制度，明确使用旅游景区品牌的标准，加强对现有使用该旅游景区品牌产品的清理，去其糟粕，取其精华，防止鱼目混珠。对不符合品牌标准的产品和服务，应立即停止使用，取消其使用资格，同时给以相应的经济处罚，整顿旅游景区的秩序。此外，还要以旅游景区已经形成的强大品牌形象号召力，设计和策划出更多的旅游景区产品，不断进行旅游景区的品牌创新，通过多样化的消费方式与手段，满足游客的需求，使旅游景区的品牌价值得以持续提升。

学习效果检测

1. 同学思考一下，让你印象深刻的景区是从哪些方面体现的差异定位。
2. 如何更好地利用现在传播手段打造景区品牌。

项目小结

旅游景区是旅游业发展的基础，也是旅游业发展的主体。认识旅游景区、旅游景区产品、旅游景区产品组合因素，科学地进行旅游景区营销，以目标游客为中心，对旅游产品的构思、定价、促销和分销进行计划和实施，满足游客需求和实现景区经营目标。景区持续发展要注意对景区品牌的塑造和维护。

旅游景区营销策划程序包括：景区市场营销环境分析、景区市场调查与预测、景区目标市场选择和定位、市场营销策略的制定、景区市场营销控制与管理，掌握并科学制定旅游营销策划方案是进行旅游营销的前提。旅游景区营销策划需要确定完备的景区产品营销组合、正确地选择和确定客源市场、科学地给旅游景区产品定位、拓展旅游景区市场等。

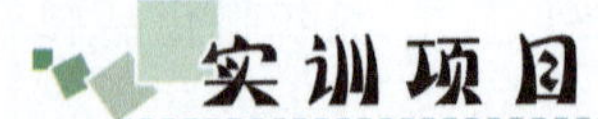

旅游景区营销策划

一、实训目的

1. 树立旅游景区营销策划理念。

2. 掌握旅游景区营销策划流程、体例。

3. 树立旅游景区品牌经营意识，做好品牌建设与塑造。

二、实训组织

据教学班级学生人数来确定数个小组，每一小组人数以 5～8 人为宜，小组中合理分工。在教师指导下统一认识、统一口径、基本统一判断标准；而后进行选题并分别采集不同的资料和数据，并以小组为单位组织研讨，在充分讨论基础上，形成小组的策划方案。

三、实训要求

（一）综合认识旅游景区营销策划

1. 认识旅游景区产品内涵。

2. 认识旅游景区营销策划。

3. 掌握旅游景区营销策划的流程。

（二）旅游景区营销策划流程

1. 结合地区旅游景区发展现状，对一具体旅游景区进行调查，按照策划流程进行基本分析。

2. 应用所学策划理论知识，完成所调研景区的旅游营销策划方案，同时对品牌建设提出系列建议。

拓展案例

沉浸式红色旅游成年轻人“新时尚”

运用互联网技术，加入答题闯关、城市户外定向等时下流行的活动，中国蓬勃发展的红色旅游新增“时尚元素”，吸引更多年轻人主动探索发掘红色文化和历史。来自上海徐汇区枫林街道及东湖物业的一群年轻人近日参加了一场别开生面的“中共一大·回到1921”发现之旅。这是上海自去年 9 月推出的一条基于互联网的沉浸式红色旅游线路，沿途涵盖中共一大会址纪念馆、石库门优秀历史建筑群、复兴公园、多个上海老字号等地标。

与前往各景点被动地接受语音讲解、图文等信息不同，完成这条发现之旅他们需要主动探索：在手机端页面和现场提示的引导下，作为“当事人”接受“任务”，以中共一大会址纪念馆内的展品为线索逐个解开不同的谜团，“经历”相关的历史事件；随后，走出纪念馆并在附近方圆一公里内的地点与完成其他支线的队伍会合。推出半年多来，“发现之旅”吸引了大量团队游客报名参与。最年长游客年近七旬，最年轻游客不到20岁，超过八成游客是“80后”“90后”。年轻的游客们认为，这样的线路最吸引人的地方在于，以答题闯关了解历史、出人意料的路线设计具有较强的现场体验感和时尚感。上海红砖文化传播有限公司董事长介绍，除了客群多是年轻人，线路设计者也以“80后”“90后”为主。在上海市旅游局、中共上海市委党史研究室、中共黄浦区委宣传部、中共一大会址纪念馆等指导支持下，设计者们反复琢磨如何将活泼的互动体验和严谨的历史文献结合起来，线路设计过程就是一堂“红色历史课”。

数据显示，2017年中国纳入相关统计的18个红色旅游重点城市和109家红色旅游经典景区共接待游客8.01亿人次，同比增长13.30%。游客平均年龄为35岁，比往年更低。

“越来越多的中国年轻人被红色旅游吸引，他们在旅游过程中，更加深刻感受历史进步和时代变化。”中国旅游研究院院长说。业内人士分析，与游客需求与日俱增形成良性互动的是，更多的博物馆、纪念馆等红色景区景点引入互联网技术、流行的旅游活动元素，让此前相对单一的被动式参观活动变为形式多样、参与性强的主动探索活动。“沉浸式的旅行体验，让游客从历史的‘旁观者’变成了‘参与者’。”29岁的上海光明乳业团委负责人评价，“在主动学习过程中，游客对历史的学习印象更加深刻。”

资料来源：新华网，2018-04-08.

思考

阅读以上资料，分析红色旅游创新营销的意义。

旅行社营销策划

【学习方向标】

同学们，本项目主要讨论旅行社产品设计与营销策划的问题。先是从旅行社的概念及作用引入话题，接着认识旅行社产品的特征与设计原理，最后研究如何根据市场需求特点，采用不同营销组合策略，对不同的客户群体进行有效营销。

【学习目标】

★ 知识目标

1. 掌握旅行社营销的概念及在整体旅游市场营销中的地位与作用；
2. 把握旅行社营销目标及选择原则与方法，设计原理、开发方法与策划规律；
3. 理解旅行社营销渠道的特点、供应商的类型与选择的原理；

★ 技能目标

1. 具备能制定旅行社促销活动的能力；
2. 具备设计旅行社产品的能力；
3. 具备旅行社新媒体平台选择的能力。

★ 素质目标

1. 培养学生的学习观念，产品设计总在随着外部环境的变化而变化，学生要随时学习，掌握最新的产品设计思路及趋势；
2. 培养学生团队合作的素质。

拓展阅读　红色旅游发展迸发青春活力

今年以来，全国各地红色旅游热度持续攀升，红色旅游的吸引力和影响力越来越强。不少红色目的地不断创新内容和形式，与夜间旅游、科技时尚、乡村振兴等融合发展，使红色文化更加鲜活生动，红色旅游迸发出青春活力，越来越多“90后”“00后”的年轻人爱上红色之旅。

红色旅游持续升温

纵观今年的节假日旅游市场，红色之旅都是热门选择。人们学习革命历史、感受革命文化的愿望日益强烈，参观革命旧址、纪念馆、博物馆蔚然成风。携程红色旅游大数据显示，今年上半年预订红色景区门票的人数同比增长208%，较2019年同期增长35%。红色旅游、红色乡村、红色景区成为搜索最多的关键词。北京、江苏、湖南、上海、河北、陕西、江西、四川、浙江、河南、贵州等红色旅游资源丰富的目的地人气兴旺。

从2004年到2019年，全国红色旅游资源不断扩充，每年参加红色旅游的人次从1.4亿增长到14.1亿。其中，年轻人的占比越来越重，红色旅游市场年轻化趋势明显。携程报告显示，在今年出行的红色游客中，“80后”“90后”占七成，“00后”同比增长2.5倍，下单红色旅游景区的“90后”同比增长21%，“00后”更为活跃，同比增长165%。“80后”最爱带娃逛红色景点，三成家庭选择红色亲子游。

“红色旅游＋乡村旅游”带动了文旅产业高速发展。多地开发的“红色旅游＋乡村旅游”特色线路，助推乡村振兴。石家庄西柏坡红色胜典景区、沂蒙红色影视基地、大别山红色旅游区、西江千户苗寨这些结合了红色与乡村特色的目的地受到游客喜爱，这些景区今年的订单量相比2019年平均增长496%。

携程研究院战略研究中心副主任张致宁认为，随着爱国主义教育深入人心，青少年对红色文化更加向往，红色旅游市场不断焕发出生机与活力。同时，红色旅游目的地基础设施提质升级，服务质量明显提升。

红色体验鲜活起来

为丰富游客的游览体验，不少红色旅游景区推出夜间演艺，通过灯光、VR、沉浸式剧场等方式让红色故事“活”起来。苏州沙家浜风景区今年推出“横泾不夜天”文旅夜游项目，融沉浸式演艺、光影科技、民俗曲艺、街区观光、换装互动等于一体，带给游客立体化的夜游体验，门票订单量同比增长275%。

山东枣庄铁道游击队景区的“红色经典、缤纷夜游”游园活动受到游客喜爱。数百架无人机翱翔在景区上空，不断变换出人们熟悉的“党旗”“日出”“胜利”“火车头”“盒子枪”等经典红色造型。景区还利用裸眼3D的交互投影，让游客领略到铁道游击队景区不一样的景致。

山东沂南县常山庄是著名的“红嫂家乡”。当地人把“农家院”变成一个个实景小剧场，推出一系列红色沉浸式演出剧目。当游客进入小院后，可参与到演出互动当中。沂

蒙红色影视基地打造的沉浸体验剧《沂蒙四季·红嫂》吸引了大批游客，成为沂蒙红色文化旅游新亮点，今年门票的订单量相比2019年同期增长超过17倍。

江西日前推出了首部革命旧址沉浸式实景剧《那年八一》，故事以1927年南昌起义为主线，通过多主角、时空并行交汇的第三人称叙事方式，展现一代中国青年为八一起义谱写的热血壮歌。《那年八一》在革命旧址上实景创作，借助声光电技术给观众带来沉浸式体验。不同于传统舞台剧的坐着看，游客边走边看演出，还可以换上军装成为剧中角色，参与演出。

这种沉浸式体验营造出逼真的现场感，让红色旅游进一步"圈粉"年轻人。携程数据显示：今年上半年，红色景区兼夜游属性的景区订单量同比上涨75%。游客选择红色景区时，对夜游项目更为关注。"沉浸式红色夜游"成为红色旅游的新趋势。

红色旅游不断提升游客的体验感，从最初的在纪念馆或旧址参观红色文物展陈、坐在剧场观看红色演艺，到参与实景沉浸式演出，游客从参观者到参与者，真实地感受红色历史的脉动，体验红色文化的精神魅力。

红色旅游不断创新

很多红色旅游景区持续推动"红色旅游＋"，与多业态融合发展，积极拥抱智慧化、数字化，运用新技术不断带给游客眼前一亮的惊喜和全新的感官体验。红色文化高科技主题公园——赣州方特东方欲晓，运用4D轨道车电影、幻影成像剧场等高科技，打造互动性强的红色主题项目，尤其受到年轻游客的喜爱。

红色旅游还大力引入文博、文创、影视IP等要素，创新角色扮演、沉浸体验、户外拓展等新形式，推动红色旅游向着可互动、可参与、可体验的方向转型升级。以"红色旅游＋影视IP"联动为例，途牛旅游产品设计师向记者介绍："今年多部红色题材影视作品的热播，引发了年轻人对红色文化的浓厚兴趣。我们把年轻人的兴趣点融入红色旅游产品设计中，在与电视剧《觉醒年代》关联的新文化运动纪念馆、《新青年》编辑部旧址、李大钊故居等景点中，加入影视剧经典场景打卡内容，结合剧情调整导游词，形成影视场景和历史场景的深度互动，让年轻游客更有带入感地走进红色历史，感受红色文化。"

寓教于游的红色研学游受到家长和孩子的喜爱。途牛旅游在新推出的红色旅游产品中将红色旅游景点、历史情景再现、现场体验式教学进行深度整合。许多家长表示，红色旅游是学校之外不可或缺的"第二课堂"，希望与孩子一起通过穿红军服、走"长征路"、唱革命歌、吃忆苦思甜饭等方式，让年轻一代铭记峥嵘历史、赓续红色精神。

资料来源：人民日报海外版，2021年11月19日，第12版，作者：赵珊.

|思考|

红色旅游产品的创新点？

任务1　认识旅行社营销

任务提出及实施

1. 分析旅行社在旅游业中的地位与作用；
2. 了解旅行社的产品与营销的特点；
3. 掌握旅行社的产品设计与开发原则与程序。

请同学们在教师的讲解和引导下，学习应用知识储备，查阅相关资料，分组讨论完成上述任务。

任务关键词

旅行社营销新媒体营销

案例导入　甘肃：春季产品“新意足”

近日，“春风摇曳女人节·千名佳丽游古镇”活动在兰州市河口古镇景区举办。该活动邀请兰州市及周边省份的1 500余名女性游客，在春暖花开时节品美丽乡村、赏三江春韵、观特色演艺，创造了“千人团一日游”的佳绩。这是甘肃龙行天下国际旅行社特别推出的“新春开门红”促销产品，希望让更多游客走出家门，到甘肃省内一些生态资源颇佳的地方开展特色“春游”活动。

近段时间以来，与甘肃龙行天下国际旅行社一样，甘肃省内多家旅行社不断创新产品，抢抓春季旅游市场机遇。

去年，甘肃兰神国际旅行社联合兰州几家旅行社，面向兰州市民推出了一日游新品——“黄河娃·周游记”，吸引了很多市民游客到兰州周边开展“一日游”，市场反馈良好。“今年春季，我们重点开发周边游、一日游、两日游产品，研发小团、精品团、自驾团、房车团等，且主推中高端旅游团，升级大众旅游消费品质，丰富产品体系，让游客出行更加放心、安心。”甘肃兰神国际旅行社董事长裴建宏说。

甘肃龙行天下国际旅行社总经理邱诚说，去年，甘肃省内游市场复苏明显，一日游、短线游产品受到市场青睐。“今年，我们重新整合资源，力求吸引更多甘肃人游甘肃，同时拓展相邻省份客源，开发更加多元化的周边游、一日游产品。3月份以来，我们的‘一日游’产品几乎天天发团，周末人更多。”

一直以来，在游客心目中，兰州市内及周边的“一日游”产品已经有了固定模式。比如，到了4月赏花季，在兰州就是游览万亩什川古梨园景区，吃农家饭、游梨园、拍照。“今年，我们在用餐和游乐上进行了创新，提前对接了什川古梨园景区农家乐经营者和餐饮供销地，游客可以在成团前根据自己的需求选择餐饮服务，例如，在普通农家乐自

点饭菜，品尝我们搭配在线路中的当地特色农家饭。如果游客带小孩出行，我们还会专门挑选游乐设施齐全的农家乐，为孩子们提供儿童套餐，并赠送小风筝，让孩子们尽情享受放风筝的乐趣。类似这样的增值服务还有很多，我们正尽最大努力做得更完美。”甘肃西行盛世国际旅行社总经理马晓文说，在设计“一日游”新产品时，他们着眼兰州周边市场，设计了刘家峡摘草莓、太极岛钓鱼、畅游河口古镇、什川古梨园赏花吃火锅、临洮岳麓山赏春等主题产品，增加了更多互动体验环节，且配套设施配备完善。

“今年春季，我们仍以敦煌市周边短线游产品为主。在敦煌市内，游客可以参观红色圣地、走玄奘之路、打卡戈壁清泉，在郊区，可以放风筝、体验户外瑜伽等。此外，我们新推出了以疗愈为主题的产品，让漫游体验成为定制旅游的主打方式。”甘肃敦煌天地旅行社总经理张海蓉认为，这些自我疗愈漫游式的旅行产品，非常适合现阶段的旅游需求。

张海蓉介绍，4 月下旬，甘肃敦煌天地旅行社将发起一起戈壁远征徒步赛事活动——“行无疆戈壁远征丝绸古道徒步挑战赛”。另一场旨在弘扬长征精神的徒步赛事活动，也在逐步推进。

“目前，多元化的新产品更易受游客青睐。我们打算把兰州市内的河口古镇、激光水舞秀、兰州水墨丹霞旅游景区等串联成线，于 5 月推出集乡村旅游、文化体验、地质研学、自然观光为一体的新产品，满足游客的多层次需求。”甘肃金桥旅行社负责人苏自立说。

在甘肃兰神国际旅行社的春季旅游产品体系中，乡村旅游也是非常重要的一部分。今春，该社推出的“春绿金城花开兰州，乡村美景正当时”新品，包括 4 条兰州市内短线游和甘肃周边省份短线游产品。其中，“兰州市内短线游产品耗时短、团费低、游客满意度高，周边省份短线游主要是乡村旅游产品，囊括了当地的特色景点、网红打卡地和最佳赏花点，相信会迎来一个春季旅游的小高潮。”裴建宏说。

3 月至今，甘肃众程国际旅行社组织兰州市内 5 000 余名中小学生开展了致敬“卫国戍边英雄”陈红军烈士爱国主义教育实践活动。“我们推出的‘缅怀先烈·致敬伟大祖国’红色主题教育活动，吸引了兰州市很多中小学校。我们想通过这样的红色教育活动，让孩子们铭记历史、缅怀先烈、珍惜现在的美好生活，做一名爱党、爱国、爱家、爱自己的新时代好少年。”该社负责人宗欣说，4 月，该社还将推出一系列以弘扬爱国主义精神、传统文化等为主题的研学旅游产品。

据马晓文透露，甘肃西行盛世国际旅行社正在策划春游踏青红色之旅系列产品。如，“红军在甘肃”系列，将串联甘肃省内的会宁红军会师旧址、哈达铺红色旅游景区、茨日那毛主席旧居、俄界会议遗址景区等红色景点，同时，再加入一两个当地极具特色的景区。省外的春游踏青红色之旅，将以延安革命纪念地、枣园旧址、井冈山等地作为目的地。“目前，这些产品仍在策划中。”

此外，甘肃省内一些旅行社也在联合研学机构设计一些研学旅游新产品。比如，在原有校外综合实践课程的基础上，对课本进行深度挖掘、题材创新，推出涉及农业、工业、科普、传统文化、考古、军事等多个主题的研学旅游课程，让学生们在学习之余，走进大漠戈壁、丹霞砂林、绿洲草原，进一步提升研学旅游的体验感。

来源：搜狐旅游频道，2021-04-02.

| 案例分析 |

现在旅行社产品创新路在何方？

应用知识储备

一、旅行社营销

（一）旅行社的作用

旅行社主要为旅游者代办出境、入境和签证手续，招徕、接待旅游者，为旅游者安排食、宿、交通、游览等服务，业务涉及市场调研与产品设计、产品促销、旅游咨询服务、产品销售、旅游服务的采购、旅游接待和售后服务等。

目前，旅行社在传统旅游业运营与组织过程中起到核心和不可替代的作用，因为旅行社是聚集旅游服务供应部门的中心，旅游者进行旅游活动，需要各种旅游服务，如交通、住宿、餐饮、游览、娱乐、购物等，旅行社从不同的旅游服务供应部门或企业采购各种旅游服务产品满足旅游者需求。而且旅行社是连接旅游者和旅游服务供应部门的纽带，一方面，旅游者通过向旅行社咨询，能了解旅游目的地的各种旅游服务供应部门或企业的产品，部分旅游者只有向旅行社购买经过打包后的旅游产品，并在旅行社的直接或间接服务下才能实现旅游活动；另一方面，旅游服务供应部门或企业需要通过作为主要营销渠道之一的旅行社，实现对旅游客源市场上的大部分销售。

但在经济发展飞速的时代，旅行社在旅游大产业链中属于第三方的身份，如果旅行社还是只作为中介渠道而存在的话，其存在价值将大幅度降低。在线旅游企业（OTA）挤占了传统旅行社生存空间的情况下，传统旅行社需要依靠自己的产品策划能力和产品设计能力发掘出自己新的生存空间。

（二）旅行社营销的内容

旅行社在充分了解旅游者需求的基础上，对其产品、服务和经营理念的构思、预测、开发、定价、促销、分销及售后服务计划的制订和执行过程就是旅行社营销。

旅行社的产品主要为旅游线路，这些产品具有无形性、服务性等特点，这些特点决定旅行社的营销是一种服务营销，因此旅行社的经营管理者应树立服务营销观念，在经营管理过程中，采用服务营销策略，以提供符合目标市场旅游者主要需求的产品，提高旅游者的满意度和信任度。

(三)旅行社产品及其形态

旅行社产品是旅行社为满足旅游者的需要而提供的各种旅游服务及相关物质条件的总和。旅行社销售的旅游线路中的食、住、行、游、购、娱等各个部分均可成为独立销售的产品。旅行社产品的形态通常有6种。

(1)单项服务。也称零星代办业务,或委托代办业务。旅行社根据旅游者的具体要求而提供各种有偿服务,如导游服务、交通集散地接送服务、代办交通票据和文娱票据服务、代订酒店客房服务、代办签证服务、代客联系参观游览项目服务等。

(2)包价旅游。包价旅游有团体包价旅游和散客包价旅游两种。包价旅游一般针对10人以上的团体。主要内容有:依照规定提供酒店客房、一日三餐、固定的旅游用车、导游服务、交通集散地的交通服务、游览门票、文娱活动入场券、全陪服务等。旅游者参加团体包价旅游的好处是省钱、省心。省钱是指旅游者可以从旅行社获得优惠价格,而且由于可预知旅游费用,旅游成本较易控制。省心是指旅游活动由旅行社统一安排,旅游者可在熟悉的氛围中,在导游的陪同下度过自己的旅游生活,有安全感。

(3)半包价旅游。半包价旅游是指在全包价旅游的基础上,扣除中晚餐费用的一种包价形式。这种产品的形态可以降低产品直观价格,增强产品竞争力,同时也可以方便部分旅游者。

(4)小包价旅游。小包价旅游的名称是针对团体综合包价提出的,外国旅游者称之为可选择性旅游。对旅游者来说,小包价旅游具有经济实惠、机动灵活、舒适安宁等多种优势。参加小包价旅游的旅游者一般有以下特点:对导游的要求高;希望有一个较为宽松休闲的游程安排,而不是走马观花;希望在吃、住、行方面有比较好的条件;希望三五人独立成团,不喜欢参加大规模的旅游团队。

(5)自由包价旅游。自由包价旅游又称零星包价旅游,是指所有旅行时间由旅游者自己支配的旅游包价形式。

(6)组合旅游。组合旅游是指旅游者分别从不同的地方来到旅游目的地,然后由当地事先确定的旅行社组织活动的一种旅游产品形式。组合旅游的特点是追求异质文化,开阔眼界,增长知识。

二、旅行社产品设计

(一)影响旅行社产品设计的因素

1. 资源赋予

资源赋予是指线路上拥有的旅游资源的状况。与旅行社产品开发密切相关的资源因素主要有自然资源、人文资源、社会资源和人力资源。

2. 设施配置

设施配置是指与旅游者旅游生活密切相关的服务设施和服务网络的配套情况,主要包括食、住、行、游、购、娱6个方面,它是旅游者实现旅游目的的媒介,是旅游者旅游活动的重要组成部分。

3. 旅游需求

旅游需求是指旅游者在一定时间内愿意以一定的价格购买旅游产品的数量。旅游需求不仅与旅游者的消费水平有直接的关系，而且也反映出旅游者的兴趣。因此，从某种意义上讲，旅游需求决定着旅行社产品开发的方向。

4. 行业竞争

旅行社在选择产品开发方向之前必须将自身的各方面条件与竞争者加以比较，从而辨别竞争的优势与劣势所在。在选择新产品开发之前，需要了解竞争者的有关信息，如明确企业的竞争者、竞争者的策略、竞争者的优势等。

(二)旅行社产品设计的原则

1. 独特性原则

要求尽可能保持自然和历史形成的原始风貌；尽量选择利用带有“最”字的旅游资源项目，以突出自己的优越性，做到“人无我有，人有我优”。

2. 经济性原则

经济性原则是指以同等数量的消耗，获得相对较高的效益，或以相对较低的消耗，获得同等的效益。这就要求旅行社要加强成本控制，降低各种消耗。例如，通过充分发挥协作网络的作用，降低采购价格，这样既可以降低旅行社产品的直观价格，便于产品销售，又能保证旅行社的最大利润。旅行社产品的总体结构应尽可能保证旅行社的接待能力与实际接待量之间的均衡，减少因接待能力闲置而造成经济损失。

3. 市场性原则

市场原则具体体现在根据市场需求变化状况设计旅游线路。对于大众旅游者来说，以下需求具有代表性和稳定性：去未曾到过的地方，增广见闻；从日常的紧张生活中求得短暂的解脱；尽量有效地利用时间而又不太劳累；尽量有效地利用预算，购买价格优惠且新奇的东西。

4. 丰富性原则

旅游线路一般应突出某个主题，并且要针对不同性质的旅游团确定不同的主题，如“草原风光旅游”“中国名酒考察旅游”等，并围绕主题安排丰富多彩的旅游项目。在同一线路的旅游活动中，力求形成一个高潮，加深旅游者的印象，达到宣传目的。同时，旅游活动内容切忌重复。

5. 合理性原则

合理的日程安排有助于增加旅游线路的吸引力。安排旅游线路一定要注意劳逸结合、科学多样。旅游线路如何走向、怎样停顿，关系到旅游的效果。旅游线路设计必须做到旅速游缓，择点适量，错落有致，渐入佳境，避免重复。

(三)旅行社产品的开发程序

旅行社产品的开发要经过分析构思、方案筛选、试销、投放市场、检查评价等相关步骤

后方能确定。

1. 分析构思阶段

分析构思阶段包括构思创意和调查分析。创意来自对旅游者需求进行的调研；从竞争对手的产品寻找到的启发；从其他相关信息处得到的启示等。调查是指调查新产品的发展前途、销售市场、竞争态势、内部条件和研究国家对旅游业的相关政策与法律。

2. 方案筛选阶段

方案筛选是指旅行社专业技术人员根据直观的经验判断，剔除那些与旅行社发展目标、业务专长和接待能力等明显不符或不具备可行性的想法，缩小有效构思的范围。

旅行社专业技术人员在进行方案筛选时，要尽量避免以下情况：一是误舍，即因对某种优等构思创意方案的潜在经济价值估计不足而予以舍弃，从而丧失良机；二是误用，即因对某种一般甚至较差的方案潜在的经济价值估计过高，而予以采用，招致损失。

3. 试销阶段

试销，即在产品设计方案确定后，要着手进行的试验性销售。试销的目的是检验市场经营组合策略的优劣，了解产品销路，以便及时发现问题、解决问题。

试销阶段要特别注意以下事项：试销的规模要适中；提供的产品要保证质量；充分估计各种可能，有备无患；经试销证明的确没销路的产品，切忌勉强投入市场。

4. 投放市场阶段

如果试销后发现该旅游产品受到目标市场的欢迎，且盈利前景不错，就可以大量投放目标市场，并配以大量的广告宣传与促销措施。各旅行社可根据自身能力确定本年度的广告预算额，一般来说，广告费用为上年度总收入的20%左右。

5. 检查评价阶段

(1)盈亏平衡分析。分析该产品的销售总收入与总成本(包括固定成本与变动成本)的情况，以确定产品的盈亏情况。

(2)填写评价表。根据分析结果，填写评价表。

(3)经检查评价后，如果发现产品盈利前景较好，销售增长率较高，可建议继续推进，否则应对该产品进行更新改造或取消。

(四)旅行社产品开发的趋势

1. 升级换代速度加快

一方面旅游者兴趣变化速度快，一般的旅游新产品只能引领行业1～2年甚至几个月；另一方面许多新的投资纷纷投向旅游行业，现有旅游企业又在加快扩张速度，使供求关系发生重大变化，加快了现有产品的“老化”速度，旅游企业之间竞争进一步趋向白热化，“一招鲜，吃遍天”的时代早已成为历史。这种现状迫使旅游企业不得不加快旅游新产品开发速度，以“新”取胜，即使一些知名度很高的旅游景点也要尽可能推出新产品、新项目，以迎合变化着的旅游者需求。

2. 科技含量进一步提高

在旅游产品开发中，越来越多地采用高科技手段，大大提高了对旅游者的吸引力。高科技的广泛运用可节省旅游产品开发的成本。

3. 特色化趋势

为满足旅游者的个性化需求，一些旅游企业在特色上大做文章，标新立异，以“特”取胜，很受旅游者欢迎。

4. 绿色化趋势

绿色旅游产品几乎涵盖了旅游消费的所有方面：绿色旅游线路和绿色景点，如生态旅游线路，无污染、纯天然的绿色景点等；绿色旅游交通，如景区为保护环境使用环保专用车；绿色饭店，如绿色客房、绿色餐饮等；绿色旅游商品等。许多旅游企业争相开发绿色旅游产品，以满足旅游者的绿色消费需求。

三、旅行社产品发展趋势

“十四五”时期我国将进入新发展阶段，要畅通国民经济循环为主构建新发展格局。经济内循环时绝大部分消费都在国内完成，这意味着刺激消费将成为未来一段时间的主旋律。旅游业能够释放巨大的消费需求，是刺激消费的主力军。

（一）传统旅游组织方式改变

团队游仍有生存空间，但需要对团队游的内涵进行创新。其中小规模、定制化、家庭型的旅游团队会是团队游的主力；小规模、自组织、家庭型、开放性，户外休闲产品、个性化定制产品、小团深度游产品会成为发展主流。

（二）旅游内涵转变

旅游需要融合化发展，不仅包括旅游与文化的融合，也包括旅游与科技、旅游与生态、旅游与工农业等产业、旅游与教育等各个方面的融合，需要从更宽广的视野去开发旅游产品。

（三）旅游产品类型转变

传统旅游产品市场逐渐萎缩，而自组织旅游产品增长异军突起。如自驾游、亲子游产品今年增长速度加快；周边游产品将占据相当一段时间内的主流；同教育结合的研学产品也将是未来一段时间的主力产品。

（四）科技力量为旅游注入新鲜血液

科技是第一生产力，当前 AR、VR、AI、5G 等数字化的应用场景已在许多景区、酒店、旅行社等旅游领域普及并应用，为旅游者出行的各个环节提供更个性、更品质的服务，科技已成为旅游发展新动能。科技与旅游的良性互动与深度融合将拉近科技与普通人的距离，也会赋予旅游深层次的意义与价值。这样的融合不仅可取得经济效益和社会效益，还可促进科技成果的宣传和交流，促进发明创造和科学探险事业的发展。据同程艺龙与马

蜂窝旅游网发布的《新旅游消费趋势报告 2019》显示，AI、AR、VR 等技术在旅游行业的应用对旅游消费产生深刻影响，95%的旅游者会在出行前浏览这类旅游内容。

（五）红色文化效应凸显

中共十九大报告指出，中华革命文化是我们中国特色社会主义文化的优势之一。2019 年全国两会期间，习近平总书记也谈道："共和国是红色的，不能淡化这个颜色。"自改革开放以来，人们的物质生活得到极大的改善，但心灵生活的改善没有跟上，人们希望从精神富足的革命者身上发现生命的真正意义，红色文化满足了人们心灵的需求。红色文化激励了中华儿女为理想信仰而拼搏奋斗。中国革命的历史进程，革命者的丰功伟绩，革命旧址和遗物展现的场景，是感动和教育后来人的最佳题材。

（六）乡村旅游大势所趋

2018 年 10 月，国家发展和改革委员会等 13 个部门联合印发《促进乡村旅游发展提质升级行动方案（2018 年—2020 年）》，提出"鼓励引导社会资本参与乡村旅游发展建设"，加大对乡村旅游发展的配套政策支持。此前，2018 年中央一号文件明确提出关于"实施休闲农业和乡村旅游精品工程"的要求。《中华人民共和国国民经济和社会发展第十四个五年规划和 2035 年远景目标纲要》提到"壮大休闲农业、乡村旅游、民宿经济等特色产业"，开发休闲农业精品线路和乡村旅游线路势在必行。

（七）文化和旅游融合发展

在大众旅游时代，文化需求是旅游的动因，旅游活动是文化的载体。文化资源是旅游的核心资源。《中华人民共和国国民经济和社会发展第十四个五年规划和 2035 年远景目标纲要》提到"深入实施中华优秀传统文化传承发展工程，强化重要文化和自然遗产、非物质文化遗产系统性保护，推动中华优秀传统文化创造性转化、创新性发展。健全非物质文化遗产保护传承体系，加强各民族优秀传统手工艺保护和传承。"明确提到文化和旅游密不可分，因此关注文化和旅游的融合事关重要。

四、旅行社产品设计思路

旅行社产品是旅行社根据旅游市场需求，采购并组合吃、行、住、游、餐、购、娱等单项产品，融入自身的服务业务、向旅游者提供的在旅游活动过程中的全部产品和服务的总称。以下仅从 3 个方面介绍旅行社的产品设计思路。

（一）乡村旅游产品设计思路

首先，要分析周边的可用资源及该旅游产品的客源市场，找出客源市场的出游规律、整合该旅游产品与其他产业，打造产业链；其次，分析旅游者的需求，针对旅游者需求打造乡村游产品；最后，要结合线上线下营销手段面向客源市场推广，例如，使用微信公众号，小程序，抖音、快手等平台为载体搭建乡村游网站。

（二）红色旅游产品设计思路

红色旅游活动主要是以中国共产党在革命和战争时期建立的丰功伟绩所形成的以纪

念地、标志物为载体，以所承载的革命历史、革命事迹和革命精神为内涵，组织接待旅游者开展缅怀学习、参观游览的主题性旅游活动。在设计红色旅游产品时，首先，要调研产品的受众，根据该项目的实际条件设计深入的体验互动，增强参与人员的沉浸感和认同感；其次，要注意科技在产品中的融入，采用多媒体技术等现代科技打造红色旅游产品，能够让红色精神内涵展现得更为立体。

（三）研学产品设计思路

区别于传统的旅游形式，研学旅行是教育部门、学校和旅游部门开展的有目的有组织的将研究性学习和旅游体验相结合的全新校外教育活动，是学校教育的延伸。研学旅游本质上还是以教育产品。

研学旅行产品是集课程设计、研学基地、研学线路设计、研学导师以及配套服务等要素于一体的综合体系。这些因素相辅相成，缺一不可。参照文化和旅游部的《研学旅行服务规范》（LB/T054－2016），研学产品可划分为五类，即自然观赏型产品、知识科普型产品、励志拓展型产品、体验考察型产品和文化康乐型产品，不同类型的课程也对应着不同的资源要求。

课程是研学产品设计的中心；研学线路的形式，承载着课程，关联着基地、导师、服务等各种要素；研学导师是研学产品质量的直观表现，也是研学课程的实施者，研学基地等配套服务要素是研学产品的保障体系。研学旅行产品打造要综合考虑以上因素。

学习效果检测

1. 目前，旅行社的作用和地位怎样？旅行社营销的意义有哪些？
2. 旅行社产品的开发与设计程序要注意什么原则？
3. 旅行社研学产品设计思路是什么？

任务 2　制定旅行社销售渠道策略

任务提出及实施

1. 分析旅行社的营销渠道与其他旅游企业有何不同；
2. 了解旅行社营销渠道策略的制定原则；
3. 调查本地某大型旅行社制定并实施某营销渠道策略后的得与失，并提出改进建议。

请同学们在教师的讲解和引导下，学习应用知识储备，查阅相关资料，分组讨论完成上述任务。

案例导入 **泰国国家旅游局局长联手携程直播带货大卖4千万：热烈欢迎中国游客回归**

泰国是亚洲最早放开旅行限制的国家之一，正在重新受到全球旅行者的瞩目。自2022年4月1日泰国放开入境政策至今，携程集团旗下各平台，全球用户赴泰机票预订量已恢复至疫情前近八成。

来自中国内地旅客的预订则从近期开始呈现直线上升。2022年12月27日中国官宣放开入境政策至今，短短两周多时间，内地用户预订泰国四星级、五星级酒店的订单量迅速恢复至疫情前同期的四成。

旅游热情高、消费能力强的中国游客是疫情前泰国旅游市场最大的客源群体，为更好吸引这批游客的回流，2023年1月11日晚，泰国国家旅游局与携程集团共同打造泰国针对中国游客的首场旅游带货直播，局长育塔萨在携程BOSS直播间用中文向逾千万观众喊出"中泰一家亲!"，欢迎中国游客的到来。

泰国对中国游客期待已久。泰国国家旅游局此前预估，2023年泰国接待国际游客的目标数量为2 000万。而自中国宣布放开入境政策之后，泰国方面迅速将该目标上调至2 500万。

出行数据也显示，阔别三年之后，中国游客赴泰旅行需求迅速反弹。根据携程数据，在入境政策正式放开后的三天(2023年1月8日—1月10日)，内地游客赴泰旅游整体预订量已达到2022年第一季度的八成，而如果与2021年第一季度比较，则已经完全追平并增长近70%。

在11日晚的携程BOSS直播间，泰国国家旅游局局长育塔萨就表示，自己在听说了中国放开入境政策之后很激动，"十分欢迎中国朋友来泰国旅游。"现场，育塔萨局长还向中国游客送上三份泰国特色礼物——代表真诚和欢迎的手工编织花环、蕴意传统文化的小象玩偶以及经典美食芒果糯米饭，分别代表泰国对中国游客的热切期盼、泰国的特色文化以及受到许多游客追捧的逛吃旅行亮点。

这场落地曼谷的直播是国内旅游平台在中国放开入境政策后的首场出海直播，也是泰国针对中国游客的首场旅游带货直播，吸引了海内外超1 000万观看热度。用户全天下单热情高涨，当日泰国产品订单量超过11 000单，总间夜超20 000间，GMV累计突破4 000万元。

携程集团副总裁孙天旭在接受采访时表示，"本次与泰国国家旅游局的合作效果完全超出预期，携程相关团队正在持续为用户调货，以满足更多需求。同时，我们认为中国旅客赴泰的旅游欲望将持续增长，随着未来航班量恢复和政策便利、假期效应叠加，预计到今年'五一'，泰国旅游将迎来爆发点。"

泰国民航局此前透露，已有多家航空公司的中泰航班获准在第一季度内从原来每周的15班次增加至每日20班次。中国外交部发言人汪文斌1月11日也在例行记者会上表示，中方将增加往返泰国等国直航航班，为中国游客前往旅游提供更多便利。

中泰旅游的热度上升趋势从最近的春节假期可窥一二。携程数据显示，距离春节倒数十天，12 月 27 日至 1 月 11 日，在平台预订春节假期跨境旅行的订单中，泰国已成为断层第一。同期，泰国赴中国的旅行预订同比增长 101%。

孙天旭介绍，泰国放开入境限制半年多来，海外游客量恢复明显，各项数据都显示其已经经过了压力考验。此次携程“超级全球游”海外直播首站选择落地泰国，正是基于对泰国旅游市场的看好以及泰国旅游在全世界范围内的影响力。未来，携程“超级全球游”将继续强化与海外目的地的战略合作，将国内的技术和经验输出到其他国家和地区，助力目的地跨境旅游市场加速高质量复苏。

资料来源：扬子晚报 2023-01-12

| 案例分析 |

请问为什么泰国国家旅游局要联手携程呢？

应用知识储备

一、认识旅行社销售渠道

1. 旅行社销售渠道的含义

旅行社销售渠道是指旅行社将生产出来的产品，在适当的时间、地点，以适当的价格提供给游客时，这些产品所经历的各个中间环节连接起来的通道。

2. 旅行社销售渠道的类型

旅行社产品销售渠道类型与前述的普通旅游产品营销渠道一致，分为直接销售渠道和间接销售渠道两种。

与直接销售渠道相比，间接销售渠道由于增设了中间环节及扩大了合作者队伍，旅行社销售活动的辐射范围增大；销售活动深层次的内容也得以发展。但是，旅行社在经营间接销售渠道中，对销售活动的控制力减弱，难以控制产品的最终售价；费用结算相对较慢，容易延缓旅行社资金周转的速度；同时，旅行社需支付中间商一笔佣金，也增加了旅行社的成本。

二、旅行社营销中间商的选择

（一）旅游中间商的类型

中间商是指介于旅行社与游客之间，从事转售旅行社产品，具有法人资格的经济组织或个人。如旅游经纪人、旅游代理商、旅游经销商、旅游批发商、旅游零售商、在线旅游网站等。

（二）选择旅游中间商的标准

（1）应具有良好的信誉。良好的信誉是旅行社与中间商合作的基础。

(2)目标市场一致。旅行社在选择旅游中间商时,要关注中间商的目标市场是否与旅行社的目标市场相一致。

(3)应具有较强的销售能力。销售旅行社产品是旅游中间商的工作核心。衡量旅游中间商的销售能力,旅行社可以通过其经营策略、分销能力、经济实力等方面来考察。

(4)控制适当的中间商数量与规模。旅行社在同一地区选择中间商,应数量适当、规模适当。

(三)旅游中间商的管理

1. 建立中间商档案

中间商档案可包括不同内容,可详细可简单,但要包括中间商的基本信息。中间商档案信息的积极备案在旅行社与中间商合作过程中起着决定性作用。

2. 中间商的激励

旅行社应不断采取相应的激励措施,最大地发挥中间商的销售职能。旅行社通常会采用如下刺激方式:利润刺激、资金支持、信息支持。

3. 中间商的协调

为保证销售渠道畅通,旅行社应尽量使各中间商结成利益共同体,协调各中间商以合作为主。

销售渠道的冲突会带来损失,为了将损失降到最低,协调好中间商的经营,旅行社可依据具体情况采取适当措施,通常可采用如下几种方式:共同目标法、互相渗透法、责权利法。

4. 中间商的调整

市场变化迅速,经常令旅行社应接不暇。旅行社应当不断调整中间商队伍,可采用增减中间商数量、增减销售渠道等手段,确保销售渠道的畅通。

三、旅行社销售渠道策略

旅行社在销售活动中,会同时采用直接和间接销售渠道。对于近距离的目标市场,旅行社多会采用直接销售渠道。而对于庞杂、分散的目标市场,旅行社多会采用间接销售渠道,借助各类型中间商的力量,扩大旅行社销售活动的辐射空间。间接销售渠道通常采用以下三种销售策略:

1. 专营性销售渠道策略

专营性销售渠道策略是指在特定旅游市场只选择一家中间商的销售策略。这种策略的优点是能有效调动中间商的积极性,利益、信誉的捆绑式利害关系便于旅行社对中间商进行有效的控制。但这种策略也存在缺点,如灵活性较小,不利于游客分散购买。中间商选择不当或中间商经营失误,将会对该地区的旅游市场造成重大损失。

2. 广泛性销售渠道策略

广泛性销售渠道策略是指旅行社在销售渠道中尽可能选取更多的中间商，扩大市场销售面。这种策略通常适用于开拓新市场之初，便于旅行社寻找和确定长期的合作伙伴。这种策略的优点是可吸纳更多客源，渗透目标市场。其缺点是中间商过于分散，控制难度大，信息反馈缓慢，还可能引发中间商争夺客源的冲突。

3. 选择性销售渠道策略

选择性销售渠道策略是指在一定市场中，旅行社在众多中间商中，只选择那些素质高、销售能力强、能给游客提供针对性服务的中间商作为合作伙伴。这种策略适用于档次高、专业性强的旅游产品。这种策略的优点，有利于旅行社将主要力量放在主要目标市场上，可以有效扩大销量，同时中间商的减少可降低渠道费用。其缺点是，对于中间商的选择要格外慎重，选择不当会极大地影响该市场的产品销售。

四、新媒体营销策略

（一）认识新媒体营销

新媒体是相对于传统媒体而言，是在报刊、广播、电视等传统媒体以后发展起来的新的媒体形态，是利用数字技术，移动技术，通过网络等渠道以及电脑、手机等终端，向用户提供信息和娱乐的媒体形态。

新媒体营销是现代时期的主要营销方式，它随着网络技术的发展而更新。目前是以微博、抖音、小红书等新媒体平台为基础，进行的产品和品牌的推广。

（二）新媒体营销的优势

1. 互动性高

新媒体能够增加消费者的互动性，可以取得更好的传播效果。企业在新媒体营销过程中可将品牌融于与消费者的互动活动中，融于口碑当中，形成传播源。

2. 降低营销成本

由于新媒体平台成本较低，营销可进行低成本的传播。比如在新浪微博建立官方微博账号，在腾讯 QQ 建立粉丝群等，成本很低。新媒体时代可以形成传播链，传播速度很快。

4. 方式多样

新媒体营销方式很多，可以根据产品的类型和受众人群选择最合适的营销方法，也可以结合其他营销方法。

5. 可以利用大数据进行精准定位

在新媒体营销中由于有大数据作为分析基础，旅行社可以实现更精准的定位，反过来，大量的客户涌入新媒体平台，又在不断充实大数据库。

（二）旅行社新媒体营销方式

新媒体可以呈现许多形式，主要有文字、图片、音频、短视频、H5 动态页面等。

(1)文字。文字是新媒体营销中最常见的形式,文字创作比较简单,但新媒体营销中文案却有很高的门槛。一般来说,一篇好的文案不需要清晰的表达和逻辑,但文字风格需要长时间的磨合,不同的内容需要用不同的文风来表达。

(2)图片。图片非常直观,可被转载,且表达的内容更加清晰和准确,但缺乏深层的互动。

(3)音频。用音频进行营销,不需要眼睛即可实现营销,但缺乏相应的图像,有可能无法使受众产生深度记忆。

(4)短视频。用短视频进行营销,内容可以做到非常丰富,容易打造自己的风格,但拍摄要求较高。

(5)H5 动态页面。可以在链接中插入视频、图片、文字、音频等,可利用各种创意的设计进行营销,互动效果好,但制作周期相对较长。

(三)合适的新媒体营销渠道

新媒体营销的渠道,即新媒体营销的平台,是消费者获取信息的来源。新媒体营销并不是单一地通过某一种渠道进行营销,而是需要利用多种渠道整合营销。新媒体营销的渠道主要包括以下几种:

(1)微信公众号。微信包括订阅号和服务号,针对已关注的用户形成一对多的推送,推送的形式多样,包括文字、语言、图片、视频等,并且基于微信本身庞大的用户基础,传播效果遥遥领先于其他渠道。

(2)新浪微博。微博较微信更为开放,互动更加直接,推送不受数量和时间的限制,形式多样,并且因其开放性而容易造成爆炸式的传播效果。

(3)社交网站。包括天涯、豆瓣、猫扑、人人等网络社区,这些网站有其对应的用户群体,网站内部也有多种玩法,例如豆瓣日志、豆列、小组等,也具有良好的传播效果。

(4)问答平台。以这几年发展较快的知乎、分答等平台为主,这些平台重视内容本身,在站外搜索引擎上的权重较高,常形成用户分享信息的发源地。

(5)视频网站。以腾讯、优酷、爱奇艺等视频网站为代表,品牌可以直达用户,更好地与传播内容相融合,并且可以通过弹幕等方式及时获取用户反馈。

(6)短视频平台。以抖音、快手等应用为代表,短视频符合受众移动端使用习惯,在视频移动化、资讯视频化和视频社交化的趋势带动下,短视频营销正在成为新的品牌风口。

学习效果检测

1. 旅行社间接营销渠道的优缺点有哪些?
2. 新媒体营销的优势在哪里?
3. 选择旅游中间商的标准是什么?

任务3　旅行社的促销策划

任务提出及实施

1. 了解旅行社促销策划应注意什么事项；
2. 分析影响旅行社促销活动的因素；
3. 为本地某旅行社进行一次促销活动策划。

请同学们在教师的讲解和引导下，学习应用知识储备，查阅相关资料，分组讨论完成上述任务。

微课

旅行社的促销策划

任务关键词

旅行社促销、旅行社促销组合策略

案例导入　在京团队游业务按下“重启键”

近日，北京市发布最新防控措施，自2022年6月6日起，除丰台区全域及昌平区部分区域外，有序恢复正常生产生活秩序，北京市旅行社市民在京团队旅游恢复经营。随着本轮疫情形势不断向好，全市各行各业也稳步进入到复工复产中。

消息一经发出，北京市内旅游市场全面按下“重启键”，众信旅游官网及呼叫中心数据显示呼入量增长6倍，其中北京环球影城、露营、避暑成为咨询“热搜”榜前三甲产品。预计未来一两周，北京市内旅游市场有望全面回暖。众信旅游直客营销中心负责人表示，旅游市场终于盼来了好消息，虽然只是北京本地游业务恢复，但却释放了很好的市场信号。相信以北京本地为中心的景区景点、民宿酒店将限流开放及陆续营业，旅行社周边游业务将全面开展。旅行社业务也将从北京本地游、周边游到跨省游逐步放开，这些无疑对旅行社业务恢复注入一剂强心针。

目前，众信旅游业务部门也陆续复工，对接目的地资源、新产品开发、产品包装及推广等工作也已全面启动。经过疫情的洗礼，北京周边游产品也将向着高品质、绿色生态、休闲度假的方向发展，众信旅游也将以市场变化为导向，对产品进行全面优化升级。目前，众信旅游以研发露营、户外、绿色探险等周边游产品为主。

随着暑期及毕业季的来临，年轻群体及家庭亲子人群将成为未来几个月北京旅游市场主力军。针对年轻群体，众信旅游也将着重研发水世界、皮划艇、冲浪、帆船、漂流等水上项目产品及滑草、露营、登山、房车自驾、主题乐园等户外项目产品，充分满足年轻人对“新、奇、特”出游体验的需求。针对家庭亲子人群，众信旅游开发了未来精英外交官系列、自然课堂系列——树屋建造营、相约冬奥营系列等各类主题亲子夏令营产品，以轻旅游、重体验、深交流的方式，提升青少年的全面素质。

资料来源：文旅中国，2022-06-08.

| 案例分析 |

为什么要针对不同客群开发不同的旅游产品？

应用知识储备

一、认识旅行社促销

(一)旅行社促销的含义

旅行社通过一定的手段与游客进行沟通，帮助游客认识旅游产品或服务带来的利益，从而引起游客的注意，唤起游客的兴趣，激发游客的购买欲望，进而促进游客采取购买行为。

(二)旅行社促销的作用

1. 提供信息，加强沟通

将旅行社提供的产品和服务的信息传递给游客，以达到扩大销售的目的。特别是旅游产品和服务，由于具有无形性和异地消费的特点，使得游客在购买之前，无法通过实体形态来感知旅游产品，因此，旅游产品的促销相比其他商品就显得更加重要。

2. 塑造产品形象，提高旅行社声望

通过精心设计的促销活动，可以大幅度提升旅行社的声誉，美化旅行社的形象，在公众心目中树立起良好的口碑。通过促销活动，旅行社可以突出和放大自己的产品及服务与对手不同的特点，强化竞争优势，促使游客形成对旅行社产品及服务的购买欲望和偏好，从而巩固和扩大其产品的市场份额。

3. 创造需求，刺激消费

促销活动通过各种形式向游客介绍产品信息，这不仅能够提高游客对产品的认知程度，诱发游客需求和购买欲望，还能强化游客对产品的印象，刺激并创造新的需求。

二、旅行社促销的基本类型

(一)旅游广告

相对于旅行社自身来说，旅游广告媒体可分为两大类：一类是付费租用的大众传播媒体，主要包括电视、广播、报纸、杂志四大媒体，以及户外广告、直邮广告媒体；另一类是旅行社新媒体，如微信公众号等(表 13-1)。

表 13-1　主要广告媒体及其特点的比较

广告媒体	优　点	缺　点
电视	视听并存，图文并茂，富有感染力，传播范围广，速度快，效率高	费用高，时间短；干扰较大；受众选择性差，设计制作难度较大
广播	信息传播及时，灵活，传播面广，广告费用较低	缺乏视觉吸引力，受众记忆起来相对较难，不如电视引人入胜
报纸	传播面广，可信度高，可选择性较强；费用较低；可反复查阅	内容较杂，易分受众的注意力；彩色版面少，表现力较弱；浏览性受众多，广告不易被人记住，不利于保存
杂志	印刷精美，可图文并茂，适用于形象广告；阅读率高，保存期长；便于针对受众目标市场选择	广告周期长，发行量较少，价格偏高
户外广告	灵活，醒目，展示时间长	受众选择性差；内容局限性大，难以表现创新
直邮广告	目标受众针对性强；十分灵活，受时空条件限制最少	人员、时间、经济投入相对较高，使用不当容易引起受众反感
网络	灵活及时，便于更新和补充；覆盖范围广；多媒体的信息发布，易于复制，费用较低，并能与网络预订结合	对目标受众缺乏选择；可信度受影响；被动的等待搜索；受计算机和网络普及程度的影响

对旅游广告媒体类型的选择主要应考虑以下四个方面的因素：目标消费群体的媒体视听习惯；旅游产品的特点；广告信息的特点；成本费用。

新媒体方式现在受众面更广，由于费用较低且同游客互动效果好，成为现在普遍采用的营销方式。

(二)旅游公共关系

1. 旅游公共关系的含义

旅游公共关系是指旅行社为了取得旅行社内部及社会大众的信任与支持，为自身的发展创造最佳的社会关系环境，在分析和处理自身面临的各种内部和外部关系时，所采取的一系列决策和行为。

2. 旅游公共关系的作用

旅游公共关系有助于旅行社塑造富有魅力的公众形象，提高旅行社的知名度与美誉度，以增强其市场竞争力。具体表现为以下几个方面：美化旅行社形象，提高旅行社信誉；有利于选择与确定旅行社和产品的市场定位；协调旅行社内外关系，增强旅行社凝聚力。

3. 旅游公共关系的促销方式

旅行社常用的公共关系促销方式主要有新闻报道、特别活动、赞助和支持公益活动以及旅行社内部的公关活动四种。

旅行社通过以上公关活动，可与社会公众联系密切，提高知名度，创造良好的市场形象，从而影响游客的购买行为。旅行社应根据自身不同情况、不同时期的促销目标来开展各项卓有成效的公关促销活动。

(三)旅游营业推广

1.旅游营业推广的含义

旅游营业推广是指旅行社在某一特定时期与空间范围内,为刺激和鼓励交易双方,促使游客尽快购买或大量购买旅游产品及服务而采取的一系列促销措施和手段。从这一定义中不难看出,旅游营业推广强调的是在特定的时间、空间范围内,采用一系列的促销措施和手段,对供需双方进行刺激与激励,其直接效果是刺激游客产生立即购买或大量购买的行为。

2.旅游营业推广的作用

旅游营业推广的作用表现在以下四个方面:促使旅客试用产品;劝诱试用者再购买;增加消费;对抗竞争。

3.旅游营业推广的具体任务与方法

旅游营业推广的具体任务有:

(1)针对游客的任务。使已有购买意愿的游客尽快做出购买决定,鼓励现有游客大量购买本旅行社的产品,吸引更多的潜在游客实现购买,争夺竞争对手产品的市场等。常采用的推广方式有:举办或参加旅游展览会或博览会,赠送各类宣传品等。

(2)针对中间商的任务。调动中间商的积极性,鼓励中间商大量购进并出售本旅行社的产品。常采用的推广方式有:派发宣传册、组织销售竞赛、让价折扣、邀请参加旅游展览会或博览会等。

(3)针对本旅行社推销人员的任务。鼓励推销人员多成交及开拓更多的潜在市场。常采用的推广方式有:奖金激励、开展推销竞赛、组织奖励旅游等。

旅游营业推广的方法主要有:

(1)赠送产品。免费向游客和旅游中间商提供旅游产品,邀请游客和旅游中间商到旅游目的地进行免费旅游活动。

(2)赠送优惠券。游客持优惠券购买产品,可享受优惠价格。

(3)赠送礼品。赠送游客礼品,如旅行社对所组织的旅行团成员赠送手提包、小钱袋、袖珍半导体收音机等礼品。

(4)让价折扣。对游客和中间商所购买和推销的产品给予一定的折扣。

(5)津贴或补助。这种奖励主要是针对旅游中间商的。旅行社为刺激和鼓励中间商对产品加大推销力度,增加产品销量,而对旅游中间商的广告、宣传费用等给予一定的津贴或补助。津贴有广告津贴、宣传册津贴、陈列窗津贴等。

(6)产品展销。产品展销是旅行社开展营业推广的一个重要方式。产品展销会不论是国内的还是国际的,都是直接接触诸多旅游中间商和广大消费者的好机会。旅游产品展销可以将各种促销手段集于展销厅或展销台,其往往是美术、摄影、书法、图表、出版物、音像、手工艺品等的综合体现。

(7)派发宣传册。主要目的是向游客介绍有关本旅行社及产品的详尽情况,使他们相信本旅行社的旅游产品优于竞争者。

(8)组织销售竞赛。主要适用于旅游中间商及本旅行社的推销人员。一般由旅行社发起,通过有奖问答或设立销售额奖等形式,激发他们销售本旅行社产品的兴趣和积极性。对于获奖者,旅行社将给予一定的物质和精神奖励,如免费旅游、提高折扣和佣金等。由于这种方法能有效地激发销售人员的积极性,被大多数旅行社定期或不定期地采用。

(四)直接营销

直接营销是近年来旅行社发展迅速的一种促销方式。主要形式包括:

1. 人员推销

它是指旅行社通过委派销售人员,直接上门向游客推销产品。这是一种比较传统的直接营销方式。

2. 直接邮寄

这是近年来普及的一种新的直接营销方式。它是指旅行社通过直接向游客寄送产品目录或宣传册推销产品。

3. 电话营销

它包括向内和向外两种方式。向内,是指旅行社通过公布"800"等免费电话,吸引游客使用电话查询或预订产品;向外,是指旅行社销售人员通过电话劝说游客购买其产品。

(五)现场传播

现场传播是指旅行社通过营业场所的布局、宣传品的陈列与内部装饰等向游客传播产品信息,增强游客的购买欲望,促成旅游购买行为的发生。

(六)新媒体营销

新媒体营销是指旅行社通过 H5 链接、短视频、微信公众号等向游客传播产品信息和企业文化,并在传播的过程注重同游客互动的新型营销方式。

三、旅行社促销组合策略

所谓旅行社的促销组合,是指旅行社有目的、有计划地将广告、公共关系、营业推广、直接营销等促销手段,进行灵活选择、有机组合和综合运用,形成整体的促销攻势。由于各种促销手段都有其利弊,所以在整个促销过程中,旅行社必须根据自己的营销目标和所处的营销环境,灵活地选择、搭配各种促销手段,制定旅游促销组合策略,提高促销的整体效果。

(一)影响旅行社促销组合的因素

1. 旅游产品的性质和特点

不同性质、不同特点的旅游产品,其购买者和购买需求各不相同,采取的促销方式也应有所差异。

2. 旅游产品市场生命周期

旅游产品在不同的生命周期阶段,需要采取不同的促销组合产品生命周期与促销组合的关系。

3. 市场特征

不同的旅游市场，由于其规模、类型、游客数量及分布情况各不相同，应采取不同的促销组合。

4. 旅行社规模

旅行社规模是指旅行社的人员、资金和市场覆盖率的规模。旅行社规模的差别决定了促销组合的差别。

5. 促销费用

各种促销方法所花费用不等。旅行社制定促销策略时，应综合考虑自身的财力、各种促销方法的费用及效果等，以求用尽可能少的促销费用取得尽可能大的促销效果。

除了上述几个因素外，旅行社声誉及知名度、竞争状况、市场营销组合水平等，都会影响旅行社的促销组合策略制定。因此，旅行社在促销前，应该对所有因素统筹考虑，对各种促销方式灵活选择和组合。

(二)旅行社促销组合策略的制定

1. 推式策略

推式策略着眼于积极地把本地或本旅行社旅游产品直接推向目标市场，也就是"推着"旅游产品沿分销渠道最终到达游客。用这一思维来指导渠道成员的营销活动，表现为在销售渠道中，每一个环节都对下一个环节主动出击，强化游客的购买动机，说服游客迅速采取购买行动。这种策略显然是以人员推销为主，辅之以上门营业推广活动、公关活动等。

2. 拉式策略

拉式策略是立足于直接激发最终购买本旅行社旅游产品的兴趣和愿望，促使其主动向旅行社或其他中间环节寻求点名服务，达到把游客逆向吸引到本旅游企业身边来的目的。拉式策略所重视的是对游客的促销，尽力刺激更多的人产生旅游需求，以游客的购买行为作为拉动，促使旅游中间商一层一层求购，最后实现旅游产品的成功销售。这种策略是以广告宣传和营业推广为主，辅之以公关活动等。

旅游产品生产者在确定促销策略时，是选择推式策略，还是选择拉式策略，要视具体情况和条件而确定。

3. 锥形透射策略

锥形透射策略是指旅行社将其所有产品排成锥形，把认为最具吸引力的拳头产品作为锥尖，让锥尖先打入市场，再层层推进，带动其他产品辐射到邻近市场区域。这种利用锥尖产品的知名度和影响力进行促销的策略，是一种以较少的促销经费获得较多促销成果的积极有效的策略。这种策略可以采用以人员推销、营业推广为主，辅之以广告宣传的促销组合策略。

上述三种策略在选择时，关键考虑哪一种策略更能以较低成本获得客源，同时有利于树立旅行社长期的市场形象。

学习效果检测

1. 旅行社促销的方式有哪些？如何进行促销组合策略选择与制定？

2. 影响旅行社促销组合的因素是什么？

项目小结

旅行社的营销是一种服务营销。从产品生产者的角度来看，旅行社产品是旅行社为满足旅游者的需要而提供的各种旅游服务及相关物质条件的总和。旅行社产品的开发要经过分析构思、方案筛选、试销、投放市场、检查评价等相关步骤后方能确定。

新媒体营销是现代时期的主要营销方式，它随着网络技术的发展而更新。目前是以微博、抖音、小红书等新媒体平台为基础，进行的产品和品牌的推广。目前旅行社新媒体的营销方式主要有图文、视频、动态页面等，旅行社可采用微信公众号、新浪微博、社交网站、短视频平台等渠道进行营销。

旅行社应选择具有良好的信誉、目标市场一致、具有较强的销售能力的中间商，并控制适当的中间商数量与规模，通过建立档案、激励、协调、调整等方式来管理中间商。

旅行社应将广告、公共关系、营业推广、直接营销等促销手段，进行灵活运用和有机组合，最终形成整体的促销攻势，搭配各种促销手段，制定旅游促销组合策略，提高促销的整体效果。

实训项目

拜访客户

一、实训目的

通过实训，学生掌握人员拜访客户的流程和关键控制点。要求学生能够撰写访客计划书、访问客户、与客户沟通，并填写客户拜访记录。

二、实训组织

1. 做好充分的准备工作，对背景客户和背景旅行社要有详细的了解。

2. 实训拜访环节中，要求应有的礼貌礼仪、较好的沟通方式、较强的谈判能力。

3. 态度认真，勤于动手、勤于观察、勤于思考。

三、实训内容

1. 确定要拜访的对象客户，收集该客户的背景资料。

2. 向客户提出拜访申请。电话联系客户，礼貌地提出拜访申请，征得同意后，与客户确定拜访的时间、地点和主要内容。

3. 客户研究。只有对客户有充分的研究和了解，才能确保面对面沟通的顺利达成。

4.准备拜访资料。根据客户需求,准备好学校资料、销售人员名片、产品介绍、拜访礼物等资料。

5.撰写访客计划书。访客计划书的内容包括客户地址、电话、客户类型、访问动机、面谈时间、所需求的产品、销售预测等。

6.拜访客户。按约定的时间、地址,拜访客户。拜访过程中,应根据客户需求礼貌地介绍产品,帮助客户设计旅游方案,尽力达成销售目的。

7.填写客户拜访记录。包括拜访的简要过程、获得的客户最新信息、销售进展以及未来跟进的建议等。

拓展案例

"旅行+社交"创新旅行模式

你印象中的跟团游是什么样的?一群叔叔阿姨成群结队?穿着色彩鲜艳的衣服戴着丝巾摆Pose?年轻人出游是不是不喜欢跟团?然而,实际情况绝非如此,时尚化、个性化的跟团游,正受到越来越多年轻人的青睐。

2020年,疫情改变了很多人的思维,遭受疫情冲击严重的旅游行业也迎来了新的变革。一些专门针对年轻人的新型旅游平台应运而生,"新跟团游"时代正在到来。

社交化需求催生专属产品

跟团游时代,人们缺乏旅行经验,也缺乏了解目的地信息的渠道,旅行需求的核心仅仅是"到达"。同一目的地的旅游产品,线路设计大同小异,传统旅行社依靠一页宣传单,就可以将产品推销给游客。

跟团游的省时省力无疑是吸引年轻人的最大优势。但很多年轻人之所以不爱跟团游,不是不想要这种服务方式,而是部分跟团游产品在行程、住宿、团餐安排以及导游和服务规范性等方面存在痛点,让年轻人望而却步。他们想住海景别墅,住欧洲古堡,住洞穴酒店和水上屋。他们希望打卡电影取景地,参与极限运动,寻找美食或者深度体验当地民俗。丰富的体验更衍生出无数种排列组合。他们对旅游信息的获取能力和对旅游消费的品质要求,都与上一代旅行者存在着巨大的差异。

如何让消费者找到符合自己需求的产品?如何实现个性化需求和多样化产品之间的精准匹配?2016年在长沙创立的集合时,就是一个专注于运用社交理念搭建的创新旅游生态平台。

作为一个精准匹配旅行社交平台,用户可以通过大数据分析,从多个维度找到有相同旅行时间段,以及有相似旅行偏好的伙伴,匹配成功后,得到平台自动推送出的合适线路和性价比产品。

这是传统跟团游鲜见的场景,来自五湖四海、志同道合的一群年轻人,一同开启斯里兰卡公益之行,走进"国际校园村SOS学校",给当地福利院儿童讲故事,参与小海龟拯救计划,为残疾大象洗澡;开启柬埔寨公益跑男团,为柬埔寨希望小学捐献净水器,帮助学校修路、支教，并在吴哥窟实地体验“高棉王朝”独家剧本……

产品凸显个性化品质化

近年来，众多旅游业者深感市场变化的迅速。今天，旅游市场从卖方市场变成买方市场，旅游需求从大众化变成个性化，旅游产品也从标准化、同质化转向专业化、系统化。与此同时，传统旅游行业中，人们对旅游品牌缺乏了解，往往更关注产品价格。市场竞争使行业利润长期处于较低水平。

尤其疫情后期，面对行业重新洗牌、竞争的新形势，旅游企业亟须洞察行业趋势，从价格战的泥潭中解放出来，将更多精力投入到产品创新中去。

8 月 15 日，由新华联控股的湖南海外旅游与集合时达成深度战略合作，启动“星玩家”项目。“湖南海外旅游”是老牌旅游企业，和新型社交旅行平台的“集合时”合作，是在因疫情导致的旅行社业务低迷的背景下，双方合力“突出重围”的创新之举。

“星玩家”意在抓住 18 到 35 岁的青年群体，传播创新旅行概念，开启新型文旅预售及旅行带货模式。“星玩家”会在不同特色目的地的深度旅行中，加上创意社交游戏内容，配以旅行跟拍，人设打造，让每一位星玩家都能通过各个旅程传达生活态度，还可以边玩边带货，实现“创意旅行，边玩边赚”。

“互联网时代，旅行产品由代表供应商利益向代表消费者利益转变，旅游需求经济也走向旅游共享经济。我们不但要让旅行变得更加简单、更加有趣，而且要让旅行创造价值。”集合时副总经理胡雅兰表示。

资料来源：人民网，2020-08.

| 思考 |

请结合案例分析旅行产品为什么需要变革。

请分析旅行产品变革的方向。

参考文献

[1] 吕汝健，郑凤萍. 旅游市场营销. 大连:大连理工大学出版社，2015

[2] 李宏，杜江. 旅行社经营与管理. 天津:南开大学出版社，2016

[3] 郑凤萍. 酒店营销实务. 北京:化学工业出版社，2015

[4] 孙庆群. 现代旅行社经营与管理. 北京:中国旅游出版社，2019

[5] 陈学清，徐勇. 酒店市场营销. 北京:清华大学出版社，2018

[6] 安贺新. 旅游市场营销学. 北京:清华大学出版社，2016

[7] 曲颖，李天元. 旅游市场营销. 北京:中国人民大学出版社，2018

[8] 李先国，曹素云. 营销管理实务. 北京:清华大学出版社，2018

[9] 赵伟丽. 酒店市场营销. 北京:北京大学出版社，2020

[10] 崔波. 酒店市场营销. 北京:化学工业出版社，北京：2021

[11] 张凌云. 旅游景区景点管理. 北京:旅游教育出版社，2005

[12] 吕汝健. 景区市场营销实务. 北京:清华大学出版社，2013

[13] 崔莉，杜学. 旅游交通管理. 北京:清华大学出版社，2007

[14] 邹统钎. 旅游景区开发与管理. 北京:清华大学出版社，2008

[15] 陈永发. 旅行社经营管理. 北京:高等教育出版社，2008